中国科学院规划教材·经济管理类实训教程系列

国际货物贸易操作实务

项义军　主编

科学出版社
北京

内 容 简 介

本书以货物贸易为对象，系统地阐述了国际货物贸易的基本理论、操作规则与程序。全书分为实务原理篇和实务操作篇两部分。实务原理篇吸收了国际贸易领域研究的最新成果，注重知识性与创新性。其主要内容包括国际货物贸易程序，国际贸易惯例与贸易术语，国际货物买卖条件（品质、数量和包装，运输和保险条件，价格和支付条件，检验、仲裁、不可抗力和索赔条件和国际货物买卖合同的履行）。实务操作篇结合我国国际货物贸易实践，突出实用性与可操作性。其主要内容包括与外商建立业务关系、出口报价核算、对外发盘、还价核算与再发盘、签订出口合同、成交核算与成交函撰写、审证与改证、托运订舱、出口货物报关、出口货物投保、装运及发装运通知、缮制出口议付单据等环节的操作规程与技巧，并辅以大量的实例。

本书既适合作为国际经济与贸易、贸易经济、电子商务、企业管理、市场营销和商务英语等专业的本科教材，也适用于成人教育和职业培训，同时还可供经贸界、银行界、国际商务从业人员用于强化业务能力。

图书在版编目（CIP）数据

国际货物贸易操作实务 / 项义军主编. —北京：科学出版社，2012

中国科学院规划教材·经济管理类实训教程系列

ISBN 978-7-03-035265-1

Ⅰ．①国… Ⅱ．①项… Ⅲ．①国际贸易－贸易实务－高等学校－教材 Ⅳ．①F740.4

中国版本图书馆 CIP 数据核字（2012）第 185542 号

责任编辑：兰　鹏 / 责任校对：裴智利
责任印制：徐晓晨 / 封面设计：蓝正设计

斜 学 出 版 社 出版

北京东黄城根北街 16 号
邮政编码：100717
http://www.sciencep.com

北京虎彩文化传播有限公司 印刷
科学出版社发行　各地新华书店经销

*

2012 年 8 月第 一 版　开本：787×1092　1/16
2019 年 1 月第七次印刷　印张：16
字数：365 000

定价：48.00 元

（如有印装质量问题，我社负责调换）

中国科学院规划教材·经济管理类实训教程系列

编 委 会

顾 问 曲振涛

主 任 张 莉

副主任 鲁啸军

编 委 李国义 项义军 张 林
姚凤阁 孔微巍 周 游
苏晓东

秘 书 章刘成

前 言

2011年，中国的进出口总额超过3.6万亿美元，成为全球第二大贸易国。但贸易大国不等于贸易强国，与世界贸易强国相比，中国出口产业仍处于全球产业链的低端，资源、能源等要素投入和环境成本还比较高，企业国际竞争力相对较弱。要实现由贸易大国向贸易强国的转变，中国需要真正融入世界经济的大潮中，广泛参与国际分工与合作。因此，进出口企业、跨国企业、服务于国际经贸业务的各类机构等迫切需要既精通国际贸易原理，又熟悉国际贸易操作规则与程序的专业人员。为了适应对外贸易发展及教学需要，编者在总结多年教学成果的基础上，结合外经贸业务的最新实践，编写了本书。

本书以货物贸易为对象，系统地阐述了国际货物贸易的基本原理、操作规则与程序。全书分为实务原理篇和实务操作篇两部分。实务原理篇吸收国际贸易领域研究的最新成果，注重知识性与创新性。其主要内容包括国际货物贸易程序，国际贸易惯例与贸易术语，国际货物买卖条件（品质、数量和包装，运输和保险条件，价格和支付条件，检验、仲裁、不可抗力和索赔条件和国际货物买卖合同的履行）。实务操作篇结合我国国际货物贸易实践，突出实用性与可操作性。其主要内容包括与外商建立业务关系、出口报价核算、对外发盘、还价核算与再发盘、签订出口合同、成交核算与成交函撰写、审证与改证、托运订舱、出口货物报关、出口货物投保、装运及发装运通知、缮制出口议付单据等环节的操作规程与技巧，并辅以大量的实例。

本书的特点体现在两个方面：一是取材新。选用的案例均取自外贸实践的真实案例；业务单证均源于贸易企业、海关、银行、保险公司、国家相关部门和国际相关组织的最新规定；涉及的国际惯例、法律、规章制度均为最新版本。二是注重实用。教材内容尽量从外贸实践角度选材，力求简洁、易懂，突出知识性和实用性，用平实的语言展现国际货物贸易的基本原理、操作程序、操作方式和操作技巧，使其成为从事国际货物贸易操作实践的良好指南。

本书既适合作为国际经济与贸易、贸易经济、电子商务、企业管理、市场营销和商务英语等专业的本科教材，也适用于成人教育和职业培训，同时还可供经贸界、银行界、国际商务从业人员用于强化业务能力。

　　本书由项义军任主编，杨慧瀛、王钰、燕楠、马国滨任副主编，项义军负责总纂定稿。在编著过程中，我们参考了大量国内外专家、学者的有关著作，谨此致谢。由于学识、水平有限，疏漏在所难免，恳请同行与读者指正。

编者

2012 年 6 月

目 录

前言

实务原理篇

实务操作篇

实务 原 理篇

第一章

国际贸易术语

在国际贸易中，卖方的基本义务是提交符合合同规定的货物并移交货运单据，买方的基本义务是接受货物和支付货款。国际货物买卖合同中的这些基本责任和义务一般通过国际贸易术语来确定。因此，掌握国际贸易术语及其惯例，对于明确贸易双方承担的责任、费用、风险及确定货物价格具有重要意义。

国际贸易术语(international trade terms)以一个简短的概念或英文缩写字母的形式出现，是用来说明一笔交易中商品的价格构成、买卖双方承担的责任、支付的费用和风险的转移界限等问题的专门术语。在贸易术语说明的这些问题中，交货地点是关键，它的确定往往对其余问题有决定性作用。交货地点不同，双方承担的责任、费用和风险也有很大差别。如果双方约定在出口国卖方所在地交货，卖方只需按约定的时间和地点将货物备妥，买方则应自行安排运输工具将货物从交货地点运至最终目的地，并承担其间的一切责任、费用和风险；如果双方约定在进口国某一指定地点交货，卖方则要承担在指定目的地将货物实际交给买方之前的一切责任、费用和风险。与前一种情况相比，后一种情况卖方承担的责任重、费用多、风险大。由于交货地点直接决定成交商品价格的高低，因此贸易术语也称价格术语(price terms)。

第一节　关于国际贸易术语的国际惯例

国际贸易惯例(international trade custom)是指在国际贸易长期实践中逐渐形成的一些较为明确和固定内容的贸易习惯及一般做法，包括成文和不成文的原则、准则和规则，它不是法律，没有法律的强制约束力。国际贸易惯例的适用是以当事人的意思自治为基础的，买卖双方有权在合同中作出与某项惯例不符的规定。但是，国际贸易惯例对贸易实践仍具有重要的指导作用。在我国的对外贸易实践中，在平等互利的前提下，适当采用这些国际惯例，有利于外贸业务的开展。而且，通过学习和掌握有关国际贸易惯例，可以帮助我们避免或减少贸易争端。在发生争议时，也可以引用有关惯例，争取有利地位，减少不必要的损失。

在国际贸易业务实践中，由于各国法律制度、贸易惯例和习惯做法不同，对各种贸易术语的规定与解释有很大差异。为了避免各国在贸易术语解释上出现分歧和争议，国际法协会、美国商业团体、国际商会等组织经过长期努力，分别制定了解释贸易术语的规则。这些规则经过多年的贸易实践，反复修订，现已成为规范贸易术语的国际惯例，在国际上被广泛接受和采用。有关贸易术语的国际贸易惯例主要有以下三种。

一、《1932 年华沙-牛津规则》(Warsaw-Oxford Rules 1932)

19 世纪中叶，CIF 贸易术语虽在国际贸易中被广泛采用，但由于各国对其解释不一，往往影响 CIF 合同的顺利履行。为了对 CIF 合同下贸易双方的权利和义务作出统一的规定和解释，1928 年国际法协会在华沙举行会议，以英国贸易习惯及判例为基础制定了有关 CIF 合同的统一规则，称为《1928 年华沙规则》。1932 年，国际法协会在牛津会议上对该规则进行了修订，定名为《1932 年华沙-牛津规则》。这一规则共21 条，主要对 CIF 买卖合同的性质，买卖双方的责任、费用、风险的划分，货物所有权转移的方式等问题作了详细的规定和解释，这一规则目前已基本不再被贸易商使用。

二、《1990 年美国对外贸易定义修正本》(Revised American Foreign Trade Definition 1990)

1919 年，美国九个大商业团体以对外贸易中常用的 FOB 合同条件为基础，联合制定了《美国出口报价及缩写条例》，供从事对外贸易的人员使用。后经多次修订，1990年，由美国商会、美国进出口商全国理事会和全国对外贸易理事会所组成的联合委员会对该条例作了修改，定名为《1990 年美国对外贸易定义修正本》，正式通过并采用。这一修正本主要对六种贸易术语作了规定和解释：

(1)原产地交货(ex point of origin)；

(2)运输工具旁边交货(free along side，FAS)；

(3)运输工具上交货(free on board，FOB)；

(4)成本加运费(cost and freight，C&F)；

(5)成本加保险费、运费(cost，insurance and freight，CIF)；

(6)目的港码头交货(delivered ex quay，DEQ)。

这六种术语，除 ex point of origin 和 delivered ex quay 分别与《Incoterms 2000》中的 ex works 和 DEQ 大体相近外，其他四种与《Incoterms 2000》的解释有很大的差别。

《1990 年美国对外贸易定义修正本》不仅在美国使用，在加拿大和一些拉丁美洲国家也有较大影响。由于其在 FOB 和 FAS 两个术语的解释上与国际商会的定义有所不同，因此，我国企业在与美洲国家进行贸易时，应特别注意。

三、《国际贸易术语解释通则》(International Rules for the Interpretation of Trade Terms)

为给国际贸易中普遍使用的贸易术语提供一套解释的国际规则，避免因各国解释的不同而出现不确定性，1936 年国际商会对 19 世纪被广泛使用的 FOB 和 CIF 等术语进行了总结，并结合各国贸易习惯制定了《1936 年国际贸易术语解释通则》，该通则于 1953 年、1967 年、1976 年、1980 年、1989 年(版本是《Incoterms 1990》)、1999 年(版本是《Incoterms 2000》)和 2010 年(版本是《Incoterms® 2010》)先后进行了七次修订，2010 年的最后一次修订版已于 2011 年 1 月 1 日正式实施。目前，《Incoterms® 2010》是国际范围内容最全、影响最大、应用最多的关于贸易术语的惯例。

(一)《Incoterms 2000》概况

国际商会在《Incoterms 2000》中，对定义的 13 种贸易术语的解释更为简单明了。按双方承担责任、费用和风险由小到大依次分组，形成 E、F、C、D 四个组，分组情况见表 1-1。

表 1-1 《Incoterms 2000》对贸易术语的分组

组别	术语代码	中文含义	英文含义
E 组(启运)	EXW	工厂交货	ex works
F 组 (主运费未付)	FAS	装运港船边交货	free alongside ship
	FOB	装运港船上交货	free on board
	FCA	货交承运人	free carrier
C 组 (主运费已付)	CFR	成本加运费	cost and freight
	CPT	运费付至	carriage paid to
	CIF	成本加保险费运费	cost, insurance and freight
	CIP	运费保险费付至	carriage and insurance paid to
D 组 (到达)	DAF	边境交货	delivered at frontier
	DES	目的港船上交货	delivered ex ship
	DEQ	目的港码头交货	delivered ex quay
	DDU	未完税交货	delivered duty unpaid
	DDP	完税后交货	delivered duty paid

上述四组贸易术语的特点分别表现在：

E 组贸易术语的特点是卖方在其处所(如工厂、仓库)将货物置于买方控制之下，即完成交货任务，卖方承担的费用、风险最小。E 组术语一般被称为启运术语。

F 组贸易术语的特点是由买方签订运输合同并指定承运人，卖方将货物交给买方指定的承运人或装上运输工具，即完成交货任务。F 组术语一般被称为主运费未付术语。

C组贸易术语的特点是卖方负责签订运输合同，支付正常的运费，承担交货前货物的损坏或灭失的风险，在装运港将货物装上船(如CFR、CIF)或将货物交至承运人(如CPT、CIP)即完成交货任务。C组术语一般被称为主运费已付术语。

D组贸易术语的特点是卖方自负费用和风险将货物运至指定目的地，并将货物置于买方控制之下，即完成交货任务。D组术语一般被称为到达组术语。

为了便于理解和记忆，与《Incoterms 1990》相同，《Incoterms 2000》对所有术语下当事人各自的义务用十个项目列出，卖方在每一项目中的地位"对应"了买方在同一项目中相应的地位，见表1-2。

表 1-2   《Incoterms 2000》买卖双方主要义务

A 卖方义务(the seller's obligations)
A1 提供符合合同规定的货物(supplying goods in conformity with the contract)
A2 许可证、批准文件及海关手续(licences, authorizations and formalities)
A3 运输和保险合同(contract of carriage and insurance)
A4 交货(delivery)
A5 风险转移(transfer of risks)
A6 费用划分(division of costs)
A7 通知买方(notice to the buyer)
A8 交货凭证、运输单证或等同的电子单证(proof of delivery, transport document or equivalent electronic message)
A9 查对、包装及标志(checking, packaging, marking)
A10 其他义务(other obligations)
B 买方义务(the buyer's obligations)
B1 支付货款(payment of the price)
B2 许可证、批准文件及海关手续(licences, authorizations and formalities)
B3 运输和保险合同(contract of carriage and insurance)
B4 受领货物(taking delivery)
B5 风险转移(transfer of risks)
B6 费用划分(division of costs)
B7 通知卖方(notice to the seller)
B8 交货凭证、运输单证或等同的电子单证(proof of delivery, transport document or equivalent electronic message)
B9 货物检验(inspection of goods)
B10 其他义务(other obligations)

(二)《Incoterms®2010》概况

《Incoterms®2010》是国际商会根据国际贸易中出现的新情况，如免关税区的不断扩大、商业交易中使用电子通讯的增长、货物流动中对安全关注的提高以及货物运输实务的变化等所作的修订与完善。相对于《Incoterms 2000》，其主要变化如下。

（1）对贸易术语的分类进行了重新调整。由原来的 E、F、C 和 D 四个分组调整为两个分组，包括适用于各种运输方式的贸易术语和仅适用于海洋和内河运输的贸易术语，具体分组情况如下：

第一组，适用于任何运输方式的术语。该组术语共七种，即 EXW、FCA、CPT、CIP、DAT、DAP 和 DDP，具体情况如下：

EXW(ex works)	工厂交货
FCA(free carrier)	货交承运人
CPT(carriage paid to)	运费付至
CIP(carriage and insurance paid to)	运费、保险费付至
DAT(delivered at terminal)	运输终端交货
DAP(delivered at place)	目的地交货
DDP(delivered duty paid)	完税后交货

第二组，适用于海洋和内河运输方式的术语。该组术语共四种，即 FAS、FOB、CFR 和 CIF，具体情况如下：

FAS(free alongside ship)	装运港船边交货
FOB(free on board)	装运港船上交货
CFR(cost and freight)	成本加运费
CIF(cost insurance and freight)	成本、保险费加运费

（2）术语的数量由原来的 13 种调整为 11 种。《Incoterms®2010》删去了《Incoterms 2000》中的四个术语：DAF(delivered at frontier)——边境交货、DES(delivered ex ship)——目的港船上交货、DEQ(delivered ex quay)——目的港码头交货和 DDU(delivered duty unpaid)——未完税交货。

（3）新增加了两个贸易术语。新增加的两个术语是 DAT(delivered at terminal)——运输终端交货和 DAP(delivered at place)——目的地交货，即用 DAP 取代了 DAF、DES 和 DDU 三个术语，用 DAT 取代了 DEQ，且扩展至适用于一切运输方式。

（4）修订后的《Incoterms®2010》取消了"船舷"的概念。《Incoterms®2010》将 FOB、CFR 的 CIF 三种术语的交货风险转移界限由原来的"越过装运港船舷"调整为"货物装上船为止"，即买方承担货物自装运港装上船后的一切风险。

（5）在 FAS、FOB、CFR 和 CIF 等术语中加入了货物在运输期间被多次买卖（链式交易）的责任义务划分。

（6）考虑到对于一些大的区域贸易集团内部贸易的特点，国际商会规定《Incoterms®2010》不仅适用于国际货物买卖合同，也适用于国内销售合同。

（7）《Incoterms®2010》所有术语下当事人承担责任仍用十个项目列出，但标题内容与《Incoterms2000》有所不同，新的项目标题见表 1-3。

表 1-3　《Incoterms®2010》买卖双方主要义务

A 卖方义务(the seller's obligations)
A1 卖方的一般义务(general obligations of the seller)
A2 许可证、核准书、安检以及其他手续(licences, authorizations, security clearance and other formalities)
A3 运输和保险合同(contract of carriage and insurance)
A4 交货(delivery)
A5 风险转移(transfer of risks)
A6 费用划分(allocation of costs)
A7 通知买方(notices to the buyer)
A8 交货单据(delivery document)
A9 核对、包装及标志(checking, packaging, marking)
A10 信息的协助和相关费用(assistance with information and related costs)
B 买方义务(the buyer's obligations)
B1 支付货款(general obligations of the buyer)
B2 许可证、核准书、安检以及其他手续(licences, authorizations, security clearance and other formalities)
B3 运输和保险合同(contract of carriage and insurance)
B4 收取货物(taking delivery)
B5 风险转移(transfer of risks)
B6 费用划分(allocation of costs)
B7 通知卖方(notices to the seller)
B8 交货证明(proof of delivery)
B9 货物检验(inspection of goods)
B10 信息的协助和相关费用(assistance with information and related costs)

第二节　《Incoterms®2010》中常用的贸易术语

《Incoterms®2010》中定义的 11 种贸易术语,在实践中采用最多的是 FOB、FCA、CIF、CIP、CFR 和 CPT。其中,FOB、CIF 和 CFR 三个术语卖方都在港口履行交货义务,因此被称为装运港交货术语;而 FCA、CIP 和 CPT 三个术语卖方则在任意地点把货物交给承运人即完成交货义务,因此被称为向承运人交货术语。

一、FOB(insert named port of shipment)Incoterms® 2010

FOB,即 free on board(insert named port of shipment),装运港船上交货(插入指定装运港),适用于海运或者内河运输,是指卖方以在指定装运港将货物装上买方指定的船舶或通过取得已交付至船上货物的方式交货。货物灭失或损坏的风险在货物交到船上时转移,买方负担自该点起的一切费用。本术语下的交货地点和风险转移点见图 1-1。

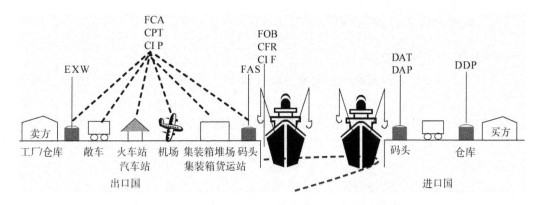

图 1-1　《Incoterms®2010》11 种贸易术语交货点/风险点示意图

采用 FOB 术语，卖方应将货物在船上交付或者"取得"已在船上交付的货物。这里的"取得"一词适用于商品贸易中常见的交易链中的多层销售（链式销售）。《Incoterms®2010》在 FOB 术语中添加"或取得已交付至船上货物的方式交货"是为了迎合在大宗商品销售中，对已装船的货物作转售交易的需要。在大宗商品销售中，货物在运输途中往往被多次转售，而形成链式交易。在此情况下，处于链式交易中间位置的某个或某几个卖方并不实际装运货物，而以取得已在装运港交到船上的货物履行其交货义务。

FOB 可能不适合于货物在上船前已经交给承运人的情况，如用集装箱运输的货物通常是在集装箱码头交货。在此类情况下，应当使用 FCA 术语。

在清关适用的地方，FOB 术语要求卖方办理出口清关。但卖方无义务办理进口清关、支付任何进口税或办理任何进口海关手续。

（一）FOB 术语买卖双方的义务

按照《Incoterms®2010》的解释，卖方的义务主要有：

（1）负责在合同规定的日期或期限内，在指定装运港，按港口习惯将符合合同规定的货物装到买方指定的船上，或取得已经如此交付的货物，并给予买方充分的通知；

（2）在清关适用的地方，负责取得出口许可证或其他核准书，办理货物出口清关手续；

（3）负担货物在装运港交至船上为止的一切费用和风险；

（4）负责提供合同规定的商业发票和证明货物已交至船上的通常单据。

按照《Incoterms®2010》的解释，买方的义务主要有：

（1）负责租船或订舱，支付运费，并给予卖方关于船名、装船地点和要求交货时间等事项的充分通知；

（2）负担货物在装运港交至船上后的一切费用和风险；

（3）在清关适用的地方，自负风险和费用，取得进口许可证或其他核准书，并办理货物进口以及必要时经由另一国过境运输的一切海关手续；

（4）按合同规定支付价款；

（5）收取卖方按合同规定交付的货物，接受与合同相符的单据。

(二)应用 FOB 术语应注意的问题

1. 关于风险划分界限

关于货物交接过程中风险何时由卖方转移给买方，国际贸易实践中基本有三种做法：一是以船舷为界限。例如，《Incoterms 2000》规定，卖方承担货物在装运港有效超过船舷之前的一切费用和风险，买方承担货物越过船舷后的一切费用和风险。二是以货物有效放置甲板为界限，这是一种不成文的国际贸易习惯做法。三是以货物有效装上船为界限。例如，《Incoterms®2010》规定：卖方负责货物的灭失或损坏，直至货物在规定日期内装上船。风险划分的界限，直接决定着贸易双方承担的费用和风险。因此，在达成交易时，双方必须在合同中明确风险的划分界限，以分清双方承担的费用和风险。

2. 关于船货衔接

按照 FOB 术语成交的合同，买方安排运输，办理租船或订舱，然后按约定的期限将船派往指定的装运港接货，这就涉及双方的船货衔接问题。如果买方不按期派船，包括未经对方同意提前或延迟派船，卖方有权拒绝交货，而且由此产生的各种损失，如空舱费(dead freight)或滞期费(demurrage)以及增加的仓储费等均由买方承担。反之，如果买方按期派船，而卖方却未能备妥货物，则由此产生的费用由卖方承担。在 FOB 条件下，有时买方可委托卖方代其租船或订舱，但这仅属委托代办性质，卖方可同意也可不同意。如果卖方同意，但到时租不到船只或订不到舱位，风险由买方自负，买方无权向卖方提出赔偿损失或解除合同。

3. 关于装船费用的负担

在装运港发生的装船费用主要指与装货有关的平舱费(trimmed)和理舱费(stowed)。关于这两项费用的划分，在《Incoterms®2010》中并没有约定。按 FOB 条件成交，如果使用班轮(liner)进行货物运输，由于班轮公司管装管卸，所以实际上是由支付班轮运费的买方承担装船费用。如果使用定程租船(voyage charter)进行货物运输，船方通常不负担装卸费用。因此，贸易双方达成交易时有必要在合同中对装船费用的负担进行约定。明确装船费用由谁负担，一般采用在 FOB 术语后附加条件形成 FOB 变形的方法。常用的 FOB 价格变形有：

(1)FOB 班轮条件(FOB liner terms)。这一变形是指装船费用按照班轮的做法办理，即卖方不负担装船的有关费用。

(2)FOB 吊钩下交货(FOB under tackle)。这一变形是指卖方将货物交到买方指派船只的吊钩所及之处，即吊装入舱以及各项费用由买方负担。

(3)FOB 平舱费在内(FOB trimmed，FOB. T)。这一变形是指卖方负责将货物装入船舱并承担包括平舱费在内的装船费用。

(4)FOB 理舱费在内(FOB stowed，FOB. S)。这一变形是指卖方负责将货物装入船舱并承担包括理舱费在内的装船费用。

(5)FOB 平舱并理舱(FOB trimmed & stowed，FOB. T&S)。这一变形指卖方负责

将货物装入船舱并承担包括平舱费和理舱费在内的装船费用。

FOB 的上述变形，仅仅明确或改变买卖双方关于装船费用的划分，并不改变风险的划分界限或交货地点。

4. 关于美国对 FOB 的解释

《1990 年美国对外贸易定义修正本》把 FOB 细分为六种情况，与《Incoterms®2010》中 FOB 的解释有较大的不同。二者的区别主要有两点：

(1)交货的地点不同。《Incoterms®2010》中 FOB 的交货地点为单一的装运港口，而《1990 年美国对外贸易定义修正本》中 FOB 的交货地点既可是出口国的装运港口，也可是出口国内陆，甚至可以是进口国内陆。

(2)出口手续的办理不同。《Incoterms®2010》规定卖方办理出口手续并缴纳出口税，而《1990 年美国对外贸易定义修正本》规定卖方应"在买方请求并由其负担费用的情况下，协助买方取得由原产地及/或装运地国家签发的为货物出口所需的各种证件"。

二、CIF(insert named port of destination)Incoterms ®2010

CIF，即 cost，insurance and freight(insert named port of destination)，成本加保险费、运费(插入指定目的港)，适用于海运或者内河运输，是指卖方在船上交货或以取得已经这样交付的货物方式交货。货物灭失或损坏的风险在货物交到船上时转移。卖方必须签订合同，并支付必要的成本和运费，将货物运至指定的目的港。卖方还要为买方在运输途中货物的灭失或损坏风险办理保险。本术语下的交货地点和风险转移点见图 1-1。

如 FOB 术语所述，《Incoterms®2010》在 CIF 术语中添加"或取得已交付至船上货物的方式交货"，同样是为了迎合在大宗商品销售中，对已装船的货物作转售交易的需要。

CIF 可能不适合于货物在上船前已经交给承运人的情况，如用集装箱运输的货物通常是在集装箱码头交货。在此类情况下，应当使用 CIP 术语。

在清关适用的地方，CIF 术语要求卖方办理出口清关。但卖方无义务办理进口清关、支付任何进口税或办理任何进口海关手续。

由于风险转移和费用转移的地点不同，CIF 术语有两个关键点。虽然合同通常都会指定目的港，但不一定都会指定装运港，而这里是风险转移至买方的地方。如果装运港对买方具有特殊意义，特别建议双方在合同中尽可能准确地指定装运港。

在我国实际业务中，习惯把 CIF 术语称为"到岸价"，这种说法并不准确。因为按 CIF 术语成交，卖方的交货地点在装运港，并不保证到货。

(一)CIF 术语买卖双方的义务

按照《Incoterms®2010》的解释，卖方的义务主要有：

(1)负责在合同规定的日期或期限内，在装运港将符合合同规定的货物交至运往指定目的港的船上，或取得已经如此交付的货物，并给予买方充分的通知；

(2)在清关适用的地方，负责取得出口许可证或其他核准书，办理货物出口清关手续；

（3）负责租船或订舱，并支付至目的港的运输费用；

（4）负责办理货物运输保险，支付保险费；

（5）负担货物在装运港交至船上为止的一切费用和风险；

（6）负责提供商业发票、保险单和货物运往指定目的港的通常运输单据。

按照《Incoterms®2010》的解释，买方的义务主要有：

（1）按合同规定支付价款；

（2）在清关适用的地方，自负风险和费用取得进口许可证或其他核准书，并办理货物进口以及必要时经由另一国过境运输的一切海关手续；

（3）负担货物在装运港交至船上后的一切费用和风险；

（4）收取卖方按合同规定交付的货物，接受与合同相符的单据。

(二)应用 CIF 术语应注意的问题

1. 关于租船或订舱

按照《Incoterms®2010》的解释，卖方必须租船或订舱并按合同约定的时间在装运港装船出运货物。如果卖方不能及时租船或订舱，不能按期装船交货，即构成违约，必须承担违约责任，买方有权要求解除合同或提出损害赔偿的要求。根据《Incoterms®2010》的解释，卖方应按照通常条件及惯驶的航线，租用通常类型可供装运合同规定货物的船舶。如果买方提出限制装运船舶的国籍、船型、船龄、船级和指定装载某班轮船只等要求，卖方均有权拒绝。但为了发展出口业务，如对方上述要求自己能办到，且不增加自己的履约成本和难度，卖方也可以为买方提供方便。

2. 关于货运保险

在 CIF 术语下，卖方必须负责办理货运保险，支付保险费，并提供保险单。《Incoterms®2010》对卖方履行保险义务的规定是：卖方应按《协会货物保险条款》（Institute Cargo Clause，ICC）或其他类似保险条款中的最低责任的险别投保。这一规定对于我国的出口商来说意味着在合同未明确规定投保险别时，只要按《协会货物保险条款》中的 ICC(C) 险或"中国保险条款"（China Insurance Clause，CIC）中的平安险（free from particular average，FPA）办理保险即可。另外，按《Incoterms®2010》规定，卖方投保的保险金额一般都是在 CIF 货价基础上另加 10%，即按 CIF 发票金额加 10% 投保。为谨慎起见，在实际业务中，出口企业按 CIF 术语与进口商达成交易时，通常都应在合同中具体规定保险险别、保险金额和保险条款。

3. 关于卸货费用的负担

按 CIF 术语成交，卖方负责将货物运往指定的目的港，并支付正常的运输费用。至于货物到达目的港后卸货的费用由谁支付，各国、各港口的惯例规定不一，经常引发争议。如果使用班轮运输（liner），因装卸费已计入在班轮运输费用之中，因此，在卸货费用的负担上不会引发争议。但如果采用定程租船运输，由于船方大多不承担装卸费，因此双方应在合同中明确规定卸货费用由谁负担，避免引起争议。在实际业

务中，卸货费用由谁负担往往也采用在 CIF 术语后附加条件形成变形的做法。常用的
CIF 变形主要有：

（1）CIF 班轮条件（CIF liner terms）。这一变形是指卸货费用按班轮条件办理，即
由支付运费的卖方负担。

（2）CIF 舱底交货（CIF ex ship' hold）。这一变形是指货物运达目的港后，卖方在
舱底交货，买方自行启舱并负担将货物从舱底起吊到码头的费用。

（3）CIF 卸到岸上（CIF landed）。这一变形是指卖方负担将货物卸到目的港岸上的
费用，包括驳船费和码头捐。

（4）CIF 吊钩下交货（CIF ex tackle）。这一变形是指卖方负责将货物从船舱吊起至船边
卸离吊钩。如果船舶靠不上码头，由买方自费租用驳船，卖方只负责将货物卸到驳船上。

CIF 的上述变形，仅仅明确或改变买卖双方关于卸货费用的划分，并不改变风险
的划分界限或交货地点。

4. 关于交货方式

国际货物买卖的交货方式有两种：一种是实际交货（actual delivery），另一种是象
征性交货（symbolic delivery）。实际交货是指卖方要在合同规定的时间和地点将符合合
同规定的货物实实在在地交给买方或其指定人手上。象征性交货是指卖方只要按合同
的约定完成装运，并向买方提交符合合同规定的包括物权凭证在内的各种单据，就算
完成了交货义务，无需保证到货。

CIF 术语属于典型的象征性交货方式，因此 CIF 合同具有"凭单交货、凭单付款"
的特征，即只要卖方如期向买方提交了符合合同或信用证规定的全套合格单据，即使
货物在运输途中损坏或灭失，买方也必须履行付款义务。反之，卖方提交的单据不符
合合同或信用证规定，即使货物完好无损地运达目的地，买方也可以单据不符为由拒
收单据，拒付货款。因此，在国际贸易中，按 CIF 达成的交易与其说是货物买卖，不
如说是"单据买卖"，单据在某种意义上说比货物还重要。

三、CFR（insert named port of destination）Incoterms® 2010

CFR，即 cost and freight（insert named port of destination），成本加运费（插入指
定目的港），适用于海运或者内河运输，是指卖方在船上交货或以取得已经这样交付的
货物方式交货。货物灭失或损坏的风险在货物交到船上时转移。卖方必须签订合同，
并支付必要的成本和运费，将货物运至指定的目的港。本术语下的交货地点和风险转
移点见图 1-1。

《Incoterms®2010》在 CFR 术语中添加"或取得已交付至船上货物的方式交货"同样
也是为了迎合在大宗商品销售中，对已装船的货物作转售交易的需要。

CFR 可能不适合于货物在上船前已经交给承运人的情况，如用集装箱运输的货物
通常是在集装箱码头交货。在此类情况下，应当使用 CPT 术语。

在清关适用的地方，CFR 术语要求卖方办理出口清关。但卖方无义务办理进口清
关、支付任何进口税或办理任何进口海关手续。

从《Incoterms®2010》的上述规定可以看出 CFR 是介于 FOB 与 CIF 之间的一种贸易术语。与 FOB 术语相比，CFR 术语下卖方多了租船或订舱、支付运费的义务；与 CIF 术语相比，CFR 术语下卖方少了办理货运保险、支付保险费的义务。

按 CFR 达成的合同，与 FOB 术语一样卖方需要特别注意装船通知（shipping advice）问题。因为按 CFR 术语成交，由卖方租船或订舱，由买方投保货运险。装船后，卖方不及时发装船通知，买方就无法及时办理保险手续，甚至可能发生漏保情况。因此，在《Incoterms®2010》中明确规定，卖方必须"无迟延地（without delay）通知买方货已装船"。

此外，CFR 术语下关于租船或订舱和卸货费用的负担问题与 CIF 术语相同。

上述的 FOB、CIF 和 CFR 三种贸易术语在国际贸易中使用最多。三者均属于装运港交货的术语。从价格构成上看，FOB 价加上运输费用等于 CFR 价，CFR 价再加上保险费等于 CIF 价，三者之间可以换算；从买卖双方承担的义务上看，三者之间又存在不少区别。三种常用的贸易术语之间的区别与联系见表 1-4。

表 1-4　三种常用的贸易术语之间的区别与联系表

贸易术语	风险	手续		费用	
	谁承担装船后的风险	谁租船或订舱	谁办理保险	谁支付运费	谁支付保险费
FOB	买方	买方	买方	买方	买方
CFR	买方	卖方	买方	卖方	买方
CIF	买方	卖方	卖方	卖方	卖方

四、FCA(insert named place of delivery)Incoterms® 2010

FCA，即 free carrier(insert named place of delivery)，货交承运人（插入指定装运地），是指卖方在规定的时间和指定的装运地点将货物交给买方指定的承运人或其他人监管，即完成交货义务，交货后风险转移给买方。买方要自费订立从指定装运地点启运的运输契约，并将有关承运人的名称、要求交货的时间和地点，充分地通知卖方，承担承运人监管货物后一切费用和风险。本术语下的交货地点和风险转移点见图 1-1。

FCA 术语下的承运人，既包括履行运输合同的实际承运人（actual carrier），也包括签订运输合同的运输代理人（freight forwarder）。

需要说明的是，FCA 术语下双方交货地点的选择对于在该地点装货和卸货的义务会产生影响。若卖方在其所在地交货，则卖方应负责装货，即当货物被装至由买方指定的承运人的收货工具上时，卖方即完成交货义务；若在其他任何地点交货，卖方不负责卸货，即当货物在买方指定的交货地点，在卖方的送货运输工具上（未卸下）完成交货义务。如果买方有要求，卖方也可按通常条件订立运输契约，但费用和风险要由买方承担。

在清关适用的地方，FCA 术语要求卖方办理出口清关。但卖方无义务办理进口清关、支付任何进口税或办理任何进口海关手续。

　　FCA 术语是在 FOB 术语的基础上发展而来的。因此，这一术语下，买卖双方责任、费用和风险的划分原则与 FOB 术语基本相同。

　　FCA 术语使用范围很广，适用于任何一种运输方式或多种运输方式，特别适用于以集装箱为媒介的国际多式联运方式。

五、CIP(insert named place of destination)Incoterms® 2010

　　CIP，即 carriage and insurance paid to(insert named place of destination)，运费和保险费付至（插入指定目的地），是指卖方将货物在双方约定地点（如双方已经约定了地点）交给其指定的承运人或其他人。卖方必须签订运输合同并支付将货物运至指定目的地的所需费用。卖方还必须为买方在运输途中货物的灭失或损坏风险签订保险合同。买方应注意到，CIP 只要求卖方投保最低险别。如果买方需要更多保险保护的话，则需与卖方明确就此达成协议，或者自行作出额外的保险安排。本术语下的交货地点和风险转移点见图 1-1。

　　CIP 术语下的承运人，与 FCA 术语相同，既包括履行运输合同的实际承运人，也包括签订运输合同的运输代理人。

　　在清关适用的地方，CIP 术语要求卖方办理出口清关。但卖方无义务办理进口清关、支付任何进口税或办理任何进口海关手续。

　　CIP 术语是在 CIF 术语的基础上发展而来的，双方责任、费用和风险的划分原则与 CIF 术语基本相同。

　　CIP 术语使用范围很广，适用于任何一种运输方式或多种运输方式，特别适用于以集装箱为媒介的国际多式联运方式。

六、CPT(insert named place of destination)Incoterms® 2010

　　CPT，即 carriage paid to(insert named place of destination)，运费付至（插入指定目的地），是指卖方将货物在双方约定地点（如双方已经约定了地点）交给其指定的承运人或其他人。卖方必须签订运输合同并支付将货物运至指定目的地的所需费用。本术语下的交货地点和风险转移点见图 1-1。

　　CPT 术语下的承运人，与 FCA 和 CIP 两术语也相同，既包括履行运输合同的实际承运人，也包括签订运输合同的运输代理人。

　　在清关适用的地方，CPT 术语要求卖方办理出口清关。但卖方无义务办理进口清关、支付任何进口税或办理任何进口海关手续。

　　CPT 术语是在 CFR 术语的基础上发展而来的，双方责任、费用和风险的划分原则与 CFR 术语基本相同。

　　CPT 术语使用范围很广，适用于任何一种运输方式或多种运输方式，特别适用于以集装箱为媒介的国际多式联运方式。

　　通过上述定义，可以看出 CPT 是介于 FCA 与 CIP 之间的一种贸易术语。与 FCA

术语相比，CPT 术语下的卖方多了安排运输、支付运费的义务；与 CIP 术语相比，CPT 术语下的卖方少了办理货运保险、支付保险费的义务。因此，与 FCA 术语相同，按 CPT 达成的合同，卖方也需要特别注意装运通知问题，因为按 CPT 术语成交由买方为自己投保货运险，如果卖方不及时发装船通知，买方就无法及时办理保险手续，甚至可能发生漏保情况。

上述 FCA、CIP 和 CPT 三种术语属于货交承运人的术语，分别由 FOB、CIF 和 CFR 三种传统贸易术语发展而来。因此，FCA、CIP 和 CPT 三者之间的相互关系类似于 FOB、CIF 和 CFR 之间的关系，但这两组贸易术语也存在着很多方面的区别，具体表现在以下几方面。

1. 适用的运输方式不同

FOB、CIF 和 CFR 三种传统的贸易术语仅适用于海运和内河运输，而 FCA、CIP 和 CPT 三种术语不仅适用于海运和内河运输，也适用于陆运、空运等其他单一运输方式以及多种运输方式。

2. 卖方交货的地点不同

FOB、CIF 和 CFR 三种传统的贸易术语因仅适用于海运和内河运输，所以交货地点为单一的装运港；而 FCA、CIP 和 CPT 三种术语的交货地点，需视不同的运输方式和不同的约定而定，它可以是卖方处所，也可以是铁路、公路、航空、内河、海洋运输承运人或多式联运经营人的运输站或其他收货点。

3. 风险和费用的转移界限不同

FOB、CIF 和 CFR 三种术语的风险和费用转移界限是货交至船上，货物交至船上以前的风险和费用由卖方承担，以后的由买方承担；而 FCA、CIP 和 CPT 三种术语货物灭失或损坏的风险和费用是在卖方将货物交给承运人接管后转移给买方。

4. 装卸费用负担的规定不同

按 FOB、CIF 和 CFR 术语成交，卖方承担货物交至船上为止的一切费用，但由于各港口的习惯做法不一，实践中对于使用定程租船运输的 FOB 合同，需明确装船费用由谁负担；在 CIF 和 CFR 合同中，需明确卸货费由谁负担。而在 CIP、CPT 和 FCA 术语下，如涉及海洋运输并使用程租船装运，卖方将货物交给承运人时所支付的运费（如 CIP、CPT），或由买方支付的运费（如 FCA），已包含了承运人接管货物后发生的目的港的卸货费用或装运港的装船费用。也就是说，在 CIP、CPT 合同中卸货费用和 FCA 合同中装船费用由谁负担的问题就无需明确了。

5. 运输单据的不同

FOB、CIF 和 CFR 三种术语下，卖方一般向买方提交清洁的已装船海运提单，而 FCA、CIP 和 CPT 三种术语下，卖方提交的运输单据需视不同的运输方式而定。

6. 保险的内容不同

FOB、CIF 和 CFR 三种贸易术语下，投保人一般投保海洋运输险，而 FCA、CIP 和 CPT 三种术语下投保人需根据运输方式的不同选定投保险别。

第三节 《Incoterms®2010》中的其他贸易术语

除了上述六种常用的贸易术语外，《Incoterms®2010》还规定和解释了其他五种贸易术语。这些术语虽然在实际业务中较少采用，但在某种情况下，它们能够满足贸易双方的特定要求，因此买卖双方可根据业务的需要，灵活选用。

一、EXW(insert named place of delivery)Incoterms® 2010

EXW，即 ex works(insert named place of delivery)，工厂交货(插入指定交货地)，是指当卖方在其所在地或其他指定地点(如工厂、车间或仓库等)将货物交由买方处置时，即完成交货。卖方不需将货物装上任何前来接收货物的运输工具，需要清关时，卖方也无需办理出口清关手续。本术语下的交货地点和风险转移点见图1-1。

《Incoterms®2010》特别建议双方在指定交货地范围内尽可能明确具体交货地点，因为在货物到达交货地点之前的所有费用和风险都由卖方承担。买方则需承担自此指定交货地的约定地点(如有的话)收取货物，并承担所产生的全部费用和风险。

EXW 术语适用于任何一种运输方式或多种运输方式。

EXW 术语是《Incoterms®2010》中卖方承担义务最少的术语，使用时需注意以下问题：

(1)卖方对买方没有装货的义务，即使实际上卖方也许更方便这样做。如果卖方装货，也是由买方承担相关风险和费用。当卖方更方便装货物时，FCA 一般更为合适，因为该术语要求卖方承担装货义务，以及与此相关的风险和费用。

(2)以 EXW 为基础购买出口产品的买方需要注意，卖方只有在买方要求时，才有义务协助办理出口，即卖方无义务安排出口通关。因此，在买方不能直接或间接地办理出口清关手续时，不建议使用该术语。

(3)买方仅有限度地承担向卖方提供货物出口相关信息的责任。但是，卖方则可能出于缴税或申报等目的，需要这方面的信息。

二、FAS(insert named port of shipment)Incoterms® 2010

FAS，即 free alongside ship(insert named port of shipment)，装运港船边交货(插入指定装运港)，是指当卖方在指定的装运港将货物交到买方指定的船边(例如，置于码头或驳船上)时，即为交货。货物灭失或损坏的风险在货物交到船边时发生转移，同时买方承担自那时起的一切费用。本术语下的交货地点和风险转移点见图1-1。

由于卖方承担在特定地点交货前的风险和费用，而且这些费用和相关作业费可能因各港口惯例不同而变化。因此，《Incoterms®2010》特别建议双方尽可能清楚地约定指定装运港内的装货点。

卖方应将货物运至船边或取得已经这样交运的货物。此处使用的"取得"一词也适用于商品贸易中常见的交易链中的多层销售。

当货物装在集装箱里时，卖方通常将货物在集装箱码头移交给承运人，而非交到船边。这时，FAS 术语不适合，而应当使用 FCA 术语。

在清关适用的地方，FAS 要求卖方办理出口清关手续。但卖方无义务办理进口清关、支付任何进口税或办理任何进口海关手续。

FAS 术语适用于海运和内河运输。按照《1990 年美国对外贸易定义修正本》的解释，FAS 为装运港运输工具旁边交货，因而含义较广泛，在实际业务中对《1990 年美国对外贸易定义修正本》与《Incoterms®2010》的规定要注意区分。

三、DAT(insert named terminal at port or place of destination)Incoterms® 2010

DAT，即 delivered at terminal(insert named terminal at port or place of destination)，运输终端交货(插入指定目的港或目的地运输终端)，是指当卖方在指定港口或目的地的指定运输终端将货物从抵达的载货运输工具上卸下，交由买方处置时，即为交货。"运输终端"意味着任何地点，而不论该地点是否有遮盖，如码头、仓库、集装箱堆积场或公路、铁路、空运货站。卖方承担将货物送至指定港口或目的地的运输终端并将其卸下的一切风险。本术语下的交货地点和风险转移点见图 1-1。

由于卖方承担在特定地点交货前的风险，因此，《Incoterms®2010》特别建议双方尽可能确切地约定运输终端，或如果可能的话，在约定港口或目的地的运输终端内的特定的点。建议卖方取得完全符合该选择的运输合同。

另外，如果双方希望由卖方承担由运输终端至另一地点间运送和受理货物的风险和费用，则应当使用 DAP 或 DDP 术语。

在清关适用的地方，DAT 要求卖方办理出口清关手续。但卖方无义务办理进口清关、支付任何进口税或办理任何进口海关手续。

DAT 术语适用于任何一种运输方式或多种运输方式。

四、DAP(insert named place of destination)Incoterms® 2010

DAP，即 delivered at place(insert named place of destination)，目的地交货(插入指定目的地)，是指当卖方在指定目的地将仍处于抵达的运输工具之上，且已作好卸载准备的货物交由买方处置时，即为交货。卖方承担将货物运送到指定地点的一切风险。本术语下的交货地点和风险转移点见图 1-1。

由于卖方承担在特定地点交货前的风险，因此，《Incoterms®2010》特别建议双方尽可能清楚地约定指定目的地内的交货点。建议卖方取得完全符合该选择的运输合同。如果卖方按照运输合同在目的地发生了卸货费用，除非双方另有约定，卖方无权向买方要求偿付。

在清关适用的地方，DAP 要求卖方办理出口清关手续。但是卖方无义务办理进口清关、支付任何进口税或办理任何进口海关手续。如果双方希望卖方办理进口清关、支付所有进口关税，并办理所有进口海关手续，则应当使用 DDP 术语。

DAP 术语适用于任何一种运输方式或多种运输方式。

五、DDP(insert named place of destination)Incoterms® 2010

DDP，即 delivered duty paid(insert named place of destination)，完税后交货(插入指定目的地)，是指当卖方在指定目的地将仍处于抵达的运输工具上，但已经完成进口清关，且已作好卸货准备的货物交由买方处置时，即为交货。卖方承担将货物运至目的地的一切风险和费用，并且有义务完成货物出口和进口清关，支付所有出口和进口的关税和办理海关手续。本术语下的交货地点和风险转移点见图 1-1。

由于卖方承担在特定地点交货前的风险和费用，《Incoterms®2010》特别建议双方尽可能清楚地约定在指定目的地内的交货点，建议卖方取得完全符合该选择的运输合同。如果按照运输合同卖方在目的地发生了卸货费用，除非双方另有约定，卖方无权向买方索要。

《Incoterms®2010》规定，除非买卖合同中另行明确规定，任何增值税或其他应付的进口税款由卖方承担。

DDP 术语适用于任何一种运输方式或多种运输方式，且是《Incoterms®2010》中卖方承担责任、费用和风险最大的一个术语。

《Incoterms®2010》建议，如果卖方不能直接或间接地完成进口清关，则不应使用此术语；如双方希望买方承担所有进口清关的风险和费用，则应使用 DAP 术语。

《Incoterms®2010》11 种贸易术语交货点/风险点示意图如图 1-1 所示，11 种贸易术语对照表见表 1-5。

表 1-5 《Incoterms®2010》11 种贸易术语对照表

组别	术语代码	交货地点	风险划分界限	适用的运输方式	运输办理	保险办理	运费	保险费	出口税	进口税
E 组	EXW	出口国卖方所在地工厂	货交买方	任何	买方	买方	买方	买方	买方	买方
F 组	FAS	出口国装运港船边	货交船边	海运和内河	买方	买方	买方	买方	卖方	买方
F 组	FOB	出口国装运港船上	货物交到船上	海运和内河	买方	买方	买方	买方	卖方	买方
F 组	FCA	出口国指定的交货地点	货交承运人	任何	买方	买方	买方	买方	卖方	买方
C 组	CFR	出口国装运港船上	货物交到船上	海运和内河	卖方	买方	卖方	买方	卖方	买方
C 组	CPT	出口国指定的交货地点	货交承运人	任何	卖方	买方	卖方	买方	卖方	买方
C 组	CIF	出口国装运港船上	货物交到船上	海运和内河	卖方	卖方	卖方	卖方	卖方	买方
C 组	CIP	出口国指定的交货地点	货交承运人	任何	卖方	卖方	卖方	卖方	卖方	买方

续表

组别	术语代码	交货地点	风险划分界限	适用的运输方式	运输办理	保险办理	运费	保险费	出口税	进口税
D组	DAT	进口国指定目的运输终端	货交买方	任何	卖方	卖方	卖方	卖方	卖方	买方
	DAP	进口国指定目的地	货交买方	任何	卖方	卖方	卖方	卖方	卖方	买方
	DDP	进口国指定目的地	货交买方	任何	卖方	卖方	卖方	卖方	卖方	卖方

➤ 案例分析

1. 某公司(出口方)按 FOB 术语与英国 A 客户(进口商)签约成交。出口方于 8 月 1 日凌晨 2 点装船完毕,受载货轮于当日下午起航。由于 8 月 1 日、2 日是周末,出口方未向买方发出装船通知。3 日收到进口方来函称:货轮于 3 日 4 时遇难沉没,货物灭失,你方应赔偿全部损失。

问题:出口方是否承担赔偿责任?

2. 某公司按 FOB 条件出口一级大米 300 公吨,装船时货物经过检验符合合同约定的品质条件,装船后卖方及时向进口方发出了装船通知。航行途中,船遇大浪,大米遭海水浸泡,品质受到影响,货抵目的港后只能按三级大米作价出售。进口方要求出口方赔偿差价损失。

问题:在上述情况下出口方对该项损失是否负责?

3. 有一份 CIF 合同,出口方按合同规定的时间和装运港完成交货义务,且投保了货运险。载货船舶离港后不久触礁沉没。事后当出口方凭提单、保险单、发票等货运单据要求进口方付款时,进口方以货物全部损失为由拒绝接收单据和付款。

试分析在上述情况下,出口方有无权利凭规定的单据要求付款?原因何在?

4. 新疆某出口公司于 2009 年 1 月与韩商成交甘草膏 2 万箱,货物装集装箱外运,每公吨售价 2500 美元 FOB 天津新港,结算方式为即期信用证,装运期为 2 月 25 日之前。由于出口公司在天津设有办事处,便在 2 月上旬将货物运到天津,准备由办事处负责报关装运。货物到天津存仓后的第三天,仓库午夜着火,由于风大火烈,2 万箱甘草膏全部被焚。办事处立即通知新疆公司总部并要求尽快补货,但公司总部已无现成货源。

问题:

(1)如果你是出口公司的业务主管,将如何开展业务?

(2)该 FOB 合同对出口公司有什么不利影响?新疆出口公司在贸易术语上有无更好的选择?

5. 2008 年 6 月,湖北某公司(下称出口方)与美国某贸易公司(下称进口方)按 CIF 旧金山签订合同出售一批日用瓷具,支付条件为不可撤销的跟单信用证,出口方需要提供已装船提单等有效单证。随后出口方与宁波某运输公司(下称承运人)签订运输合同。8月初出口方将货物装上承运人派来的货车。途中由于驾驶员的过失发生了车祸，造成部分货损。车祸发生后，出口方即刻与进口方洽商要求将信用证有效期和装船期延展20天。进口方同意延期，但要求货价应降5%。出口方同意受损的两箱瓷具降价1%，但认为其余货物并未损坏，不能降价。进口方坚持要求全部降价。最后出口方作出让步，同意受震荡的两箱降价2.5%，其余降价1.5%。为此受到货价、利息等有关损失共计达16万美元。事后，出口方又向承运人就有关损失提出索赔。对此，承运人同意承担有关仓储费用和两箱震荡货物的损失；但对于货价损失不予理赔，认为这是出口方单方面与进口方的协定所致，与其无关。出口方认为货物降价及利息损失的根本原因在于承运人的过失，坚持要求其全部赔偿。经协商，承运人最终赔偿损失共计6万美元。出口方实际损失10万美元。

问题：试分析本案例中出口方贸易术语的选用是否得当？

6.我国北京A公司拟向美国纽约B公司出口某商品50 000箱，A公司提出按FCA北京条件成交，而B公司则提出采用FOB天津新港的条件。

问题：A、B公司提出上述成交条件的原因是什么？

7.某年我某公司按CIF术语签订一笔核桃出口合同。由于核桃销售季节性很强，双方在合同中对到货时间作了以下约定："10月份在中国口岸装运，12月2日前到达目的港。如货船迟于12月2日到达目的港，卖方必须同意取消合同，退还货款。"合同订立后，公司于10月中旬装船出运，并凭装运单据(商业发票、提单和保险单等)收妥货款。不料，轮船在航行途中主要机件损坏，无法继续航行。为保证轮船如期到达目的港，租用大力拖轮拖带该轮船继续前进。但因途中又遇大风浪，该轮到达目的港的时间较合同约定的时间晚了48小时。适遇核桃市场价格下跌，客户要求撤销合同。

问题：我公司与客户所签订的合同是何种类型？

第二章

国际货物买卖合同的
磋商与订立

国际货物买卖涉及面广，业务环节多。在实际业务中，由于交易对象、交易条件的不同，其业务环节和内容也有所不同。在具体业务中，各环节常常需要前后交叉或齐头并进。国际货物买卖的基本业务流程一般可以分为以下四个阶段：交易前的准备、交易磋商、合同签订和合同履行。本章着重介绍国际货物买卖合同的磋商和订立两项内容。

第一节 国际货物买卖合同的磋商

交易磋商(business negotiation)，又称贸易谈判，它是指交易双方就买卖商品的有关条件进行洽商，以期达成交易的过程。在国际贸易中，交易磋商占有十分重要的地位，是国际贸易业务活动中最重要的环节。交易磋商是国际贸易合同的基础，关系到交易成败和经济效益高低。交易磋商是一项政策性、策略性和技术性都很强的工作。它要求从事此项工作的人员具有良好的政治素质、较高的政策水平和丰富的外经贸专业知识。

一、磋商的形式与内容

(一)交易磋商的形式

(1)口头磋商(negotiating in oral)，即双方通过口头直接谈判交易，如洽谈会、交易会、电话磋商等。这种方式便于了解对方的诚意和态度，随时调整策略，速度快、效率高，主要适合谈判内容复杂、数量金额较大的交易。

(2)书面磋商(negotiating in writing)，指买卖双方通过信函、电报、电传与通信方式磋商。这种方式简便易行、费用相对较低，是交易磋商的通常做法。

通过口头洽谈和书面磋商，双方在交易条件方面达成协议后，即可制作正式书面合同。

(二)交易磋商的内容

(1)主要交易条件(main terms and conditions)：品质(quality)、数量(quantity)、包装(packing)、价格(price)、装运(shipment)和支付(payment)等。

(2)一般交易条件(general terms and conditions)：保险(insurance)、检验(inspection)、索赔(claim)、仲裁(arbitration)和不可抗力(force majeure)等。

从理论上讲，只有以上条件逐项达成一致意见，才能充分体现"契约自由"的原则。然而，在实际业务中，并非每次磋商都需要把这些条款一一列出，逐条商讨。这是因为，在普通商品交易中，一般都使用固定格式的合同，而上述条款中的一般交易条件已经印在合同中，只要对方没有异议，就不必逐条重新协商。这些条件也就成为双方进行交易的基础。在许多老客户之间，事先已就"一般交易条件"达成协议，或者双方在长期交易过程中已经形成一些习惯做法，或者双方已订有长期的贸易协议，就无需在每笔交易中对所有条款一一重新协商，这对于缩短洽商时间和节约费用开支是有益的。

二、交易磋商的一般程序

交易磋商的程序可概括为四个环节：询盘(inquiry)、发盘(offer)、还盘(counter offer)和接受(acceptance)，其中发盘和接受是必不可少的两个基本环节或法律步骤。

(一)询盘

询盘也称询价，是指交易一方准备购买或出售某种商品，向对方询问买卖该商品的有关交易条件，或就该项交易提出带有保留条件的订约建议。

询盘是为了试探对方对交易的诚意和了解其对交易条件的意见。其内容可以涉及价格、品质、数量、包装、交货期以及索取样品、商品目录等，而多数是询问价格，所以，通常将询盘称做询价。

询盘可由买方发出，也可由卖方发出，可采用口头方式，也可采用书面方式。书面方式除包括书信、电报、电传外，还常采用一种询价单(inquiry sheet)的方式进行询盘。用书信询盘时，除了说明要询问的内容外，一般还带有礼貌性的客套语言以及对交易内容的宣传，以达到诱使对方发盘的目的。以下是两则询盘实例。

买方询盘："PLS Quote Lowest Price CFR Singapore For 500 PCS Flying Pigeon Brand Bicycles May Shipment Cable Promptly(请报 500 辆飞鸽牌自行车成本加运费至新加坡的最低价，5 月份装运，尽速电告)。"

卖方询盘："Can Supply Aluminum Ingot 99 Pct July Shipment PLS Cable If Interested (可供 99％铝锭，7 月份装运，如有兴趣请电告)。"

询盘一般不直接使用询盘一词，而常用"请告(please advise)"、"请报价(please quote)"、"可供(can supply)"等词句。询盘仅表示买卖双方交易一种愿望，对于询盘人和被询盘人均无法律上的约束力。

(二)发盘

发盘也称发价，是指交易的一方(发盘人)向另一方(受盘人)提出购买或出售某种商品的各项交易条件，并愿意按此条件达成交易、订立合同的一种肯定性的表示。发盘在我国法律上称为要约。

发盘既是商业行为，又是法律行为，在法律上称做"要约"。发盘在有效期内，一经受盘人无条件接受，发盘人将受其约束，并承担发盘条件和订立合同的法律责任。

发盘多为卖方发出，称做售货发盘(selling offer)，也可由买方发出，称做购货发盘(buying offer)或递盘(bid)。

下面是一个电报发盘的实例：

Offer 5000 Dozen Sport Shirts Sampled March 15th USD84.50 Per Dozen CIF New York Export Standard Packing May/June Shipment Irrevocable Sight L/C Subject Reply Here 20th. (兹发盘5000打运动衫，规格按3月15日样品，每打CIF纽约价84.50美元，标准出口包装，5至6月装运，以不可撤销即期信用证支付，限20日复到。)

1.发盘的构成条件

(1)发盘要有一个或多个特定的受盘人(offeree)。受盘人可以是一个，也可以是多个，可以是自然人，也可以是法人，但必须是特定的，而不能是泛指公众。例如，在报刊、杂志或电视广播中做的商业广告，即使内容明确完整，由于没有特定的受盘人，也不能构成有效的发盘，而只能看做是邀请发盘。

(2)发盘的内容必须十分确定。即发盘中所列的交易条件必须是明确的、完整的和终局的。1980年《联合国国际货物销售合同公约》(United Nations Convention on Contracts for the International Sales of Goods，CISG)(以下简称《公约》)第14条规定：一个建议如果写明货物并且明示或暗示地规定数量和价格或规定如何确定数量和价格，即十分确定。(A proposal is sufficiently definite if it indicates the goods and expressly or implicitly fixes or makes provision for determining the quantity and the price.)因此，"十分确定"是指在发盘中明确货物，规定数量和价格。在我国外贸业务中，一般都要求在发盘中列明商品名称、品质、数量、包装、价格、交货和支付等主要条件。这样，一旦对方接受，便可据以制作详细的书面合同，既有利于减少事后的争执，也有利于合同的订立和履行。

(3)表明发盘人受其约束。这是指发盘人在发盘中明确向对方表示，在得到有效接受时双方即可按发盘的内容订立合同。

2.发盘的有效期

发盘的有效期(duration)是发盘人受约束和受盘人表示接受的有效期限。但规定有效期并非构成发盘的必要条件，如果发盘中没有明确规定有效期，受盘人应在合理时间内接受，否则无效。所谓"合理时间"，视交易的具体情况而定。一般按惯例处理，即要根据商品的特点和采用的通信方式来合理确定。对于粮谷、油脂、棉花、有色金属等初级产品，有效期的规定要短。因为它们的价格受交易所价格影响，行情变化很快，而且这类商品多属大宗交易，成交金额大，如果有效期过长，一旦行情发生对发盘人不利的变动，发盘人就会蒙受很大损失。如果以电报、电传等方式联系，有效期可规定短一些；如果是采用航空信件方式，有效期则稍长一些。

发盘人在规定有效期时应明确具体。例如，采用口头发盘时，除发盘时另有声明外，受盘人只能当场表示接受方为有效；采用函电成交时，可规定最迟接受期限（如限5月18日复到此地），或规定一段接受的期限（如本发盘有效期为10天）。

3. 发盘的生效时间

按照《公约》第15条第（1）款的解释，"发价于送达受盘人时生效"（An offer becomes effective when it reaches the offeree）。可见，发盘在到达受盘人之前并不产生对发盘人的约束力。

4. 发盘的撤回与撤销

根据《公约》第15条第（2）款的规定："一项发盘，即使是不可撤销的，也可以撤回，如果撤回的通知在发盘到达受盘人之前或同时到达受盘人。"（An offer, even if it is irrevocable, may be withdrawn if the withdrawal reaches the offeree before or at the same time as the offer.）这一规定是基于发盘到达受盘人之前对于发盘人没有产生约束力，所以发盘人可以将其撤回（withdrawal）。如果发盘通知先于撤回通知到达受盘人，发盘即已生效，对发盘人产生了约束力。这时发盘人再想改变主意，就不是撤回，而是撤销（revocation）问题。

发盘的撤销是指发盘送达受盘人，即已生效后，发盘人再取消该发盘，解除其效力的行为。对于发盘生效后能否再撤销的问题，各国合同法的规定有较大分歧。

英美等国采用的普通法（common law）认为，发盘在原则上对发盘人没有约束力。在接受作出之前，发盘人可以随时撤销发盘或变更其内容。例外的情况是，受盘人给予了"对价"（consideration），或者发盘人以签字蜡封的特殊形式发盘。

大陆法系（civil law）中的德国法认为，发盘原则上对发盘人有约束力，除非他在发盘中已表明不受其约束。法国法律虽然允许发盘人在有效期内撤销其发盘，但判例表明，他须承担损害赔偿的责任。

《公约》第16条规定：①在未订立合同之前，发价可以撤销，如果撤销通知于被发价人发出接受通知之前送达被发价人。（Until a contract is concluded an offer may be revoked if the revocation reaches the offeree before he has dispatched an acceptance.）②但在下列情况下，发价不得撤销：(a)发价写明接受发价的期限或以其他方式表示发价是不可撤销的；(b)被发价人有理由信赖该项发价是不可撤销的，而且被发价人已本着对该项发价的信赖行事。（However, an offer cannot be revoked：(a) if it indicates, whether by stating a fixed time for acceptance or otherwise, that it is irrevocable; or (b) if it was reasonable for the offeree to rely on the offer as being irrevocable and the offeree has acted in reliance on the offer.）

5. 发盘的失效

发盘遇到下列情况之一便告失效：①发盘被拒绝；②发盘有效期届满；③发盘人依法撤销发盘；④发生不可抗力；⑤在发盘被接受前当事人丧失行为能力；⑥受盘人作出还盘。

(三)还盘

还盘也称还价，在法律上又叫反要约，指受盘人不同意或不完全同意原发盘，为进一步协商而对原发盘提出修改意见。还盘可以用口头方式或者书面方式表达出来，一般与发盘采用的方式相符。还盘可以针对价格，也可以针对品质、数量、交货时间及地点、支付方式等重要条件，提出修改意见。

例如，某商人根据发盘作出如下答复：

YOUR CABLE 19TH COUNTER OFFER USD100 PER DOZEN CIF NEW YORK. (你方 19 日电收悉，还盘每打 100 美元 CIF 纽约)

还盘的法律后果：一是拒绝原发盘，原发盘失效；二是构成一个新发盘，还盘一方成为新的发盘人，原发盘人则变成了受盘人。新受盘人有权针对还盘的内容进行考虑，决定接受、拒绝或是再还盘。

(四)接受

接受是指受盘人接到对方的发盘或还盘后，同意对方提出的条件，愿意与对方达成交易，并及时以声明或行为表示出来，在法律上称做"承诺"。接受如同发盘一样，既属于商业行为，也属于法律行为。接受产生的法律后果是交易达成，合同成立。

1. 构成有效接受的条件

(1)接受必须由指定受盘人作出。这一条件与构成发盘的第一项条件是对称的。发盘必须向特定的人发出，即表示发盘人愿意按发盘中提出的条件与对方订立合同，但这并不表示他愿意按这些条件与任何人订立合同。因此，接受只能由受盘人作出，才具有效力，其他人即使了解发盘内容并表示完全接受，也不能构成有效的接受。

当然，这并不是说发盘人不能同原定受盘人之外的第三方进行交易，只是说，第三方作出的接受不具有法律效力，它对发盘人没有约束力。如果发盘人愿意按照原定的条件与第三方进行交易，他也必须向对方表示同意才能订立合同。因为，受盘人之外的第三方作出的所谓"接受"只是一种"发盘"的性质，并不能表示合同成立。

(2)接受的内容必须与发盘完全相符。如果受盘人在答复对方发盘时虽使用了"接受"的字眼，但同时又对发盘的内容作出了某些更改，这就构成有条件的接受(conditional acceptance)，而不是有效的接受。《公约》第 19 条第(1)款中规定："对发盘表示接受但载有添加、限制或其他变更的答复，即为拒绝该项发盘，并构成还盘。"(A reply to an offer which purports to be an acceptance but contains additions, limitations or other modifications is a rejection of the offer and constitutes a counter-offer.)

应当注意的是，并不是说受盘人在表示接受时，不能对发盘的内容作出丝毫的变更，关键问题是看这种变更是否属于实质性的。《公约》第 19 条第（2）款规定：但是，如所载的添加或不同条件在实质上并不变更该项发价的条件，除发价人在不过分迟延的期间内以口头或书面通知反对其间的差异外，仍构成接受。如果发价人不作出这种反对，合同的条件就以该项发价的条件以及接受通知内所载的更改为准。（However, a reply to an offer which purports to be an acceptance but contains additional or different terms which do not materially alter the terms of the offer constitutes an acceptance, unless the offeror, without undue delay, objects orally to the discrepancy or dispatches a notice to that effect. If he does not so object, the terms of the contract are the terms of the offer with the modifications contained in the acceptance.）

可见，《公约》将受盘人对原发盘的更改分为实质性和非实质性变更。如何判定实质性和非实质性变更，可依据《公约》第 19 条第（3）款规定："有关货物价格、付款、货物质量和数量、交货地点和时间、一方当事人对另一方当事人赔偿责任范围或解决争端等的添加或不同的条件，均视为实质上变更发盘的条件。"（Additional or different terms relating, among other things, to the price, payment, quality and quantity of the goods, place and time of delivery, extent of one party's liability to the other or the settlement of disputes are considered to alter the terms of the offer materially.）实质性变更是对发盘的拒绝，构成还盘。如果受盘人对发盘内容所作的变更不属于实质性的，能否构成有效的接受，还要取决于发盘人是否反对。如果发盘人不表示及时反对，合同的条件就以发盘的内容以及接受通知中所作的变更为准。

在实际业务中，很难区分这两种变更，一般的做法是，如果对方对发盘内容作了变更，只要是发盘人不能同意的，就应及时提出反对，阻止合同成立，以免延误时机，造成被动。

在实际业务中，有时还需要判定一项接受是"有条件的接受"，还是在接受的前提下的某种希望和建议。"有条件的接受"属于还盘，但如果受盘人在表示接受的同时提出某种希望，而这种希望又不构成实质性修改发盘条件，应看做是一项有效接受，而不是还盘。

（3）接受的时间必须在发盘有效期内。发盘中通常都规定有效期，这一方面是约束发盘人，使发盘人在有效期内不能任意撤销或修改发盘的内容；另一方面是约束受盘人，只有在有效期内作出接受，才有法律效力。如果发盘中未规定有效期，则应在合理时间内接受方为有效。

（4）接受的传递方式符合发盘的要求。《公约》第 18 条第（1）款规定："受盘人声明或作出其他行为表示同意一项发盘，即为接受，沉默或不行动本身不等于接受。"根据这一规定，接受必须用声明或行为表示出来，声明包括口头和书面两种方式。一般来说，发盘以口头表示，则接受也以口头表示；发盘人如果以书面形式发盘，受盘人也以书面形式来表示接受。若卖方以发运货物，买方以开立信用证、支付货款等实际行动表示接受，即为用行为表示接受。

2. 逾期接受

逾期接受（late acceptance）是指由于各种原因，导致受盘人的接受通知晚于发盘人规定的有效期送达。迟到的接受，从原则上讲，不具有法律效力，发盘人可不受其约束。但是《公约》第21条针对逾期接受的特殊规定却不容忽视。

《公约》第21条规定：①逾期接受仍有接受的效力，如果发价人毫不迟延地用口头或书面将此种意见通知被发价人。（A late acceptance is nevertheless effective as an acceptance if without delay the offeror orally so informs the offeree or dispatches a notice to that effect.）②如果载有逾期接受的信件或其他书面文件表明，它是在传递正常、能及时送达发价人的情况下寄发的，则该项逾期接受具有接受的效力，除非发价人毫不迟延地用口头或书面通知被发价人：他认为发价已经失效。（If a letter or other writing containing a late acceptance shows that it has been sent in such circumstances that if its transmission had been normal it would have reached the offeror in due time, the late acceptance is effective as an acceptance unless, without delay, the offeror orally informs the offeree that he considers his offer as having lapsed or dispatches a notice to that effect.）

根据上述规定，可见《公约》对以下两种特殊情况作了例外处理：

(1)如果发盘人毫不迟延地用口头或书面形式将其认为有效的意思通知受盘人；

(2)如果载有逾期接受的信件或其他书面文件表明，它在正常传递的情况下本是能够及时送达发盘人的。

这项逾期接受仍具有接受效力。除非发盘人毫不迟延地用口头或书面方式通知受盘人，他认为发盘已经失效。

总之，决定一项逾期接受是否有效的主动权在发盘人。在实践中，对逾期接受，发盘人通常应立即向对方发出通知，明确表达自己的意见。

第二节　国际货物买卖合同的签订

一、国际货物买卖合同有效成立的条件

合同是双方当事人确定、变更、终止权利和义务关系的协议。只有具备以下条件的合同才会得到法律保障，对合同当事人具有约束力。

1. 当事人必须在自愿和真实的基础上达成协议

《中华人民共和国合同法》（以下简称《合同法》）第52条规定：一方以欺诈、胁迫的手段订立合同无效。

2. 当事人必须具有订立合同的行为能力

即未成年人、精神病患者等不具有行为能力的人签订的合同无效。

3. 合同必须有对价和合法的约因

"对价"是英美法系的一种制度，是指合同当事人之间所提供的相互给付（counterpart），即双方互为有偿。例如，在买卖合同中，买方支付的货款是为了得到卖方提交的货物，而卖

方交货是为了取得买方支付的货款，买方支付和卖方交货就是买卖双方的"相互给付"，这就是买卖合同的"对价"。

"约因"（cause）是大陆法系所强调的，它是指当事人签订合同所追求的直接目的。

买卖合同只有在有"对价"或"约因"的情况下，才是有效的。否则，它得不到法律的保障，是没有强制执行力的。

4. 合同的标的和内容必须合法

几乎所有国家的法律都要求当事人所订立的合同必须合法，并规定，凡是违反法律、违反善良风俗与公共秩序的合同一律无效。《合同法》第52条规定：损害国家、集体或者第三人利益；以合法形式掩盖非法目的；损害社会公共利益；违反法律、行政法规的强制性规定的合同无效。

5. 合同的形式必须符合法律规定的要求

《公约》第11条规定："买卖合同无须以书面订立或证明，在形式方面不受任何其他条件的限制，买卖合同可以包括人证在内的任何方法证明。"但公约允许缔约国对该条款的规定提出声明予以保留。

我国在加入《公约》时对这一条提出保留，坚持订立国际货物买卖合同必须采用书面形式，书面形式包括电报和电传。但随着1999年《合同法》的颁布，关于合同形式的规定我国法律与《公约》已不存在分歧。

二、签订书面合同的意义

1. 书面合同是合同成立的重要证据

根据法律要求，凡是合同必须能得到证明，提供证据，包括人证和物证。在以信件或电报电传磋商时，书面证明就是函电本身。但以口头磋商成立的合同，举证难以做到，必须以书面合同的形式加以确定，否则不能得到法律的保障。

2. 书面合同有时是合同生效的条件

书面合同虽不拘泥于某种特定的名称和形式，但在买卖双方磋商时，一方声明以签订书面合同为准时，即使双方已对全部交易条件谈妥，只是没有正式签署，也不存在法律上有效的合同。

3. 书面合同是双方履约的依据

口头合同如不形成书面，几乎无法履行。即使通过函电形式达成的交易，如不将分散于多份函电中的双方协商一致的条件集中归纳到一份有一定格式的书面合同上来，也将难以得到准确无误地履行。所以，在实务中，双方一般都要求将各自享受的权利和承担的义务以文字形式规定下来，作为履约的依据。

三、书面合同的形式

在国际贸易中，书面合同可以采用不同形式。

1. 合同书

合同书(contract)是书面合同中内容最为详细，条款最为具体，格式相对稳定的一种形式。其包括销售合同书(sales contract)和购货合同书(purchase contract)，主要用于大宗业务。

2. 确认书

确认书(confirmation)是一种简式合同，主要用于小批量业务。其包括销售确认书(sales confirmation)和购货确认书(purchase confirmation)。

合同书与确认书尽管在格式上、条款项目和内容繁简上有所不同，但在法律上具有同等效力。在我国进出口业务中主要采用这两种形式。

在我国进出口业务中，各企业都有印有固定格式的进出口合同或成交确认书。当面成交的，即由双方共同签署；通过函电往来成交的，由我方签署后，一般将正本一式两份送交国外成交方签署后退回一份，以备存查，并作为履行合同的依据。

四、书面合同的内容

书面合同的内容一般由下列三部分组成。

1. 约首

约首(head)是指合同的序言部分，其中包括合同的名称、合同编号、合同的签订时间和地点、订约双方当事人的名称和地址(要求写明全称)、订立合同和执行合同的保证等。该序言对双方均具约束力。

2. 本文

本文(body)是合同的核心部分，具体列明各项交易的条件或条款，如品名、品质规定、数量、单价、包装、交货时间与地点、运输与保险条件、支付方式以及检验、索赔、不可抗力和仲裁条款等。这些条款体现了双方当事人的权利和义务。

3. 约尾

约尾(tail)的内容一般包括合同适用的法律和惯例、合同的有效期、合同的有效份数、合同的文字及其效力、附件及其效力和双方代表签字等内容。

➤ 案例分析

1. 我国A公司拟参加某宾馆内装修投标，为确切地估算投标标价，于8月1日向美国B公司询价购买1000套卫浴设备，并说明："这一询价的目的是为了更准确地估算投标价格，投标日期为8月10日，开标日期为8月25日。"B公司于8月5日按A公司要求发来出售1000套卫浴设备的发盘。A公司认为发盘报价合理，据此计算标价，并于8月10日向招标人递交了投标书。B公司发盘后，因货源紧张，于8月20日发通知撤销其发盘。A公司当即表示反对。8月25日招标人开标，A公司中标。中标后A公司立即对B公司8月5日的发盘作出接受。但B公司称其发盘已经撤销。

问题：

(1)构成有效接受的条件有哪些？

(2)依据《公约》分析 A、B 公司间的合同是否成立？

2. 某年 6 月 10 日，我 A 公司向美商发盘：可供一级红小豆 1500 公吨，以毛作净，每公吨 500 美元 CIF 洛杉矶，采用适合海运性质的包装，7 月份装船，6 月 15 日内答复有效。美商收到发盘后立即复电：接受你方发盘，货物应采用新麻袋装运，内另加一层塑料袋。A 公司收到复电后即着手备货，准备于 7 月份装船。5 天后，一级红小豆国际市场上价格猛跌。美商于 6 月 20 日来函：由于你方对新麻袋包装等要求没有确认，双方合同关系不能确立。但 A 公司坚持合同已经成立，双方发生争议。

问题：依据《公约》的有关规定分析双方之间的合同关系是否确立？

3. 我某公司于 2011 年 9 月 15 日收到法国 A 贸易公司发盘：马口铁 500 公吨，每公吨 USD545 CFR 大连，10 月份装运，即期信用证方式付款，9 月 20 日复到有效。我公司 16 日回复："若单价为 USD500 CFR 大连可接受，合同履行过程中如有争议在中国仲裁。"法国 A 贸易公司当日答回复："由于马口铁市场价格已经上涨，我方仍维持原报价，你方的仲裁条件可接受，速复。"此时马口铁市场价格确实趋涨。我公司为与对方达成交易，于 19 日再次回复 A 贸易公司："接受你方 15 日发盘，即期信用证已由中国银行开出。请确认此项交易。"2 日后法国 A 贸易公司退回了我公司开去的信用证。

问题：依据《公约》分析双方之间的合同关系是否确立？

4. B 公司于某年 6 月 26 日发函："发盘××商品，信用证方式付款，……限 6 月 30 日复到此地。"受盘人于 6 月 29 日上午向当地电报局交发接受电报。随后当地电报局罢工，直至 7 月 2 日。因传递延误，6 月 29 日的电报拖延到 7 月 3 日才送到发盘人。B 公司对载有逾期接受的电报没有理睬，而将货物另行他售。受盘人认为逾期是第三方责任造成，仍以合同成立为由而催促 B 公司电告合同号，以便其开立信用证。B 公司声称：接受逾期，合同不成立。双方相持不下，最后将争议提交仲裁。

问题：依据《公约》分析仲裁机构将作出怎样的裁决？

5. 2008 年我国某公司应英国某公司的请求报出某商品 4000 公吨。每公吨 CIF 汉堡 USD1200，并详细列明了品质、包装、交货时间和支付方式等条件。对方接到我公司发盘后提出将数量增加到 5000 公吨，单价降到 USD1000。我公司同意对方的数量要求，但表示单价须提高到 USD1100。英商立即表示接受，但提出：不按发盘规定的包装条件发货，需另行提供良好的、适合海洋运输的包装。收到对方的承诺后，我方获悉因南美数国发生水灾，该产品的国际市场价格上涨，因而拒绝成交，并称：在收到承诺前已将货物售出；发盘中没有注明"Firm Offer"字样，应视为"Free Offer"；我国的习惯做法是所有订单须经发盘人最后确认。对方不接受这些说法，认为其承诺在发盘有效期内，因此合同成立。若不履行合同，将提交仲裁解决，并要求支付 10 万美元赔偿金。

问题：

(1)构成有效接受的条件有哪些？

(2)依据《公约》分析两公司间的合同关系是否成立？

6. 中国 A 公司向美国旧金山 B 公司传真发盘出售一批产品，A 公司于 2009 年 5 月 18 日发盘如下："报货号 C413 300 公吨，即期装船，不可撤销即期信用证付款，每公吨 CIF 旧金山 USD 2100，5 月 25 日前答复有效。"B 公司于 5 月 22 日答复："你方 5 月 18 日发盘，我方接受 300 吨，即期装船，不可撤销即期信用证付款，每公吨 CIF 旧金山 USD2100，除通常单证外，需要提供产地证、植物检疫证明书，适合海洋运输的良好包装。"此时，该货物国际市场价格上涨 20%，原发盘的价格明显对 A 公司不利。因此，A 公司与日本一公司签订产品买卖合同，按国际市场价售出该产品。5 月 25 日 A 公司去函："你 22 日传真，非常抱歉，由于世界市场价格变动，在收到你接受传真前，我货已经售出。"双方因此为合同是否成立发生纠纷。

问题：依据《公约》的有关规定分析双方之间的合同关系是否确立？

第三章

国际货物买卖条件(一)
品质、数量和包装

在国际贸易中，交易的每种商品都有其具体的名称，并表现为一定的品质和数量，而交易的大多数商品都需要有一定的包装。因此，买卖双方洽商交易时，必须就商品的品质、数量与包装这些主要交易条件达成一致，并在合同中具体订明。

■ 第一节　品质条件

一、商品品质的重要性

商品的品质(quality of goods)是指商品的外观形态和内在质量的综合。商品的外观形态是指人们的感官可以直接感觉到的外形特征，如商品的大小、长短、结构、造型、款式、色泽和味觉等。商品的内在质量则是指商品的物理和机械性能、化学成分、生物特征和技术指标等，一般需借助各种仪器、设备分析测试才能获得。例如，纺织品的断裂强度、伸长率、缩水率、防雨防火性能、色牢度等。

合同中的品质条件是构成商品说明的重要组成部分，是买卖双方交接货物的依据。品质的优劣，是决定商品使用效能和影响商品市场价格的重要因素，也是加强对外竞销的重要手段之一。《公约》规定，卖方交付货物必须符合约定的品质。如卖方交货不符合约定的品质条件，买方有权要求损害赔偿，也可以要求修理或交付替代货物，甚至拒收货物和宣告合同无效，这就进一步说明了品质的重要性。

二、约定商品品质的方法

在国际货物买卖中，商品品质基本上可用以下两类方法来表示。

(一)以实物样品表示

以实物样品表示商品品质是指买卖双方在洽商时，由卖方或买方提供一种或数种或少量足以代表商品质量的实物作为样品，请对方确认，样品一经确认便成为买卖双方交接货物的品质依据。这种方法，在国际贸易中称为"凭样品买卖"(sales by sample)。实际操作时，"凭买方样品买卖"时，卖方应注意以下问题：

(1)为避免在日后交货时因货样不符发生纠纷，卖方通常根据买方的来样仿制或选择品质相近的样品提交买方，即提交"回样"(return sample)或称"对等样品"(counter sample)请其确认，而并不直接按买方样品成交。

(2)买方一旦确认以"回样"或"对等样品"作为双方交易的品质依据，就等于把"凭买方样品买卖"转变成为"凭卖方样品买卖"。

(3)在以买方来样作为交接货物的品质依据时，为防止发生意外纠纷，一般还应在合同中明确规定，如果发生由买方来样引起的工业产权等第三者权利问题，与卖方无关，概由买方负责。

(4)样品一经双方确认便成为履行合同时交接货物的品质依据，卖方承担交付的货物品质与确认样品完全一致的责任(strictly same as sample)，否则，买方有权提出索赔甚至拒收货物。

(5)对于某些非采用凭样品成交不可，而在某些制造、加工技术上难以做到货样一致或无法保证批量生产时品质稳定的商品，则应在订立合同时特别规定一些弹性条款。例如，"品质与样品大致相同"(quality to be about equal to the sample)或"品质与样品近似"(quality to be similar to the sample)，以表示交货品质无法严格与确认样品相符。为了避免买卖双方在履约过程中产生品质争议，必要时还可使用封样(sealed sample)，即由第三方或由公证机关(如商品检验检疫机构)在一批商品中抽取同样品质的样品若干份，由第三方或公证机关留存一份备案，其余供当事人使用。

(二)以文字说明约定

凡以文字、图表、相片等方式来说明商品的品质的方法称为"凭文字说明买卖"(sales by description)。在国际货物买卖中，大多数商品采用说明来明确其品质。以说明表示商品品质的有以下几种方式。

1. 凭规格买卖(sales by specification)

商品规格是指一些反映商品品质的主要指标，如成分、含量、纯度、性能、容量、重量、色泽等。商品不同，用以说明商品品质的指标也不相同。例如，冻对虾按每磅若干只表示；猪鬃按长短表示；出口圆钢按粗细表示。这种表示品质的办法具有简单方便、准确具体的特点，而且可以根据每批货物的具体情况灵活调整，所以在国际贸易中使用最为广泛。

2. 凭等级买卖(sales by grade)

商品的等级是指把同一种商品按其质地的差异，如尺寸、形状、重量、成份、构造、效能等的不同，划分为不同的级别和档次，用数码或文字表示，从而产生品质优劣的若干等级。例如，钨砂特级的合同规格：三氧化钨(最低含量)70%，锡(最高含量)0.2%。等级通常是由制造商或出口商根据其长期生产和了解该项商品的经验，在掌握其品质规律的基础上制定出来的。但由于不同等级的商品具有不同的规格,为了便于履行合同和避免争议,在品质条款列明等级的同时,还需在合同中列明每一等级的具体规格。

3. 凭标准买卖(sales by standard)

商品标准系指将商品的规格或等级予以标准化,它一般由政府机构、商业团体、商品交易所或有关的国际组织统一制定,作为交易的质量依据。每一个国家的产品,特别是出口产品,一般都有政府主管部门规定的统一标准。我国的标准分为国家标准、行业标准、地方标准和企业标准四种。世界各国一般都有国家标准,如英国为 BS(British Standard),美国为 ANSI(American National Standards Institute),还有专业协会标准,此外还有国际标准,如国际标准化组织(International Organization for Standardization,ISO)等国际组织都制定相应行业的国际化标准。国际上一些商品,如农产品中的棉花、小麦及咖啡等的交易常采取凭标准来表示商品品质的方式。

4. 凭品牌或商标买卖(sales by brand name or trade mark)

商品的品牌是指厂商或销售商所生产或销售商品的牌号;商标则是品牌的图案化,是特定商品的标志。对同一种品牌或商标的商品,同时有许多种不同规格或等级的产品时,应明确商品的规格或等级。在国际交易中,在市场上行销已久、质量稳定、信誉良好的产品,其品牌或商标本身实际上就是一种品质象征,人们在交易中可以只凭品牌或商标买卖,无需对品质提出详细要求。应当指出的是,品牌、商标属于工业产权,各国都制定了有关商标法,而且凭品牌或商标买卖一般只适用于一些品质稳定的工业制成品或经过科学加工的初级产品。

5. 凭产地名称买卖(sales by name of origin)

在国际货物买卖中,有些产品,特别是农副土特产品,因受产区的自然条件、传统加工技术和工艺以及其他因素的影响,其产品在品质方面常具有其他产区产品所不具有的独特风格或品性,如"泰国生丝"、"西湖龙井茶"等。这些标志不仅标注了特定商品的产地,而且也对这些商品的特殊质量和品味提供了一定的保障。

6. 凭说明书和图样买卖(sales by description and illustration)

在国际货物买卖中,某些机械、电器、仪表、大型设备等技术密集型产品,由于其结构复杂,制作工艺不同,无法用样品或简单的几项指标来反映其品质全貌。因此,必须用说明书来详细说明其具体构造性能及使用方法等,必要时还须附有图样、图片、设计图纸、性能分析表等来完整说明其具有的品质特征。习惯上,将按这种方式进行的交易称为"凭说明书和图样买卖"。在国际货物买卖合同中,以说明书和图样表示商品品质时,卖方要承担"所交货物的质量必须与说明书和图样完全相符"的责任。

三、国际货物买卖合同中的品质条款

(一)品质条款的基本内容

表示商品品质的方法不同,合同中品质条款(quality clause)的内容也不尽相同。在凭样品买卖时,合同中除了要列明商品的名称外,还应订明确认样品的编号以及确认日期。在凭文字说明买卖时,合同中应明确规定商品的名称、规格、等级、标准、品牌、商标或产地名称等内容。在以图样和说明书表示商品质量时,还应在合同中列明图样、说明书的名称、份数等内容。

例如:光明牌婴儿奶粉

Bright Brand Infant Milk Powder

例如:样品号 QI001 玩具熊,尺码 24 英寸

Sample QI001 Toy Bear Size 24″

国际货物买卖合同中的品质条款是买卖双方交接货物时的品质依据。卖方所交货物的品质如果与合同规定不符,就要承担违约的法律责任,买方则有权对因此而遭受的损失向卖方提出赔偿要求或解除合同。为了防止品质纠纷,合同中的品质条款应尽量明确、具体,避免笼统含糊。在规定质量指标时,不宜采取"大约"、"合理误差"等用语,所涉及的数据应力求明确,而且要切合实际,避免定得过高、过低、过繁、过细。

以下是两例国际货物买卖合同的品质条款:

(1)ART No. S235,size 20cm Christmas Bear with caps and scarf as per the sample dispatched by the seller on 20 Aug. 2011.

(2)Chinese Sesame seeds

Moisture(Max.)　　8%

Admixture(Max.)　　6%

Oil content(Basis)52%(Should the oil content of the goods actually shipped be 1% higher or lower, the price will be accordingly increased or decreased by 1%, and any fraction will be proportionally calculated.)

(二)品质机动幅度与品质公差

在国际货物买卖中,为了避免因交货品质与合同稍有不符而造成违约,为了保证交易的顺利进行,可以在合同条款中作出某些变通规定。如"交货品质和样品大体相等"或其他类似条款。对于凭说明进行的买卖,则可加列品质机动幅度(quality latitude)条款或品质公差(quality tolerance)条款,即允许交易的货物的品质可以在一定范围内高于或低于合同规定。卖方所交商品质量只要是在这规定的灵活范围内,即可以认为交货质量与合同相符,买方无权拒收。

1. 品质机动幅度

品质机动幅度是指对特定品质指标规定在一定范围内的机动幅度。品质机动幅度主要适用于初级产品,以及某些工业制成品的品质指标。具体方法主要有规定范围、极限和上下差异三种。

(1)规定范围,即对某项商品的主要品质指标规定允许有一定机动的范围。

(2)规定极限,即对某些商品的品质规格规定上下极限,如最大、最高、最多、最小、最低、最少。

（3）规定上下差异，即通过规定一定比例使得对某些货物的品质指标具有必要的灵活性的方法。

2.品质公差

品质公差是指同行业所公认的或买卖双方认可的产品品质的差异。这种公认的误差，即使合同没有规定，只要卖方交货品质在公差范围内，也不能视为违约。品质公差条款一般多用于制成品的交易中。

第二节　数量条件

商品的数量（quantity of goods）是国际货物买卖合同中不可缺少的主要条件之一。按照某些国家的法律规定，卖方交货数量必须与合同规定相符，否则，买方有权提出索赔，甚至拒收货物。《英国货物买卖法》规定：若卖方交付货物的数量少于约定数量时，买方可以拒绝收货；如卖方交付货物的数量多于约定数量时，买方可以只接受约定部分而拒收超过部分，也可以全部拒收。《公约》第52条第（2）款规定："如果卖方交付货物的数量大于合同规定的数量，买方可以收取，也可以拒绝收取多交部分的货物。如果买方收取多交部分货物的全部或部分，必须按合同价格付款。"另外，《公约》第37条规定：如果卖方在交货日期前交付货物，他可以在那个日期到达前，交付任何缺漏部分或补足所交付货物的不足数量，或交付用以替换所交付不符合同规定的货物，或对所交付货物中任何不符合同规定的情形作出补救，但是，此一权利的行使不得使买方遭受不合理的不便或承担不合理的开支。买方保留本公约所规定的要求损害赔偿的任何权利。

一、数量的计量单位

商品数量的计量单位（unit of quantity）是指用以表示商品标准量的名称。商品数量的计量单位首先取决于商品的种类和性质，不同的商品需要采用不同的计量单位表示。目前，在国际贸易中，一般采用下述六种方法来说明商品的计量单位。

1.重量（weight）单位

这是目前国际贸易中使用最多的一种计量方法，一般大宗农副产品、矿产品以及一部分工业制成品都习惯按重量计量，如钢铁、羊毛、盐、矿砂等。在按重量计量时，可根据各种商品的具体情况分别按公吨（metric ton）、长吨（long ton）、短吨（short ton）、公担（quintal）、英担（hundredweight）、公斤（kg）、磅（pound）、克（gram）和盎司（ounce）等计量。

2.个数（number）单位

大多数工业制成品，尤其是日用消费品、轻工业品、机械产品以及一部分土特产，习惯于按数量进行买卖，如文具、纸张、玩具、成衣、车辆、活牲畜等。数量常用的计量单位有件（piece）、双（pair）、台（set）、打（dozen）、萝（gross）、令（ream）、卷

(coil)、桶(barrel)、捆(bale)和袋(bag)等。

3. 长度(length)单位

长度单位多用于金属绳索、布匹、胶管、电线、电缆等。常用长度单位有码(yard)、米(meter)、英尺(foot)和厘米(cm)等。

4. 面积(area)单位

面积单位多用于玻璃、地毯、木板、纺织品、皮革等商品的计量。常用计量单位有平方码(square yard)、平方米(square meter)、平方英尺(square foot)和平方英寸(square inch)等。

5. 体积(volume)单位

体积单位多用于木材、天然气、化学气体等商品的计量。常用计量单位有立方码(cubic yard)、立方米(cubic meter)、立方英尺(cubic foot)和立方英寸(cubic inch)等。

6. 容积(capacity)单位

一般适用于谷物类、部分流体以及气体物品,如小麦、玉米、煤油、汽油、酒精、啤酒等。常用计量单位有公升(liter)、加仑(gallon)、蒲式耳(bushel)等。

目前,国际贸易中通常使用的度量衡制度有国际单位制(international system of units)、公制(the metric system)、美制(the U. S. system)和英制(the British system)等几种。

我国采用的是以国际单位制为基础的法定计量单位制。《中华人民共和国计量法》第3条中明确规定:"国家采用国际单位制。国际单位制计量单位和国家选定的其他计量单位为国家法定计量单位。"在外贸业务中,出口商品时,除合同规定需采用公制、英制或美制计量单位外,应使用法定计量单位。一般不进口非法定计量单位的仪器设备。如有特殊需要,须经有关标准计量管理机构批准,才能使用非法定计量单位。为避免由于不同的度量衡制度而造成贸易纠纷和误会,在买卖合同中必须明确注明本笔交易中所采用的度量衡制。

二、重量的计量方法

在国际货物买卖中,很多商品采用按重量计量。其主要方法有以下几种。

1. 毛重

毛重(gross weight)是指商品本身的重量加上包装物的重量。这种计重办法一般适用于低值的商品,它以毛重作为计算价格和交付货物的计量基础。

2. 净重

净重(net weight)指商品本身的重量,即由毛重减去皮重后所得的重量。

在国际贸易中计算皮重的方法有四种:

(1)按实际皮重(real tare),即将整批商品的包装逐一过秤,算出每一件包装的重量和总重量。

(2)按平均皮重(average tare),即买卖双方通过抽查,得出一批商品包装材料的平均重量后，计算出的全部货物的总皮重。

（3）按习惯皮重(customary tare)，即对规格化的定型包装，按市场上一般公认的包装重量作为皮重。

（4）按约定皮重(computed tare)，即按买卖双方事先约定的包装重量作为皮重的依据。

在国际贸易中，大部分按重量成交的商品都是以净重作价。有些价值较低的农产品及其他商品有时也采用"以毛作净"(gross for net)的办法计量。所谓"以毛作净"，实际上就是按毛重计算重量以作为计价的基础，而包装重量与价值不再另计。

3. 公量

有些商品，如羊毛、生丝、棉花等具有较强的吸湿性，所含的水分受客观环境的影响较大，其重量也就很不稳定。为准确计算这类商品的重量，国际上通常采用按公量(conditioned weight)计算的办法，即在计算货物重量时，使用科学方法抽去商品中所含水分，再加上标准水分重量，求得的重量称为公量。其计算公式有下列两种：

$$公量＝商品干净重×(1＋公定回潮率)$$
$$公量＝商品净重×(1＋公定回潮率)/(1＋实际回潮率)$$

所谓回潮率，是指商品含水量与干量之比。国际上公认的羊毛和生丝的公定回潮率为11％。商品中实际水分含量与实际干量之比为实际回潮率。

4. 理论重量

对于一些有固定规格和尺寸的商品，只要尺寸符合，规格一致，其每件重量都是大致相同的，因而可以从件数推算出总重量，即理论重量(theoretical weight)。例如马口铁，根据其厚度就可以测算出重量。

5. 法定重量和实物净重

纯商品的重量加上直接接触商品的包装材料，如内包装等的重量，即为法定重量(legal weight)。而扣除这部分内包装重量及其他包含杂物(如水分等)的重量，则为实物净重(net weight)，又称纯净重。这两种计量方法主要为海关从量征税时使用。

在国际货物买卖合同中，如果货物是按重量计量或计价，而未明确规定采用何种方法计算重量和价格时，根据惯例，应按净重计量。

三、国际货物买卖合同中的数量条款

合同中数量条款(quantity clause)的基本内容是成交数量和计量单位。例如大豆，100公吨。在买卖双方进行贸易磋商和订立买卖合同时，一般应明确规定货物的具体数量，或者规定确定数量的方法，以作为买卖双方交接货物时的数量依据。

数量条款是合同中的重要内容之一。卖方有义务提交符合规定数量的货物。但在实际业务中，对于某些工矿产品及大宗农副产品，由于商品特性、生产条件、运输或包装条件以及计量工具的限制，在交货时不易精确计算。为了避免因实际交货不足或超过合同规定而引起的法律责任，方便合同的履行，对于一些数量难以严格限定的商品，通常是在合同中规定交货数量允许有一定范围的机动幅度。

(一)溢短装条款

溢短装条款(more or less clause)，即买卖合同中的机动条款，是指在规定具体数量的同时，再在合同中规定允许多装或少装的一定百分比。它一般包括机动幅度、机动幅度的选择权及计价方法。

溢短装条款可以有两种订立方法：一种是只简单地规定机动幅度，如"2000 公吨，卖方可溢装或短装 5%(2000M/T，with 5% more or less at seller's option)"，按此规定，卖方实际交货数量如果不低于 1900M/T，不高于 2100M/T，买方不得提出异议；另外一种是在规定上述幅度的同时，还约定由谁行使这种选择权，以及溢短装部分如何计价等。例如，"1000 公吨，为适应舱容需要，卖方有权多装或少装 5%，超过或不足部分按合同价格计算"。在合同规定有机动幅度的条件下，一般是由卖方行使多交或少交的选择权，有时也可由买方选择。如果涉及海洋运输，由于交货量的多少与承载货物的船只的舱容关系非常密切，交货的机动幅度一般由安排舱容和装载货物的一方根据具体情况作出选择。例如，采用 FOB 条件成交，由买方负责签订运输合同，安排租船订舱，则数量的机动幅度一般就由买方和船方共同协商予以确认；如果采用 CIF 或 CFR 条件成交，由卖方负责安排租船订舱，故数量的机动幅度一般由卖方和船方来决定。

(二)"约"量条款

"约"量条款(about，approximate clause) 是指在合同数量前冠以"大约、近似、左右"等伸缩性的字眼，来说明合同的数量只是一个约量，从而使卖方交货的数量可以有一定范围的灵活性。对于"约"字，《跟单信用证统一惯例》(以下简称 UCP600)中第 30 条 a 款关于信用证金额、数量与单价的伸缩度有如下规定："约"或"大约"用于信用证金额或信用证规定的数量或单价时，应解释为允许有关金额或数量或单价有不超过 10% 的增减幅度。(The words "about" or "approximately" used in connection with the amount of the credit or the quantity or the unit price stated in the credit are to be construed as allowing a tolerance not to exceed 10% more or 10% less than the amount, the quantity or the unit price to which they refer.)所以，除非买卖双方已对"约"字有了严格一致的约定，否则在合同中不宜采用"约"量，而以明确写清"溢短装条款"为好。

此外，UCP600 中第 30 条 b 款规定：在信用证未以包装单位件数或货物自身件数的方式规定货物数量时，货物数量允许有 5% 的增减幅度，只要总支取金额不超过信用证金额。(A tolerance not to exceed 5% more or 5% less than the quantity of the goods is allowed，provided the credit does not state the quantity in terms of a stipulated number of packing units or individual items and the total amount of the drawings does not exceed the amount of the credit.)根据这一规定，但凡属散装货物，在信用证未规定增减幅度，也未使用"约"量时，可以有 5% 的数量机动幅度。

(三)溢装、短装数量的计价方法

对在机动幅度范围内超出或低于合同数量的多装或短装部分，一般是按合同价格计价结算。根据《公约》第52条规定，卖方多交货物后，买方若收取了超过部分，则要按合同规定，支付相应的价款。

但是，由于在数量上的多装或少装，在一定条件下关系到买卖双方的利益，如按合同价格计算溢短装部分时，交货时市场价格下跌，多装对卖方有利；交易时市场价格上升，则多装对买方有利。因此，为了防止有权选择溢短装的当事人利用行市的变化，有意多装或少装，以获取额外的好处，有的合同规定，多装或少装部分不按合同价格计算，而代之以按装船日的行市或目的地的市场价格来计算，如果双方未能就装船日或到货日的市场价格达成协议，则可交仲裁机构解决。

第三节　包装条件

国际贸易货物，除少数不必包装、可直接装入运输工具中的散装货(bulk cargo or cargo in bulk)和在形态上自成件数，无需包装或略加捆扎即可成件的裸装货(nude cargo)以外，绝大多数商品都需要有适当的包装。商品的包装(packing of goods)是根据商品的特性，使用适当的材料或容器，将商品加以包封，并加以适当装潢和标志的一种措施。包装的重要意义在于：保护商品在流通过程中的品质完好和数量完整；适当的商品包装具有美化商品、宣传商品的作用；是实现商品的价值和使用价值，并增加商品价值的一种手段。货物包装条款与品质、数量等条款一样，都是对商品说明的组成部分，是买卖合同中的一项主要交易条件。买卖双方在签订合同时，对需要包装的货物，应在包装材料、包装方式、包装费用和包装标志等方面作出明确的规定。

一、包装的种类

根据货物包装作用的不同，商品包装可分为运输包装(transport packing)和销售包装(sales packing)两大类。

(一)运输包装

运输包装又称大包装或外包装，它是指在商品运输时，将一件或数件商品装入容器或以特定的方式包扎的二次包装。运输包装的作用有两个：一是保护货物在长时间和远距离的运输过程中不被损坏和散失；二是方便货物的搬运和储存。运输包装按包装方式可以分为单件运输包装(single-piece package for transport)和集合运输包装(composite package for transport)。

1. 单件运输包装

单件运输包装是指在运输过程中作为一个计件单位的包装，即采用箱、包、桶、袋等单个容器对商品进行的包装。

2. 集合运输包装

集合运输包装是把若干单件运输包装合成一个大的包装里。集合运输包装包括集装箱(container)、托盘(pallet)和集装袋(flexible container)等。

(1)集装箱。集装箱一般由金属材料制成,多为长方体,可以反复多次使用,它既是货物的运输包装,又是运输工具的组成部分。根据国际标准化组织的规定,集装箱共分为13种规格,装载量5~40吨不等,用得最多的是8英尺×8英尺×20英尺及8英尺×8英尺×40英尺的集装箱。按照集装箱的不同用途,还可分为密封集装箱、冷藏集装箱、开顶集装箱、液体集装箱等种类。

(2)托盘。托盘是用木材、金属或塑料制成的单层或多层平板装卸工具,有可供铲车插入的插口,便于装卸和搬运。

(3)集装袋。集装袋是用塑料纤维编织成圆形大口袋或方形大包,其容量一般为1~4吨,最高可达13吨左右。集装袋多用于装载已经装好的桶装和袋装多件商品。如面粉、大米以及化工原料等颗粒状或粉状商品。

(二)销售包装

销售包装又称小包装、内包装,是指直接接触商品,随着商品进入零售市场直接和消费者见面的包装。这类包装除必须具备保护商品的作用外,更加强调具备美化商品、宣传商品,并便于消费者识别、选购、携带和使用,以促进销售的功能。销售包装上除商标、品名和产地外,一般还根据具体商品的需要印有规格、用途、使用说明等,有的商品还饰以必要的装潢。此外,越来越多的商品根据现代化市场的需要,在销售包装上印有条形码标志。销售包装按其不同的形式和作用可分为:便于陈列展销类(包括堆叠式、挂式和展开式等);便于识别商品类(包括透明、开窗和习惯包装等);便于使用类(包括携带式、易开式、喷雾式和礼品式等);便于保存类(包括真空包装等)。

二、包装标志

包装标志(packing marks)是在商品的外包装上,用文字、图形、数字书写、压印、刷制的特定记号和说明事项,以便于识别货物,避免错发、错运,方便货物运输、装卸及储存保管。按其用途,包装标志分为运输标志(shipping mark)、指示性标志(indicative mark)和警告性标志(warning mark)三种。

1. 运输标志

运输标志,又称"唛头",通常是由一个简单的几何图形和一些字母、数字及简单的文字组成。其主要内容包括:

(1)收、发货人的名称代号。

(2)目的港或目的地的名称或代号。如有同名的,还应注明所在国家名称;如需经由某港口或某地转运的,还要标明转运地名称,如"经×××港转运"(via×××)。

(3)件号、批号。指本批每件货物的顺序号和总件数。例如箱号 NO. 1-500，表明这批货物共有 500 箱。

鉴于运输标志的内容差异较大，有的过于烦杂，不适应货运量增加、运输方式变革和电子计算机的运用与单据流转方面应用的需要，联合国欧洲经济委员会简化国际贸易程序工作组制定了一套运输标志向各国推荐使用。该标准运输标志应为四行，每行不得超过 17 个字符(包括数字和符号)，不采用几何图形。

2. 指示性标志

又称操作标志。是指根据商品的特性，在包装外部用图形或文字标出的操作指示标志，以引起有关人员在搬运、装卸、存放和保管过程中注意。在使用文字时，最好是使用进口国和出口国的文字，但通常同时使用英文，如"Handle with care(小心轻放)"、"Keep dry(保持干燥)"、"Use no hooks(请勿用钩)"等。

3. 警告性标志

又称危险品标志。它是指危险货物包装上刷写或粘贴的危险性质和等级，以促使流转过程中的工作人员注意，并提高警惕的标志。按照各国的规定，在运输包装内装有爆炸品、易燃物品、自燃物品、遇水燃烧物品、有毒物品、腐蚀物品、氧化剂和放射性等危险货物时，都必须在运输包装上清楚地标明所规定的用于各类危险品的标志。例如"有毒品(poison)"、"爆炸品(explosive)"等，以示警告，以便采取相应保护措施。

联合国政府间海事协商组织规定了一套《国际海运危险品标志》，现已被许多国家采用。在我国出口危险货物的包装上，为防止出现问题一般要标出我国和国际海运所规定的两套危险品标志。

三、中性包装与定牌

1. 中性包装

中性包装(neutral packing)是指在出口的商品和内外包装上不显示生产国别、地名、厂名的一种特殊的商品包装。中性包装有定牌中性包装(neutral packing with designated trade mark)和无牌中性包装(neutral packing without trade mark)两种。定牌中性包装是指在商品和/或包装上使用买方指定的商标或牌号，但不注明生产国别的包装。无牌中性包装是指在商品和包装上均不使用任何商标或牌名，也不注明生产国别的包装。

采用中性包装，是为了打破某些进口国家与地区的关税与非关税壁垒以及适应交易的特殊需要(如转口销售等)，它也是出口国家厂商加强对外竞销和扩大出口的一种手段。但近年来中性包装受到种种限制，因此，如在出口商品或包装上采用中性包装，应谨慎从事。

2. 定牌

定牌是卖方按买方要求在其出售的商品上和/或包装上标明买方指定的商标或牌号，这种做法叫定牌生产。定牌是国际贸易中的通常做法，使用定牌包装的主要原因是：

(1)由于进出口国家之间的贸易限制或贸易制裁以及政治因素的影响；

(2)利用买主的企业商誉或名牌产品的声誉；

(3)防止国外产品对国内已建立良好信誉的同类产品的冲击或竞争；

(4)符合进口国对在商品包装上、所使用的商标牌号上的特殊要求。

使用定牌时出口商应注意以下两点：一是要求买方出具商标、牌号的相关资料，并提供所有权证明文件，如系第三方注册商标，应要求提供合法的使用许可文件；二是为避免损失，就在合同中同时约定由买方承担侵权的经济与法律责任。

四、国际货物买卖合同中的包装条款

国际货物买卖合同中的包装条款一般包括对包装材料、包装方式、包装标志、包装规格和包装费用负担等内容的规定。

1. 包装材料和包装方式的规定

买卖合同中就包装和包装方式通常有两种规定方法：一种是作具体规定，如"纸箱装，每箱装 30 打"(packed in carton，30 doz. of one carton)；另一种使用含义笼统的术语，如"适合海运包装"(seaworthy packing)等。对于后者除非买卖双方就包装材料与包装方式事先已经达成共识或另外订有协议，否则不宜采用，以免产生争议。

2. 包装标志的规定

商品包装上的识别标志、指示标志、危险货物标志以及条形码标志等，一般在买卖合同中无需规定，由卖方在对货物进行包装时，根据商品特性、行业惯例或法规要求及实际包装自行刷制。但倘若在交易磋商时买方就上述包装标志提出了特殊要求，也可在买卖合同中作出规定，并按此规定办理。

3. 包装费用的规定

按照国际惯例，包装费用一般已包含在商品货价之内，不另计收。但如买方要求特殊包装，则超出的包装费用由哪一方负担，应在买卖合同中作出具体的规定。如由买方负担，需规定这部分费用的支付时间和方法。如合同规定由买方提供全部或部分包装或者装潢的材料、装饰用品，就需在买卖合同中规定包装材料及装饰用品到达卖方的最迟时限以及逾期到达情况下买方应承担的责任。此项时限还应与合同规定的装运期限相衔接，并留有适当余地。

此外，在订立包装条款时，还应考虑进口国家对包装的有关法令规定和习惯。例如日本、加拿大及欧美各国，禁用稻草、干草和报纸等作包装衬垫物；英国限制用玻璃、陶瓷等材料作为包装物。因此，出口商应注意不同国家的有关包装的规定，以免造成不必要的损失。

以下是国际货物买卖合同中的两例包装条款：

(1)Packing Clause：To be packed in poly bags，25 pounds in a bag，4 bags in a sealed wooden case which is lined with metal. Case size：680cm×360cm×280cm. Shipping marks is to be determined by the buyer. All the pacing charges have been included in the unit price.

(2)Packing Clause: Goods shall be packed in seaworthy wooden case by the seller, each containing 12 five-pound tins, net weight 60 pounds, gross weight 70 pounds. The packing must be strong enough to withstand rough handling and the followings on each case shall be clearly marked (on the different sides) in fadeless paint in English language: The package Number, Gross Weight, Net Weight, Length * Breadth * Height, and the following marks: "KEEP AWAY FROM MOISTURE", "HANDLE WITH CARE", "THIS SIDE UP"as well as the shipping mark.

➤ 案例分析

1. 我某公司凭卖方样品与英国商人成交出口高档瓷器一批。双方合同中规定有"如出现质量问题，买方在货到目的港 60 天内索赔有效"条款。货到后，英商复验未就品质提出异议。事过一年，英商来函称："我方所购瓷器出现釉裂品质问题，你方应按合同价格的 60% 赔偿损失，否则退货。"收到对方来函，我方查验了留存的复样，发现也有对方反应的釉裂品质问题。

问题：分析出口方应如何处理对方的索赔要求？

2. 我某公司与德商签订的农产品出口合同约定："数量为 100 公吨，每公吨 CIF Bremen 180 英镑，水分最高 15%、杂质不超过 3%，交货品质以中国官方商检机构检验为最后依据。"成交前我方向对方寄送过样品。订约后又曾电告对方，成交货物与样品相似。货物装运前由中国官方商检机构签发品质规格合格证书。货抵德国后，对方提出：到货虽有商检局出具的品质合格证书，但品质却比样品差，因此每公吨货物减价 6 英镑。我公司以合同中并未规定凭样交货，而仅规定凭规格交货为由拒绝减价。德方于是请该国某检验公司重新检验，出具了货物品质比样品低的检验证明，并据此向我方提出索赔要求。我方坚持拒赔。德方遂向中国国际贸易仲裁委员会提出仲裁申请。

问题：

(1)凭样品买卖对卖方有哪些要求？

(2)本案例中双方约定商品品质的方法是哪种？

(3)出口商应从本案中吸取哪些教训？

3. 黑龙江 A 贸易公司与俄罗斯 B 公司按 CIP 条件成交一单大豆出口交易，信用证方式付款。合同数量条款规定：每袋大豆净重 100 公斤，共 1000 袋，合计 100 公吨。但货物运抵俄罗斯后，经俄方检查，每袋大豆净重只有 96 公斤，1000 袋共 96 公吨。由于遇市场大豆价格下跌，所以俄 B 公司以"单货不符"为由，提出整批货物降价 5% 的要求，否则拒收。

问题：

(1)试根据《公约》及相关国际贸易惯例分析俄方的要求是否合理？

(2)我方应采取什么补救措施？

(3)若该大豆不是用袋装而是散装,则结果又如何?

4.某出口公司按 CIF 条件向中东出口某品牌电脑 2000 台,合同和进口方开来的信用证均规定不允许分批装运。在装船时,发现有 80 台严重损坏,临时更换又来不及。为了保证质量,业务人员认为根据 UCP600 规定,即使合同未规定溢短装条款,数量上仍允许 5%的增减,故决定少交 80 台,即少交 4%。结果交单时遭到议付银行拒付。

问题:分析出口方遭到拒付的原因。

5.某外商欲购我国某企业生产的"华生"牌电扇,但要求改用其指定的"钻石"牌商标,并在包装上不得注明"Made in China"字样。

问题:这种订单我方可否接受?如果接受业务中应注意什么问题?

6.某年广州秋交会期间,我国某公司同日本 D 产业株式会社签订了一份出口羊绒衫的合同。合同规定按 CFR 横滨每件 120 美元价格成交,数量为 1 万件,羊绒含量为 100%;付款条件为即期信用证,以卖方出具的发票、提单、品质检验证书作为付款的依据。买方有权在货物抵达目的港复验,检验费由买方自理。货物抵达目的港后,经检验羊绒含量为 70%,于是日方即以货物成分含量不符合合同要求为由,向我方提出异议。我公司对日方的异议表示不予受理,理由是该笔交易是在广交会上经买方当面看样成交的,并且是在买方同意的情况下签约的,而实际交货又与样品一致,因此应认为货物品质已符合双方约定。第二年,日方在争议不能得到协商解决的情况下,备函向中国国际经济贸易仲裁委员会提请仲裁。在仲裁申请书中,要求赔偿其损失 12 万美元,公证费 2 万美元。

问题:对此案例进行评析。

7.某年 6 月,我出口企业与美国某公司签订了一份本厂生产产品的出口合同,数量为 600 公吨(溢短装 5%),单价为 CIF 纽约 520 美元/公吨,总值为 312 000 美元,结算方式为不可撤销即期信用证,装运期为 8 月。7 月 12 日,对方开来信用证。经审核,信用证中货物的数量、单价、总值均按合同开立。8 月 10 日,该企业按信用证"数量为 600 公吨,可溢短装 5%"的规定装运了 630 公吨货物,并制作全套的单据于 8 月 16 日向开证行收款。8 月 20 日,我出口企业接到通知行转来的拒付书,理由是:发票金额为 327 600 美元,大于信用证金额。我出口企业经分析明白,原来信用证的金额未包括溢装的 5%货款,只好重新开出金额为 312 000 美元的发票,向银行收回了部分货款。其余 30 公吨的货款,进口商拒绝支付,而这时我出口企业已没有控制物权的任何凭证,考虑金额不大,要通过诉讼程序解决比较麻烦,企业放弃了收款的权利。

问题:对此案例进行评析。

第四章

国际货物买卖条件(二)
运输和保险条件

第一节　运输条件

国际贸易货物的运输方式包括海洋运输(ocean transport)、铁路运输(rail transport)、航空运输(air transport)、邮政运输、管道运输以及由各种运输方式组成的联合运输(combined transport)、国际多式联运(international multimodal transport)等。买卖双方应根据进出口商品的特点、数量、自然条件及港口的装卸条件等因素,选择合适的运输方式。

一、运输方式

(一)海洋运输

海洋运输是指利用商船在国内外港口之间通过一定的航线和航区进行货物运输的一种方式。在各种运输方式中,海洋运输是一种最主要的方式,它具有通过能力强、运量大、运费低等优点。目前国际货运总量80%以上是通过海洋运输完成的,在我国这一比例接近90%。

海洋运输按照船舶经营方式可区分为班轮运输(liner transport)和租船运输(charter)两种形式。

1. 班轮运输

班轮是指按照预定的船行时间表和固定的航线,沿途停靠固定港口,收取固定运费运输货物的船舶。

1)班轮运输的特点

(1)"四个固定",即固定船期,固定航线,固定停靠港口和收取固定运费。

(2)"一个负责",即船公司负责装卸,装卸费用计入运费之中,货方不再另行支付。

(3)船方出租的是部分舱位,这意味着凡是班轮停靠港,不论货物多少,一般都予承运。

(4)船货双方在承运期间的权利、义务与责任,以船方签发的提单条款为依据。

由此可见,利用班轮运载货物是十分灵活和方便的,尤其是对数量少,分运批次多,交货港口分散的货物更为合适。

2)班轮运费

班轮运费是根据船公司的运价表,按规定标准和费率计算,相对来说运价比较稳定。班轮运费由基本运费和附加运费构成。基本运费是普通货物在正常运输条件下,运至某基本港的运费。基本运费的计算标准,主要有以下几种:

(1)重量法。按货物毛重来计算,以每公吨即 1000 公斤为运费计算单位,又称重量吨(weight ton),公吨以下取小数三位。费率表上用"W"表示。

(2)体积法。按货物的体积来计算,以每立方米为运费计算单位,又称尺码吨(measurement ton),立方米以下取小数三位。费率表上以"M"表示。

以重量吨或尺码吨计算运费的,统称为运费吨(freight ton)。

(3)价格法。按货物价值作为运费计算标准,费率表上以"AD·VAL"表示。一般按货物的 FOB 价计收,费率一般不超过 5%。这种计收方式适用于贵重商品或价值高的商品,如古玩、黄金、白银、宝石等。

(4)选择法。其有以下四种选择方法:①W/M 为最常见的选择方法,即在重量法与体积法之间选择;②W or AD·VAL 为在重量法与从价法之间选择;③M or AD·VAL 为在体积法与从价法之间选择;④W/M or AD·VAL 为在重量法、体积法与从价法之间由承运人根据不同的货物,决定具体的选择方法,择高收取运费。

(5)综合法。按重量吨或尺码吨计收运费外,再加收从价运费,即 W & AD·VAL 或 M & AD·VAL。

(6)按件法。按货物的件数计收,如车辆按"每辆"计收运费。在运价表中以"Unit"表示。

(7)议价法。由货主和船公司临时议定运费,也称为"临时议定价格",在运价表中以"Open Rate"表示。临时议定的费用率一般比较低,通常适用于粮食、矿石、煤炭等运量大、货价较低的商品。

附加费是班轮公司在收取基本运费的基础上,根据不同情况,为了抵补运输途中额外增加的开支或在蒙受一定损失时而收取的费用。附加运费名目繁多,一般有超重附加费、超长附加费、直航附加费、转船附加费、港口附加费、绕航附加费、燃料附加费、选港附加费、货币贬值附加费、港口拥挤费、变更卸货港附加费、洗舱费、熏蒸费等。

2. 租船运输

租船(charter)是指租船人在市场上向船东租赁船舶的业务。租船运输没有固定航线、固定船期、固定的装卸港口,也没有固定的运价,一切都可根据货主的不同需要,结合租船市场上的供求情况而定。租船运输一般适用于大宗货物的运输。租船运输一般可分为定程租船和定期租船(time charter)两种。

(1)定程租船。定程租船也称程租船或航次租船,它是以船舶完成一定航程为标准的租船方式。定程租船又可分单航次、连续单航次、来回航次、连续来回航次等多种形式。在定程租船条件下,船方负担船员工资、港口费、燃料和物料及码头捐税等;租船方负担运费、货物的装卸费(包括平舱费和理舱费)和船舶滞期费等。定程租船由船方直接负责船舶的经营管理,船方除负责船舶航行、驾驶和管理外,还需对货物的运输负责。因此,这种方式对租船方比较便利。

(2)定期租船。定期租船又称期租船,是指按一定的期限租船,即船舶所有人把船舶出租给承租人使用一定期限的租船方式。租期可长可短,短的可以是数日,长的可达几年或十几年。在承租期间,租船人支付租金(按月或天支付),以取得船舶使用权,并可按自己的需要来安排船舶的营运和调度,且承担由此产生的燃料费、港口费、垫舱物料费、拖轮费等。船方负担船员工资、膳食费用,同时还需负责保持船舶在出租期间的适航性(seaworthiness)。适航性是指船舶应当能够正常运转,具有安全航海能力,适合接收和保管货物的性能。

在海运租船业务中,还有一种"光船租船"(bare boat charter)业务。光船租船是指船舶所有人将船舶出租给承租人使用一定期限,但船东只是空船出租,船上工作人员均由租船人配备,租船人同时承担租赁期间船舶营运的一切费用。这种业务实际上属于单纯的财产租赁,在国际贸易中不常使用。

(二)铁路运输

铁路运输是现代运输业的主要方式之一,与其他运输方式相比,它具有运量大、速度快、运输准确性和连续性强、受气候等自然条件影响小、安全可靠、运输成本低等优点。因此,在国际货物运输中,铁路运输成为仅次于海洋运输的主要运输方式,海洋运输的进出口货物,也大多是靠铁路运输进行货物的集中和分散的。

(三)航空运输

航空运输是一种现代化的运输方式,在国际贸易运输中虽不是主要的方式,但其具有海运和铁路运输不能与之相比的优越性,如具有速度快,时间短,安全准确,货物碎损率低,节省包装、保险、利息等费用的优点,适于运送某些急需、贵重、易腐、鲜活、季节性商品。

(四)联合运输

联合货物运输是指使用两种或两种以上的运输方式,完成一项进出口货物运输任务的综合运输方式。联合运输主要包括陆空联运、陆海联运、大陆桥运输、小陆桥运输和国际多式联运等形式。这里重点介绍大陆桥运输和国际多式联运。

1. 大陆桥运输

大陆桥运输是指利用大陆上的铁路或公路系统作为桥梁,把大陆两端的海洋运输连接起来的连贯运输方式。在形式上，大陆桥运输是海—陆—海的连贯运输。大陆桥运输一般以集装箱为媒介，因而具有集装箱运输的优点。

目前世界上大陆桥主要有横贯俄罗斯、中东及欧洲各地的"西伯利亚大陆桥(又称亚欧大陆桥)"、横贯北美大陆连接太平洋和大西洋两岸的"美国大陆桥"、"加拿大大陆桥"及1992年12月1日开通的"中荷大陆桥"(又称新亚欧大陆桥)等。

2. 国际多式联运

国际多式联运是在集装箱运输方式基础上发展起来的一种新型的运输方式，它把过去陆、海、空、公路、江河等互不关联的单一运输有机地结合起来，完成一笔进口或出口货物在国际间的运输。它的具体做法是由多式联运经营人(multimodal transport operator，MTO)根据多式联运合同以至少两种不同的运输方式将货物从一国境内的接管地点运至另一国境内指定的交付地点。

国际多式联运的主要特点是：不管路途多远，运程中手续多么复杂，货主只办理一次托运、支付一笔运费、取得一张联运单据，如货物在运输途中发生货损或灭失这类问题，只找一头解决，也就是说多式联运经营人(或称之为承运人)对全程运输总负责。因此，这种运输方式具有手续简便、安全准确、运输迅速、节省包装等优点，是目前国际上许多国家广泛采用的运输方式。

二、运输单据

运输单据(shipping documents)是指承运人签发给托运人的表示收到货物的证明文件，它是交接货物、向银行结算货款或进行议付所必须具备的重要单据。按照运输方式划分，运输单据可分为海运提单、铁路运单、航空运单、邮政包裹收据等。这里主要介绍海洋运输方式下的海运提单。

(一)海运提单

1. 海运提单的性质和作用

海运提单(bill of lading，B/L)，简称提单，是指货物的承运人或其代理人在收到货物后，签发给托运人的一种证明文件。海运提单是国际贸易中各种单据的核心，它将贸易双方当事人及各种关系人联系起来，具有多方面的功能和作用。提单的性质和作用主要体现在以下三个方面：

(1)提单是货物收据(receipt of goods)。提单是承运人或其代理人，应托运人的要求所签发的货物收据，证明承运人已如数收到提单上所列的货物。提单一经签发，承运人就承担对提单上所载明的货物妥善保管、安全运输并向持单人交付货物的义务。

(2)提单是运输协议的证明(evidence of the contract of carriage)。承运人接受托运人的货物，并签发提单，即可视为运输协议(合同)的成立。双方的权利和义务一般都列在提单的背面，它是解决承运人与托运人在运输中产生争议的依据。

(3)提单是货物所有权的凭证(document of title)。提单是一种物权证件，本身就代表着提单上所载明的货物。收货人或提单合法持有人有权凭提单在目的港向承运人或其代理人提取货物。由于提单是货物所有权的证明文件，因此可以视为有价证券。除不能转让的提单外，提单持有人可以于货物运抵目的港之前，在国际市场上进行转让或凭提单向银行办理抵押贷款。

2. 海运提单的种类

1)根据货物是否装船可区分为已装船提单和备运提单

已装船提单(shipped B/L or on board B/L)是指轮船公司已将货物装上指定轮船后所签发的提单。已装船提单在国际贸易中应用比较广泛，按国际市场银行业务的惯例，出口商向银行议付货款时所提交的提单，必须是已装船提单。这种提单的特点是提单上必须用文字表明货物已装在某某船上，并载有装船日期、船长或其代理人的签字。

备运提单(received for shipment B/L)是指轮船公司在收到托运货物等待装船期间，向托运人签发的提单。备运提单又称收讫待运提单。由于该提单上没有明确肯定的装船日期，并且一般不注明载货船只的名称，将来货物能否装船无保障，因此买方或受让人一般不愿接受。

2)根据提单上对货物外表状况的批注可区分为清洁提单和不清洁提单

清洁提单(clean B/L)是指货物在装船时外表状况良好，承运人或其代理人未在提单上列加任何货损、包装不良或其他不良批注的提单。在国际贸易中，银行办理议付货款时，为安全起见，一般只接受出口商提交的清洁提单。

不清洁提单(unclean B/L)是指承运人或其代理人在签发提单时在提单上加注货物外表状况不良或存在缺陷等有碍结汇批注的提单。例如，在提单上批注"包装不固"、"两箱损坏"、"包装破裂"等内容的提单均属不清洁提单。

3)根据提单收货人抬头方式可区分为记名提单、不记名提单和指示提单

记名提单(straight B/L)是指在提单收货人一栏内明确填明收货人名称的提单。这种提单只能由指定的收货人提货，不能转让流通，因此又称为"不可转让提单"，记名提单在国际贸易中使用不多，一般只用于运输贵重物品或有特殊用途的货物。

不记名提单(bearer B/L)。不记名提单又称空白提单(blank B/L or open B/L)，是指在收货人一栏内填写"来人"(bearer)字样的提单，不记名提单不需办理任何手续即可转让，提单持有人仅凭提单即可提货。这种提单转让和提货均很简单，但一旦遗失或被盗，容易引起纠纷，不记名提单因风险太大，在国际贸易中很少使用。

指示提单(order B/L)是指在收货人一栏内不明确写明收货人的名称，只填写"凭指示"(to order)或"凭某某指定"(to order of×××)字样的一种提单。前者叫空白指示提单，后者叫记名指示提单。指示提单通过背书可以转让，所以又称转让提单。背书方式可分为两种，一种是空白背书，另一种是记名背书。前者是指仅有背书人在提单背面签字盖章，而不注明被背书人的名称；后者是指背书人除在提单的背面签字盖章外，还需注明被背书人的名称。在国际贸易中，指示提单使用的比较普遍。在我国出口业务中，大多采用"凭指定"空白背书的提单，习惯上称为"空白抬头，空白背书提单"。

4)根据提单内容繁简可区分为全式提单和略式提单

全式提单(long form B/L)是指提单背面列有承运人和托运人权利、义务等项详细

条款的提单，又称繁式提单。

略式提单(short form B/L)是指提单仅保留提单正面项目，而略去背面承运人与托运人权利、义务等条款的提单。

5)按船舶营运方式可区分为班轮提单和租船提单

班轮提单(liner B/L)是指由班轮公司作为承运人并由其所签发的提单。

租船提单(charter party B/L)是指承运人根据租船合同承运货物后签发给托运人的提单。银行或买方接受这种提单时，通常要求卖方提供租船合同的副本。

6)按提单的时间性可区分为正常提单、过期提单、预借提单和倒签提单

正常提单(current B/L)是指在信用证规定的交单期内提交给银行议付货款的提单。在采用信用证方式支付货款时，银行通常规定一个最迟提交单据的期限，受益人不能误期。如果信用证未规定交单期，必须在提单签发后21天内提交给银行，这时提交的单据属于正常提单。

过期提单(stale B/L)。关于过期提单有两种说法：一种是晚于货物到达目的港的提单；另一种是超过提单签发日期21天后向银行提交的提单。这两种情况下的提单，都属于过期提单。前一种情况在近洋运输贸易中经常出现。为了使这种过期提单能被接受，故在买卖合同和信用证中应规定"过期提单可以接受"的条款。后一种情况是可以避免的，因此，UCP600第14条c款规定：如果单据中包含一份或多份受本惯例规制的正本运输单据，则须由受益人或其代表在不迟于本惯例所指的发运日之后的21个日历日内交单，但是在任何情况下都不得迟于信用证的截止日。

预借提单(advanced B/L)是指货物在装船前或装船完毕以前，托运人为及时结汇，向承运人预先借用的提单。船公司签发提单的日期理应是货物全部装船完毕，也就是大副出具收据的那一天，这是一项很严肃的法律行为。因此，预借提单是一种违法的做法。

倒签提单(ante-dated B/L)是指承运人签发提单时，倒填签发日期的一种提单。由于货物实际装船日期晚于信用证上规定的日期，如按实情签发提单，势必不能结汇。为使提单日期与合同规定的装运期限相符，承运人应托运人的请求，按信用证规定的装运日期签发提单，这种做法与预借提单一样属于欺骗行为，是一种违法的做法，对于托运人和承运人来说都有很大风险。

7)舱面提单

舱面提单(on deck B/L)，又称甲板提单，是指对装在甲板上的货物所签发的提单。这种提单上一般都注有"装甲板"字样。舱面货风险很大，根据《海牙规则》(Hague Rules)的规定，承运人对于装于舱面(甲板)货物的损坏或灭失不负责任。因此，买方和银行一般不愿接受舱面提单，信用证中另有规定的除外。

3. 关于海运提单的国际公约

调整海上运输承运人和托运人的权利和义务的国际公约有许多，其中《海牙规则》、《维斯比规则》(Visby Rules)、《汉堡规则》(Hamburg Rules)和《鹿特丹规则》(Rotterdam Rules)是目前国际上调整海上货物运输的四个重要国际公约。

1)《海牙规则》

《统一提单若干法律规则的国际公约》(International Convention for the Unification of Certain Rules of Law Relating to Bill of Lading，1924)简称《海牙规则》(Hague Rules 1924)，是 1924 年 8 月 25 日由 26 个国家在布鲁塞尔签订，该规则于 1931 年 6 月 2 日正式生效，目前已有 87 个成员国。《海牙规则》共有 16 条，主要规定了"货物"的含义，承运人装载、搬运、配载、保管、照料和卸载所运货物的权利、义务和责任，规定了责任期限、免责情况、承运人的赔偿责任限额及计算方法等。由于参加该规则制定的国家主要是航运业发达的国家，所以其内容就有明显偏袒船方利益的倾向，受到了代表货方利益的航运业不发达国家的强烈反对。目前，我国尚未参加《海牙规则》，但在我国 1993 年 7 月 1 日实施的《中华人民共和国海商法》(以下简称《海商法》)和中国远洋运输公司提单对承运人责任的规定是依照《海牙规则》制定的。

2)《维斯比规则》

《修改统一提单若干法律规则的国际公约的议定书》也称《海牙-维斯比规则》(Protocol to Amend the International Convention for the Unification of Certain Rules of Law Relating to Bill of Lading，1968)，简称《维斯比规则》(Visby Rules 1968)，它是 1968 年 2 月 23 日由英、法及北欧等传统海运国家在布鲁塞尔签订的，已于 1977 年 6 月 23 日正式生效，目前参加该规则的有 24 个国家。该规则共有 17 条，它主要从两方面对《海牙规则》进行了修改。一是规定了承运人最多赔偿限额的双重标准，即每件或每单 10 000 金法郎或按灭失或损坏货物的毛重每千克 30 法郎，以金额较高者为准；二是增加了一项集装箱条款，规定如果提单上列明集装箱内所装货物的件数，则按件数计算最高赔偿金额。否则，每一集装箱作为一件或一个单。我国未加入《维斯比规则》，但该规则中关于提单对善意第三者的最终证据作用的规定、承运人的责任限制和赔偿额的规定适用其代理人及雇员的规定、拼装货的计算以及诉讼时效的修改等均在《海商法》的有关规定中得到反映。

3)《汉堡规则》

《联合国海上货物运输公约》(United Nations Convention of the Carriage of Goods by Sea，1978)简称《汉堡规则》(Hamburg Rules 1978)。由于《维斯比规则》对《海牙规则》的修改缺乏实质性的东西，其内容仍偏重于维护承运人的利益，联合国国际贸易法委员会下设的航运立法工作组于 1976 年制定了《海上货物运输公约草案》，在此基础上，1978 年 3 月联合国在德国汉堡召开有 78 个国家参加的全权代表会议，通过了《联合国海上货物运输公约》，简称《汉堡规则》。《汉堡规则》是发展中国家长期共同努力的结果，也是发展中国家在海运方面建立国际经济新秩序的胜利。该规则共 34 条，在总结国际航运实践经验的基础上，本着平等互利的原则，废除了《海牙规则》中许多片面袒护承运人利益的、不合理享有的各项免责条款，加大了承运人对货运所应承担的责任，提高了责任赔偿限制的金额，延长了货物提出索赔和仲裁的时效，对承运人与托运人双方的权利和义务作了比较明确合理的规定。这些规定既维护了货方的利益，也考虑了承运人的利益，从而使船货双方对货运所承担的风险趋于平衡。《汉堡规则》已于 1992 年 11 月 1 日正式生效。我国不是《汉堡规则》的缔约国，但我国《海商法》中采纳了《汉堡规则》关于货物、实际承运人、清洁提单和延迟交货的概念。

4)《鹿特丹规则》

《联合国全程或部分海上国际货物运输合同公约》(UN Convention on the Contracts of International Carriage of Goods Wholly or Partly by Sea，2008) 简称《鹿特丹规则》(Rotterdam Rules 2008)。2008 年 12 月 11 日，在纽约举行的联合国大会上，《联合国全程或部分海上国际货物运输合同公约》正式得到通过，并且大会决定在 2009 年 9 月 23 日于荷兰鹿特丹举行签字仪式，因而该公约又被命名为《鹿特丹规则》。联合国贸法会制定该公约的目的主要是取代现行的三个国际海上货物运输公约，即 1924 年《海牙规则》、1968 年《海牙-维斯比规则》和 1978 年《汉堡规则》，以实现海上货物运输和包括海运区段的国际货物多式联运法律制度的国际统一。作为国际海上货物运输立法的重大变革，《鹿特丹规则》正吸引着全球海事界的目光。

从内容上看，《鹿特丹规则》是当前国际海上货物运输规则之集大成者，不仅涉及包括海运在内的多式联运、在船货两方的权利义务之间寻求新的平衡点，而且还引入了如电子运输单据、批量合同、控制权等新的内容，此外公约还特别增设了管辖权和仲裁的内容。从公约条文数量上看，公约共有 96 条，实质性条文为 88 条，是《海牙规则》的 9 倍，《汉堡规则》的 3.5 倍。因此，该公约被称为一部"教科书"式的国际公约。

《鹿特丹规则》与《海商法》及现在国际上普遍采用的《海牙规则》、《海牙-维斯比规则》相比较，对承运人责任制度的规定有很大的变化，扩大了承运人责任期间，改变了承运人的责任基础，取消了传统的承运人免责事项，提高了承运人责任限额，该规则将大大加重承运人的责任，可以预见其对航运业及保险业将会带来重大影响，尤其是对一些经营船龄较大、管理水平不高的中小航运企业带来较大冲击。

虽然国际社会对《鹿特丹规则》前景、主要航运和贸易国家是否能够批准加入及其是否能够在国际上发挥重要作用存在不同看法，但毋庸置疑的是《鹿特丹规则》必将引发国际海上货物运输立法的一场革命。

(二)其他运输单据

货物运输单据除海运提单外，还有运输行收据、航空运单、公路或铁路运单等。他们之间的共同特点都是运输凭证，但其功能作用与海运提单不尽相同。

运输行收据是出口方把货物交运输行代运，在交货时收到该运输行出具凭以提货的收据。运输行本身并不拥有运载工具，仅是把客户托运的货物并成集装箱后交轮船公司承运，再从轮船公司收到一套海运提单。出口方把运输行的那张收据寄给国外进口方，待货到进口地后，运输行在海外的代理先凭海运提单向轮船公司提货，然后，再凭进口方提示的运输行收据交货。运输行收据不是运输契约的证明，也不是货物所有权的凭证。

航空(铁路或公路)运单是作为承运人的航空公司(铁路或公路部门)接受托运人的委托办理承运时签发的代表运输契约的凭证。航空(铁路或公路)运单不能凭以提取货物，也不是货物所有权凭证。

三、货物的交付条件

在进口贸易洽商过程中，买卖双方必须就交货时间、交货地点(包括装运地和目的地)、能否分批装运和转船、转运等问题进行磋商，并在合同中具体订明。这些内容构成了货物的交付条件，其订立的明确与否直接关系到合同能否顺利履行。目前，我国绝大部分进出口货物是通过海洋运输完成的，所以这里介绍的货物的交付条件主要适用于海洋运输。

(一)交货时间

交货时间(time of delivery)通常称为装运期(time of shipment)，它是买卖合同的一项重要条款。实际上，在不同的贸易术语下交货时间和装运期是有区别的。例如，FOB、CIF、CFR 属于装运港交货术语，是凭装运单据交货，在这三种术语下只要卖方将货物装上船，取得装运单据(提单)，即完成交货任务。这时，装运与交货是同一概念，交货时间与装运时间也是一致的。而在目的港交货贸易术语(如 DES、DEQ 等)下，装运并不等于交货。因此，交货时间与装运时间是两个截然不同的概念。

1. 交货时间的规定方法

在国际贸易合同中，对交货时间的规定方法主要有以下几种：

(1)明确规定具体期限；

(2)收到预付款后若干天装运；

(3)收到信用证后若干天装运。

2. 规定交货时间应注意的问题

交货时间是合同中的一项重要内容，关系到合同的履行，因此，规定交货时间必须切实可行，并注意考虑下列问题：

(1)应考虑货源和船源的实际情况。从货源和船源的实际情况出发来确定交货期，有利于按期交货和履行合同中的交货义务。如不考虑货源，盲目成交，就可能造成有船无货，无法按时履约；如不考虑船源，盲目签约，就可能出现有货无船，同样不能如期履约。

(2)要考虑商品情况。规定装运期，应考虑商品本身的性质和特点。例如，沥青、牛油、羊油受热易熔化，应避免在夏季装运；烟叶、中草药易受潮发霉，应避免在雨季装运。

(3)要考虑市场情况。考虑市场情况主要指所规定的交货期应与国外市场需求的季节性相适应，以提高商品在国外市场上的竞争能力，特别是某些应季商品和临时特殊需要的商品，其装运期的规定必须考虑市场需求情况。

(4)对交货时间的规定既要明确具体，又不宜订得过死。装运期的长短，应结合不同商品和租船订舱的实际情况而定，如易腐、易烂、鲜活商品的装运期应短些，大宗货物及成套机械设备的装运期可适当长些。

（5）采用信用证支付方式的合同，规定装运期时应同时规定开证日期、信用证有效期，并力争开证日期、装运期和信用证有效期三者之间保持一个合理的间隔。

(二)装运港和目的港

装运港（port of shipment）是货物起始装运的地点。目的港（port of destination）是货物的最终卸货地点。通常装运港由卖方提出，经买方同意后确定；目的港则由买方提出，经卖方同意后确定。货物的交货地点随着所采用的贸易术语的不同而有所不同。在采用装运港交货的贸易术语时，装运港就是交货地点，但在采用目的港交货的贸易术语时，则以目的港作为交货地点。

(三)分批装运和转船

1. 分批装运

分批装运（partial shipment）是指一笔成交数量较大的货物，可以分若干批次于不同航次、车次、班次装运。但对于同一船只、同一航次装运的货物即使装运港不同、装运日期不同，一般不作为分批装运。贸易中需要分批装运的原因是多方面的，既有来自卖方的原因，如批量生产、一次备货有困难，也有来自买方的原因，如分批销售、资金有困难，同时也有船方的原因。所以，是否允许分批装运买卖双方应该在洽商交易及签订合同时予以明确规定。分批装运应注意的问题如下。

（1）在出口货源或船期无把握时，不宜采用定量分批的规定方法。因为根据UCP600第32条规定：如信用证规定在指定的时间段内分期支款或分期发运，任何一期未按信用证规定期限支取或发运时，信用证对该期及以后各期均告失效。（If a drawing or shipment by instalments within given periods is stipulated in the credit and any instalment is not drawn or shipped within the period allowed for that instalment, the credit ceases to be available for that and any subsequent instalment.）

（2）UCP600第31条b款规定：表明使用同一运输工具并经由同次航程运输的数套运输单据在同一次提交时，只要显示相同目的地，将不视为部分发运，即使运输单据上标明的发运日期不同或装卸港、接管地或发送地点不同。如果交单由数套运输单据构成，其中最晚的一个发运日将被视为发运日。（A presentation consisting of more than one set of transport documents evidencing shipment commencing on the same means of conveyance and for the same journey, provided they indicate the same destination, will not be regarded as covering a partial shipment, even if they indicate different dates of shipment or different ports of loading, places of taking in charge or dispatch. If the presentation consists of more than one set of transport documents, the latest date of shipment as evidenced on any of the sets of transport documents will be regarded as the date of shipment.）

2. 转船

转船（transshipment）是指海运货物装运后允许在中途港口转换其他船只，然后再驶往目的港。贸易中需要转船的主要原因有：至目的港无直达船或无合适的船；班轮因某种政治原因不挂靠目的港；货物零星分散，班轮公司不愿停挂等。转船需要加收转船附加费，同时运输时间还要延长，因此在进出口贸易中我们应尽量装直达船。但对需要转船的交易应在合同中订立"允许转船"条款。

(四)装运通知

装运通知(shipping advice)是卖方向买方发出的货物已经装运的通知，它的主要作用是便于买方接卸货物和办理保险，便于明确买卖双方的责任，共同做好船货衔接的准备，履行合同。

不同的贸易术语下，发装运通知的意义不完全相同。按照国际贸易一般做法，在按FOB条件成交时，卖方应在装运期前，一般是30天左右，向买方发出货物备妥待装的通知。买方接到通知后应及时将所派船的船名、到达装运港受载日期通知卖方，以便卖方及时安排装船。装船后卖方应在约定时间，将合同编号，货物的品名、数量、发票金额、船名及装船日等项内容及时通知买方，以便买方办理保险并做好接卸货物准备，及时办理报关手续。

如按CFR条件成交时，卖方应在货物装船后立即通知买方，通知的内容与FOB条件的装运通知相同。如果漏发或迟发，卖方应对买方因此而造成的未能及时投保所遭受的损失承担责任。如按CIF条件成交，卖方也应在装船后通知买方，但这时的主要目的不是便于买方投保，而是敦促买方准备接卸货物。

第二节　货运保险条件

国际贸易中货物一般要经过长途运输，运输的方式多种多样，货物在运输、装卸、存储过程中难免会遇到各种风险和遭受各种损失。为了保障货物发生损失后得到经济补偿，通常需要投保货物运输险。国际货物运输保险是财产险的一种，它是随着国际贸易和航运业的发展而产生的，反过来又促进了国际贸易和航运业的发展。目前，我国对外贸易中货物的运输保险可分为海上运输保险、陆上运输保险、航空运输保险和邮包运输保险，其中以海上运输保险的业务最多。

一、海上风险、损失和费用

(一)海上风险

根据《1906年英国海上保险法》的解释，海上风险(perils on the sea)是指由航海为起因或随附着航海而发生的风险，其范围包括：海上所固有的危险，火灾、战争危险、海盗、劫持者、船员的恶意行为等造成的危险。中国人民保险公司1981年修订的《海洋运输货物保险条款》规定，海上风险主要分两类，即一般海上风险(general perils of the sea)和外来风险(extraneous risks)。

1. 一般海上风险

一般海上风险仅指自然灾害(natural calamities)和意外事故(accidents)，不包括海上的一切危险。

(1)自然灾害。自然灾害是指由于自然界发生变化产生的破坏力量所造成的灾害。在海上保险业务中，自然灾害不是泛指一切的自然灾害，而仅指被保险的货物在运输途中遭遇到恶劣气候、雷电、海啸、地震、洪水或火山爆发等不可抗拒的灾害。

(2)意外事故。意外事故是指由于偶然的、不能预料的原因或者由于不可抗力的原因所造成的事故。海上保险业务中的意外事故也同自然灾害一样，不泛指一切的海上意外事故，而仅指船舶搁浅、触礁、沉没、互撞、与流冰或其他物体相撞、火灾、爆炸、失踪等。

2. 外来风险

外来风险不是必然发生的，而是意外的，事先难以预料的、外来的或外部原因导致的风险。例如，自然损耗是必然发生的损失，保险人是不承担责任的。外来风险没有明显的自然因素突变和运输工具造成的意外事故的现象，它是海上保险的一种责任扩大。

外来风险包括一般外来风险(general extraneous risks)和特殊外来风险(special extraneous risks)两种。

(1)一般外来风险。一般外来风险是一般外来原因所导致的风险。其主要包括偷窃、雨淋(淡水)、短量、玷污、渗漏、碰损破碎、串味、受潮、受热、钩损、锈损等。这些风险属于运输过程中，如在装卸、储运、操作等阶段中发生的意外事故。

(2)特殊外来风险。特殊外来风险是指货物在运输过程中遭受政治因素、战争、敌对行为、罢工、进口国拒绝进口以及拒绝提货等特殊外来因素的影响而产生的风险。

(二)海上损失

海上损失(marine loss)是指被保险货物在海洋运输中由于发生海上风险所造成的损坏或灭失，又称为海损(average)。海上损失按照损失的程度区分，有全部损失(total loss)和部分损失(partial loss)两种。

1. 全部损失

全部损失又称全损，它又可以区分为实际全损(actual total loss)和推定全损(constructive total loss)两种形式。

1)实际全损

实际全损也称绝对全损，构成被保险货物的实际全损主要有四种情况：第一，被保险货物的实体已经完全灭失。例如，货物被大火全部焚毁。第二，被保险货物遭到严重损害，已丧失了原有的用途和价值。例如，水泥被海水浸泡成硬块。第三，被保险人对保险货物的所有权无可挽回地被完全剥夺。例如，船货被海盗劫持，货物被敌国扣押等。第四，载货船舶失踪，已达到一定期限。我国《海商法》规定，船舶失踪两个月即视为全损。

2)推定全损

推定全损又称商业全损，是指被保险的货物在海上运输中遭遇承保风险后，虽然还没有达到完全灭失的程度，但是可以预见到它的全部损失将不可避免；或者为了避免全损，需要支付的恢复费用加上继续将货物运抵目的地的费用已超过保险价值。

在推定全损状况下，被保险人获得的补偿有两种方式。一种是获得部分补偿，另一种是获得全部补偿。如果被保险人要获得全部损失的补偿，必须办理委付(abandonment)手续，把被保险的货物无条件地委付给保险人(即保险公司)。所谓委付是指被保险人在保险标的处于推定全损状态时，提出书面申请，将保险标的一切权益包括财产权以及由此而产生的权利与义务转让给保险人，而要求保险人按全部损失给予赔偿的行为。

2. 部分损失

部分损失是指被保险货物的损失没有达到全部毁损或灭失的程度，又称分损。部分损失按性质的不同可区分为共同海损(general average, G. A.)和单独海损(particular average)。

1)共同海损

共同海损是指载货船舶在航运途中遇到危难，威胁到船、货等各方面的共同安全，船方为了维护船、货的共同安全，有意地合理地采取挽救措施所作出的一些特殊牺牲或支出的额外费用。

共同海损的牺牲及特殊费用，均可通过共同海损的理算，由有关获救的船方、货方、运费收入方按获救财产价值比例分摊。如保险人承保了共同海损赔偿责任，被保险人可根据保险条款的规定，从保险人处获得相应的赔偿。

共同海损成立必须具备以下条件：第一，危险必须是确实存在或不可避免的，不是主观臆断的；第二，危险必须危及到船、货的共同安全；第三，措施必须是有意采取的，而且是合理的；第四，损失和费用必须是特殊性质或额外的；第五，牺牲或费用的支出必须有效；第六，牺牲或费用的支出必须是共同海损行为造成的直接后果，不包括间接损失。以上六个条件必须同时具备，缺一不可，否则不能构成共同海损。

2)单独海损

单独海损是指被保险货物受损后，尚未达到全损的程度，且这种损失不属于共同海损，由各受损者单独承担的损失。例如，载货船舶在海上航行时遇到巨大风浪，海水进入船舱，使部分货物被浸湿而发生损失。

单独海损的特点：单独海损纯粹是偶然性的意外事故所致，并无人为因素在内；单独海损只涉及受损船舶或货物所有人的自身利益，并不涉及船、货、运费收入方的共同利益。

(三)海上费用

海上运输中被保险的货物在遭遇到保险责任内的风险，除使保险标的毁损外，还会产生一些费用损失，这些费用损失仍由保险人负责赔偿，主要有施救费用(sue and labor expenses)和救助费用(salvage charges)等。

1. 施救费用

施救费用是指被保险货物在遭遇承保责任范围内的灾害事故时，被保险人或其代理人为了避免或减少货物损失，采取各种抢救和防护措施所支出的合理费用。构成施救费用必须具备以下条件：①进行施救的人必须是被保险人或其代理人、受让人，其目的是为了减少损失，其他人采取此项措施必须是受被保险人的委托。②保险标的遭受的损失必须是保险单所承保的风险造成的。否则，被保险人对其进行抢救所支出的费用，保险人不予赔偿。③施救费用的支出必须是合理的。

2. 救助费用

船舶在海上航行时，发生严重的海损事故，仅靠遇难船上人员的抢救往往不能使船舶脱险，这就需要其他船舶前来协助，因此支出的救助报酬称为救助费用。

二、我国的海洋货物运输保险条款

海洋货物运输保险是以海上运输货物作为保险标的的保险。这种保险业务起源早、技术较复杂、做法较完善。目前，世界上大多数国家都有自己的保险条款，其中影响较大的是英国伦敦保险业协会制定的《协会货物保险条款》。中国人民保险公司适应我国对外经济贸易的发展需要，结合我国保险工作的实际情况并参照国际上的一般做法，制定了各种涉外保险业务条款，总称为"中国保险条款"。《中国人民保险公司海洋运输货物保险条款》是其中的重要组成部分，该条款明确了中国人民保险公司承保的责任范围（coverage）、除外责任（exclusion）、责任起讫、被保险人的义务（obligations of the insured）和索赔期限（the period of claim）五项内容。

(一)承保的责任范围

我国海洋货物运输保险条款的承保范围是通过承保险别明确的，包括基本险（basic risks）和附加险（additional risks）两大类。

1. 基本险

基本险也称主险，可以单独投保。海洋货物运输保险的基本险包括平安险、水渍险（with particular average，WPA）和一切险（all risks，AR）。

(1)平安险。平安险的责任范围包括：

第一，被保险货物在运输途中由于恶劣气候、雷电、海啸、地震、洪水等自然灾害造成的整批货物的实际全损或推定全损。

第二，由于运输工具遭遇搁浅、触礁、沉没、互撞、与流冰或其他物体碰撞以及失火、爆炸等意外事故造成的货物的全部损失与部分损失。

第三，在运输工具已经遭遇搁浅、触礁、焚毁、沉没等意外事故的情况下，货物在此前后又在海上遭受恶劣气候、雷电、海啸等自然灾害造成的部分损失。

第四，在装卸或转船时由于一件或数件货物落海造成的全部或部分损失。

第五，被保险人对遭受承保责任内危险的货物采取抢救、防止或减少货损的措施而支付的合理费用，但以不超过该批被救货物的保险金额为限。

第六，运输工具遭遇海难后，在避难港由于卸货所引起的损失以及在中途避难港由于卸货、存仓以及运送货物所产生的特别费用。

第七，共同海损的牺牲、分摊和救助费用。

第八，运输契约中订有的"船舶互撞责任"条款，根据该条款规定应由货方偿还船方的损失。

(2)水渍险。水渍险除包括上列平安险的各项责任外，还包括被保险货物由于恶劣气候、雷电、海啸、洪水等自然灾害所造成的部分损失。

(3)一切险。一切险除包括平安险和水渍险的各项责任外，还包括被保险货物在运输途中由于一般外来风险所造成的全部或部分损失。

2. 附加险

附加险是不能单独投保的，即使被保险人要求投保，保险公司也不会接受。附加险只有在投保了基本险后，才可加保。附加险分为一般附加险(general additional risks)和特殊附加险(special additional risks)。

(1)一般附加险。一般附加险共有11种，其承保责任范围虽包括在一切险责任范围之内，但被保险人可在投保平安险、水渍险基础上，根据需要单独加保其中的任何种类：① 偷窃、提货不着险(theft pilferage and non-delivery，T. P. N. D.)；② 淡水雨淋险(fresh water and rain damage)；③ 短量险(risk of shortage)；④ 混杂、玷污险(risk of intermixture and contamination risks)；⑤ 渗漏险(risk of leakage)；⑥ 碰损、破碎险(risk of clash and breakage)；⑦ 串味险(risk of odor)；⑧ 受潮受热险(damage caused by sweating and heating)；⑨ 钩损险(hook damage risk)；⑩ 包装破裂险(breakage of packing risk)；⑪ 锈损险(risk of rust)。

(2)特殊附加险。特殊附加险承保的是由于特殊外来原因引起的特殊风险。由于这种特殊附加险不具有普遍性，与一般附加险相同只能在投保基本险的前提下，才能投保。特殊附加险主要有以下几种：① 交货不到险(failure to delivery risk)；② 进口关税险(import duty risk)；③ 舱面险(on deck risk)；④ 拒收险(rejection risk)；⑤ 黄曲霉素险(aflatoxin risk)；⑥ 战争险(war risks)；⑦ 罢工险(strike risks)；⑧ 输出货物到港澳地区(包括九龙在内)存仓火险责任扩展条款(fire risk extension clause for shortage of cargo at destination HongKong, including Kowloon, or Macao)。

(二)基本险的除外责任

在保险业务中，对于不予承保的风险，保险人一般作为除外责任在保险条款中一一列明。除外责任中所列的各项致损的原因，一般都是非意外的、偶然性的，它的列明有利于明确有关方面的责任。海上货物运输保险基本险的除外责任包括：

(1)被保险人的故意行为或过失所造成的损失；

(2)属于发货人责任所引起的损失；

(3)在保险责任开始前，被保险货物存在品质不良或数量短差所造成的损失；

(4)被保险货物的自然损耗、本质缺陷、特性以及市场价格跌落、运输延迟所引起的损失或费用；

(5)海洋运输战争险条款和货物运输罢工险条款规定的责任范围和除外责任。

(三)承保责任的起讫期限

承保责任的起讫期限(duration)，是指保险人根据保险合同的规定，承担保险责任时间的开始和终止，这段时间一般也称为保险的有效期。

1. 基本险的责任起讫期限

我国海运货物保险的平安险、水渍险和一切险这三种基本险的承保责任起讫期限采用国际保险业务中惯用的"仓至仓"责任，自被保险货物运离保险单所载明的起运地仓库或储存处所开始运输时生效，包括正常运输过程中海上、陆上、内河和驳船运输内，直到该项货物到达保险单所载明的目的地收货人的最后仓库或储存处所或被保险人用做分配、分派或非正常运输的其他储存处所为止。如未抵达上述仓库或储存处所，则以被保险货物在最后卸载港全部卸离海轮后满60天为止。如在上述60天内，被保险货物需转运到非保险单所载明的目的地时，则以该项货物开始转运时终止。

2. 海运战争险的责任起讫期限

海运战争险的保险责任自被保险货物装上保险单所载起运港的海轮或汽船时开始，至卸离保险单所载明的目的港的海轮或驳船时为止。如果被保险货物不卸离海轮或驳船，保险责任最长期限以海轮到达目的港的当日午夜起算满15天为止，海轮到达上述目的港是指海轮在该港区内一个泊位或地点抛锚、停泊或系缆，如果没有这种泊位或地点，则指海轮在原卸货港或地点或附近第一次抛锚、停泊或系缆。

(四)被保险人的义务

被保险人应按保险条款的规定履行自己的义务，只有这样，才能享受被保险人应得的利益。被保险人的义务主要有：

(1)当被保险货物运抵保险单所载明的目的港(地)以后，被保险人应及时提货，发现被保险货物遭受任何损失，应立即向保险单上所载明的检验、理赔代理人申请检验，如发现被保险货物整件缺少或有明显残损痕迹应立即向承运人、受托人或有关当局(海关、港务局等)索取货损货差证明。如果货损货差是由于承运人、受托人或其他有关方面的责任所造成的，应以书面形式向其明确提出索赔，必要时还须取得延长时效的认证。

(2)对遭受承保责任内危险的货物，被保险人和保险公司都可迅速采取合理的抢救措施，防止或减少货物的损失，被保险人采取此项措施，不应视为放弃委付的表示，保险公司采取此项措施，也不得视为接受委付的表示。

(3)如遇航程变更或发现保险单所载明的货物、船名或航程有遗漏或错误时，被保险人应在获悉后立即通知保险人并在必要时加缴保险费，保险责任方可继续有效。

(4)在向保险人索赔时，必须提交保险单正本、提单、发票、装箱单、货损货差证明、检验报告及索赔清单，如涉及第三者责任，还必须提供向责任方追偿的有关函电及其他必要单证或文件。

(五)索赔期限

索赔期限又叫索赔时效,它是指被保险货物发生保险范围内的风险与损失时,被保险人向保险人提出索赔要求的有效期限。索赔权超过时效将自动失效,被保险人未在规定的索赔期限内提出索赔要求,将丧失索赔权。我国海运货物保险索赔时效,从被保险货物在保险单所载明的最后卸载港全部卸离海轮后起算,最多不超过两年。

三、我国海运货物保险业务

(一)保险险别的选择

保险险别是保险人对风险损失的承保责任范围,保险公司承担保险责任是以投保的险别为依据的。险别不同,保险公司承担的责任范围不同,收取的保险费也不同,被保险人在保险货物遭受损失时可能得到的补偿也不同。因此,如何适当地选择险别是个十分重要的问题,既要保证货物获得充分的安全保证,又要节省保险费开支,具体地说,保险险别的选择应结合以下几个条件:①货物本身的性质和特点;②货物的包装状况;③季节、气候等自然条件;④载货船舶的航行路线和停靠港口的情况。

(二)保险金额的确定与保险费的计算

保险金额是保险人对货物的实际投保金额,是被保险货物发生保险范围内的损失时,保险公司赔偿的最高限额,也是保险公司据以计算保险费的基础。保险费是保险公司依据不同的保险费率向被保险人收取的费用,不同的商品,不同的地区,保险费率是有差别的。

根据各国的保险法和国际惯例,国际货物运输保险的保险金额,一般是在 CIF 货价基础上适当加成,通常是加成 10%。因此,保险金额的计算公式为

$$保险金额 = CIF 价格 \times (1 + 加成率)$$

对 CFR 合同下货物进行投保,需先把 CFR 价格转化成 CIF 价格,再加成计算保险金额,从 CFR 价格换算成 CIF 价格,可按下列公式计算:

$$CIF = \frac{CFR 价格}{1 - (1 + 加成率) \times 保险费率}$$

以下分别从出口和进口两方面说明货物保险金额和保险费的计算方法:

1. 出口货物保险金额与保险费的计算

中国人民保险公司承保出口货物的保险金额一般按 CIF 价格加成 10% 计算,加成是作为国外买方的经营管理费用和预期利润。如果国外买方要求以较高的加成率计算保险金额时,保险公司可考虑接受。出口货物的保险金额及保险费可按下列公式计算:

$$保险金额 = CIF 价格 \times (1 + 加成率)$$
$$保险费 = 保险金额 \times 保险费率$$

2.进口货物保险金额与保险费的计算

中国人民保险公司承保进口货物运输的保险金额，一般是以进口货物的 CIF 价格为准，不再加成，即保险金额等于 CIF 进口货价。如果按 FOB 或 CFR 条件成交，其保险金额及保险费可按下列公式计算：

(1)以 FOB 价格成交的进口货物。

$$保险金额 = \frac{FOB 价格 \times (1 + 平均运费率)}{1 - 平均保险费率}$$

$$保险费 = 保险金额 \times 保险费率$$

(2)以 CFR 价格成交的进口货物。

$$保险金额 = \frac{CFR 价格}{1 - 平均保险费率}$$

$$保险费 = 保险金额 \times 保险费率$$

四、伦敦保险业协会的保险条款

目前，国际货运保险市场上影响最大的保险条款是英国伦敦保险业协会(The Institute of London Underwriters，ILU)制定的《协会货物保险条款》。《协会货物保险条款》最早制定于 1912 年，后多次修订，其中影响较大的版本是 1983 年 4 月 1 日起实行的 ICC 条款。在此以前的旧条款内容与中国人民保险公司的"中国保险条款"内容基本相同，也分为平安险、水渍险和一切险三个基本险，另有附加险若干种。1983 年的 ICC 条款在内容与形式上都有变化，不再沿用三种基本险的旧名称。1983 年版的 ICC 条款共有六种险别：

(1)协会货物(A)险条款(Institute Cargo Clauses A，ICC(A))；

(2)协会货物(B)险条款(Institute Cargo Clauses B，ICC(B))；

(3)协会货物(C)险条款(Institute Cargo Clauses C，ICC(C))；

(4)协会战争险条款(货物)(Institute War Clauses(Cargo))；

(5)协会罢工险条款(货物)(Institute Strikes Clauses(Cargo))；

(6)恶意损害险条款(Malicious Damage Clauses)。

以上六种险别中，ICC(A)相当于中国保险条款中的一切险，其责任范围采用"一切风险减除外责任"的方式说明；ICC(B)、ICC(C)都采用列明风险的方式表明其承保范围，ICC(B)大体相当于水渍险，ICC(C)相当于平安险。《协会货物保险条款》六种险别中，只有恶意损害险不能单独投保，其他五种险结构统一、体系完整，均可作为独立的险别单独投保。

为了适应各国法律法规和全球经济政治形势发展的变化，联合货物保险委员会自 2006 年起在全球范围内进行调查研究和咨询，在集中多方面意见后于 2008 年 11 月 24 日公布了新版《协会货物保险条款》，新版条款的生效日期是 2009 年 1 月 1 日。新版的《协会货物保险条款》扩展了保险责任起讫期限，对保险公司引用免责条款作出了一些条件限制，对条款中容易引起争议的用词作出了更为明确的规定，同时条款中的文字结构也更为简洁、严密。2009 年版的《协会货物保险条款》主要险别仍为 1983 年版本的六种险别。在上述六种险别中，除恶意损害险外，其他五种险别均按条文的性质统一划分为八个部分：承保范围(risks covered)、除外责任、保险期限(duration)、索赔(claims)、保险利益(benefit of insurance)、减少损失(minimizing losses)、防止延迟(avoidance of delay)和法律惯例(law and practice)。

五、国际货物买卖合同中的保险条款

各国保险公司都有自己的保险条款。英国伦敦保险业协会的《协会货物保险条款》是国际保险业广泛采用的条款。目前，我国通常采用中国人民保险公司订立的"中国保险条款"。在签订进出口合同时，应根据不同的情况规定保险条款。

(一)出口合同中的保险条款

(1)签订出口合同，如果按 FOB 或 CFR 条件成交，保险条款可规定为："保险由买方负责。"(insurance to be effected by buyers)如果对方委托我们代办，可以规定为："由买方委托卖方按发票金额×××%代为投保×××险，保险费用由买方负责。"(Insurance to be effected by the sellers on behalf of the buyers for×××% of invoice value against×××risks，premium to for buyers account.)

(2)签订出口合同，如果按 CIF 条件成交，规定按中国人民保险公司的保险条款办理，除将双方约定的险别、投保金额等项目在合同条款中列明外，还应订明按××年××月××日中国人民保险公司海运货物保险条款承保。例如："由卖方按发票金额×××%投保××险，按××年××月××日中国人民保险公司海运货物保险条款承保。"(Insurance to be effected by the seller's for×××% of invoice value against××× as per Ocean Marine Cargo Clauses of The Peoples Insurance Company of China dated ×/×/×.)

(二)进口合同中的保险条款

在签订进口合同时，由于我国进口货物多由我们自办保险，所以在进口合同中对保险条款的规定比较简单，通常作如下规定："装船后保险由买方投保。"(Insurance to be effected by the buyers after loading.)

➤ 案例分析

1. 中国 A 公司从德国 B 公司进口一套大型生产设备，合同规定出口商可分三个批次交货。交付的第一批货物符合合同的要求，第二批的货物为该设备的主要部件，但型号和性能等方面与合同规定严重不符，结果是设备无法安装投产。A 公司因此提出撤销整个合同，但 B 公司反对。

问题：依照《公约》有关规定分析哪方有理? 为什么?

2. 山东某公司出口 500 公吨花生，信用证方式付款。国外客户开来的信用证装运条款规定如下：Shipment from Chinese port to Singapore in September，Partial shipment prohibited。由于货源紧张，公司先于 9 月 15 日在青岛港将 200 公吨花生仁装"东风"轮，取得一套海运提单。后来公司在烟台联系到一批货，在公司承担相关费用的情况下，该轮船驶往烟台港装了 300 公吨货物，9 月 30 日取得另一套海运提单，后驶往Singapore。公司在信用证有效期内将 2 套货运单据交银行议付，银行以货物属于分批装运，单证不符为由拒付。

问题：分析银行是否有权拒付？

3. 2007 年 7 月我国某公司与外商按 CIF 术语成交出口大豆 1600 公吨。合同规定：货物可分批装运，装运期 2007 年 7 月至 10 月，每月装运 400 公吨；合同按信用证方式付款，并受 UCP600 约束。7、8 两月，我方按照买方开来的信用证每月装运 400 公吨，按时交单得到银行议付。9 月份由于国内市场货源紧缺，货物未能按时运出。10 月中旬，我方公司一次运出 800 公吨，但凭单议付货款时却遭到银行拒付。

问题：

(1)分析银行是否有权拒付？

(2)我方 9~10 月份两批销货款还能收回吗？

(3)如果能收回货款，可采用什么方式？

4. 一份信用证方式付款的合同及信用证均规定交货数量为 6000 公吨，1~6 月份分批装运，每月 1000 公吨。1~3 月份，卖方每月发运 1000 公吨，开证银行均凭单分批付款。第 4 批货物原定 4 月 25 日装运，但遇台风登陆，货物延迟至 5 月 2 日才运出。发货后，卖方凭 5 月 2 日的装船提单等单据要求银行付款时，遭到银行拒付。后卖方又以合同中约定了"不可抗力"条款，要求银行付款，同样遭到银行拒绝。

问题：

(1)银行拒付是否成立？

(2)如果银行拒付成立，出口商还能从进口商处收回 4~6 月份的货款吗？

5. 我某公司与瑞士某公司签订出售某产品的合同，装船时间为当年 12 月至次年 1 月。我方公司在租船装运时，因原定船舶临时损坏，在国外修理，不能在预定时间到达我国口岸装货，临时改派香港某公司期租船装运，但又因连日风雪，迟至 2 月 11 日才装运完毕，2 月 13 日起航。我某公司为取得符合信用证规定装船日期的 B/L，要求承运人按 1 月 31 日签发 B/L，并以此 B/L 向银行办理了议付。货到鹿特丹后，买方聘请律师上船查阅航行日志，查实 B/L 的签发日期是伪造的，随向法院起诉并由法院发出扣船通知。我方经 4 个月的谈判，赔偿 20 600 英镑，买方才撤回诉讼而结案。

问题：对此案进行分析。

6. 某货轮从大连港驶往卡拉奇，在航行途中船舶货舱起火，大火蔓延到机舱，船长为了维护船货的共同安全，采取紧急措施，往起火舱中灌水。最终火虽被扑灭，但由于主机被烧，不能工作，货轮无法继续航行。于是船长雇佣拖轮将货轮拖回大连港修理。检修后重新驶往卡拉奇。事后调查与火灾相关的损失有：①500 箱货物被火烧毁；②1000 箱货物由于灌水灭火受损；③主机和部分甲板被烧坏；④雇佣拖轮的费用；⑤额外增加的燃料和船长、船员工资；⑥在大连检修期间 100 箱货物丢失。

问题：以上损失中哪些属于共同海损，哪些属于单独海损？

7. 一艘载运出口货物的轮船，在航行途中前舱起火，船长下令灭火，火被扑灭后船上造成以下损失：①烧毁全部服装；②烧毁一部分木材；③灭火时一部分布匹被浇坏；④为了灭火方便船甲板切开损失一部分修理费；⑤一部分纸张被水浸毁。

问题：试分析以上损失中哪些属于共同海损？哪些属于单独海损？

8. 中国 A 公司按 FOB 术语从日本进口大米 5000 袋，共 50 公吨。A 公司向保险公司投保了平安险。货物由中国某船公司承运，装在底层货舱。途中货轮触礁，底舱严重进水。船方全力抢救，将 2000 袋大米移至舱面。后又遇风暴，这 2000 袋大米全部被吹落海中。同时，没于舱底的 3000 袋大米遭受严重水浸，无法食用。货轮到达目的港后，A 公司凭保险单向保险公司请求赔偿遭拒。保险公司的拒赔理由是：保险单上载明的是平安险，平安险对单独海损不负责赔偿，而货损都属于单独海损范畴。

问题：分析保险拒赔是否成立？

9. 我某公司按 CIF 贸易术语对外发盘，试分析若按下列险别作为保险条款提出是否妥当？如有不妥，请更正并说明理由。

(1)一切险、偷窃提货不着险、串味险；

(2)平安险、一切险、受潮受热险、战争险、罢工险；

(3)水渍险、碰损破碎险；

(4)偷窃提货不着险、钩损险、战争险、罢工险；

(5)航空运输一切险、淡水雨淋险。

10. 我国 A 公司与某国 B 公司于 1999 年 10 月 20 日签订了进口 52 500 公吨化肥的 CFR 合同。A 公司开出的信用证规定装船期限为 2000 年 1 月 1 日～10 日。B 公司租来运货的"雄鹰号"在途中遇到飓风，结果装货于 1 月 20 日才完成。在 B 公司出具保函后，承运人为其签发了符合信用证条款规定的海运提单。"雄鹰号"于 1 月 21 日驶离装运港。A 公司为这批货物投保了水渍险。2000 年 2 月 4 日"雄鹰号"途经达达尼尔海峡时起火，部分化肥被烧毁。船方在救火过程中造成部分化肥湿毁。由于船在装运港口装货延迟，该船到达目的港时赶上了化肥价格下跌。A 公司在转售余下化肥时价格很低，造成了很大损失。

问题：

(1)途中烧毁的化肥损失属于什么损失，应由谁承担？

(2)途中湿毁的化肥损失属于什么损失，应由谁承担？

(3)A 公司可否向承运人追偿由于化肥价格下跌造成的损失？

(4)承运人可否向托运人 B 公司追偿责任？

第五章

国际货物买卖条件(三)
价格和支付条件

在国际货物买卖中，商品价格(price of goods)是贸易双方最为关心的问题。正确确定商品价格、核算盈亏，合理选用计价货币和作价方法，灵活运用与价格有关的佣金和折扣以及订好合同中的价格条款，对顺利履行进出口合同，提高外贸企业的经济效益都是至关重要的。货款的支付(payment)是指国际货物买卖中货款、运费、保险费、佣金(commission)等费用收付采用何种支付工具、何种支付方式。由于这些直接关系到交易双方的切身利益，因此是双方磋商的重要条件。

第一节　价格条件

一、商品价格的确定

由于价格的构成因素不同，影响价格变化的因素也多种多样。因此价格的确定是一项十分复杂的工作，做好这项工作不仅要贯彻我国进出口商品的作价原则，同时还要切实掌握国际市场价格变动的趋势，充分考虑影响价格的各种因素，加强成本和盈亏的核算。

(一)进出口商品的作价原则

1. 按国际市场价格水平作价

2. 要结合国别地区政策作价

3. 要结合具体的购销意图

在考虑国际市场价格水平的基础上，可根据企业的具体购销意图确定进出口的成交价格，可略高，也可略低于国际市场价格水平。

(二)掌握国际市场价格动态，考虑影响价格变动的具体因素

国际市场价格受供求关系的影响而上下波动，甚至瞬息万变。因此在确定成交价格时，必须注意国际市场供求关系的变化和价格的涨落趋势，据此作出正确的判断，选择有利的成交价格，同时还应考虑影响价格变动的各种具体因素。例如，商品的质量和档次因素，成交的数量因素，交货地点因素，销售地区因素，销售季节因素，支付条件因素，等等。

(三)出口商品的成本核算

在进出口商品价格的确定过程中，必须加强成本核算，防止出现不计成本、不计盈亏和单纯追求成交量的倾向。以下以出口为例，说明出口商品的成本核算方法。

出口商品的成本核算是将出口商品作出的投入与通过出口该商品所创造的 FOB 外汇净收入或 FOB 出口销售人民币净收入所进行的比较。即在计算出口商品总成本、出口销售外汇净收入和出口销售人民币净收入等数据的基础上，核算出口商品盈亏率和出口商品换汇成本。

出口商品总成本是指出口商品的进货成本加上出口前的一切费用和税金。

出口销售外汇净收入是指出口商品按 FOB 价出售所得的外汇净收入。

出口销售的人民币净收入是指出口商品的 FOB 价按结汇日的外汇牌价兑换成人民币的数额。

1. 出口商品盈亏率

出口商品盈亏率是指出口商品盈亏额与出口商品总成本的比率。出口盈亏额是指出口销售人民币净收入与出口商品总成本的差额。其计算公式如下：

出口商品盈亏率＝(出口销售人民币净收入－出口商品总成本)/出口商品总成本
　　　　　　　　×100％

2. 出口商品换汇成本

出口商品换汇成本是指以某种商品的出口总成本与出口所得的外汇净收入之比，得出用多少人民币换回 1 美元。出口商品换汇成本如高于银行外汇牌价，则出口为亏损；反之，出口为盈利。其计算公式如下：

　　出口商品换汇成本＝出口商品总成本(人民币)/出口销售外汇净收入(美元)

3. 出口创汇率

出口创汇率是指进口的原料(或国产的原料)加工成成品出口的外汇净收入与进口原料所花的外汇成本(或国产原料出口的外汇净收入)的比率。进口原料的外汇成本，一般按 CIF 的进口价计算，国产原料的外汇成本，可按过去原料出口时的 FOB 价计算，如果没有原料出口记录，可参照国际市场同类商品的价格计算。出口创汇率的计算公式如下：

　　出口创汇率＝(成品出口外汇净收入－原料外汇成本)/原料外汇成本×100％

二、商品的作价方法

(一)固定作价法

固定作价法是指买卖双方在协商一致的基础上，明确具体的成交价格，在合同中把它规定下来，在合同的有效期内，除非双方当事人同意，任何一方不得随意更改。

在合同中采用固定作价法是国际贸易中的一种常规做法。我国对外签订的进出口合同，大多采用这种方法。

固定作价法的优点在于价格明确、具体和便于核算入账。但采用固定作价法，买卖双方要承担从合同签订开始到交货付款这一期间价格变动的风险。因此，一般来说，固定作价法适用于即期交易。

(二)暂不固定作价法

暂不固定作价法是指交易双方仅在合同中就作价的时间和方法作出规定，而将具体价格留待日后按约定方式再确定的一种作价方法。例如，买卖双方在合同中规定："由双方在交货期前 10 天，参照国际市场价格水平协商议定正式价格"或"按提单日期的国际市场价格计算"。

暂不固定作价法也称"活价"，主要适用于交货期比较长（一年或二年）的交易。其优点是避免了将价格定死而承担价格变动的风险，但这种方法容易造成合同执行的不稳定性，甚至导致合同无法履行。

(三)暂定作价法

暂定作价法是指交易双方在合同中先定一个非正式价格，作为日后确定最终成交价格参考依据的作价方法。例如，双方在合同中规定："暂定价 GBP200 PER DOZEN CIF LONDON，具体订价方法在装运期前半个月以××商品交易所的价格为准，买方按暂定价开信用证。"

暂定作价法主要用于价格变动频繁的商品交易。

(四)部分固定、部分不固定作价法

部分固定、部分不固定作价法是指买卖双方就近期交付部分的商品价格在合同中加以确定，而对远期交货部分的商品价格暂时不作规定，而是根据交货时市场供求情况以国际市场价格为准，或由双方在每批货物装运前的一定时间另行协商议定。

部分固定、部分不固定作价法又称"半死半活价"，多用于分批交货的买卖合同，交货期近的价格在订约时固定下来，余者在交货前一定期限内作价。这种作价法可解决双方在采用固定价格或非固定价格方面的分歧，促使交易的达成。

(五)滑动作价法

滑动作价法是指交易双方在签订合同时，先规定一个基础价格，同时订立调整价格的条款，约定调整价格的百分比，交货时再根据经营管理费用、原料和工资等的变动情况对原订价格进行调整，计算出最终的成交价格。在价格调整条款中，通常使用下面的公式来调整价格。

$$P = P_0 \times (A + B \times M/M_0 + C \times W/W_0)$$

式中，P 代表成交的最后价格；P_0 代表签约时约定的基础价格；M 代表计算最后价格时引用的有关原料的平均价格或指数；M_0 代表签约时有关原料的平均价格或指数；W 代表计算最后价格时引用的有关工资的平均价格或指数；W_0 代表签约时有关工资的平均价格或指数；A 代表经营管理费用和利润在价格中所占的比重；B 代表原料在价格中所占的比重；C 代表工资在价格中所占的比重。

滑动作价法主要适用于市场价格变动较大的大宗交易，如农产品、矿产品，尤其适用于加工周期长的大型机器设备的交易。

三、计价货币的选择

计价货币(money of account)是指交易双方用来计算合同金额的货币。进出口业务中，选用何种货币计价支付，关系到买卖双方的切身利益。计价货币选用得当，就会避免或减少汇率变动的风险，即避免出口少收入货币，进口多付出货币。

按国际惯例，计价货币必须在签订贸易合同之前确定下来。一般来说，在交易磋商过程中，选择计价货币应遵循的基本原则是：出口时选择汇率稳定且具有上浮趋势的货币，即"硬币"作计价货币；进口时相反，选择具有下浮趋势的货币，即"软币"作计价货币。其原因是，出口商售出货物后要收入外汇，所收外汇的汇率如在货款实际收付时上升，意味着外汇的购买力有所提高，同等的外汇收入可在国际市场上购买到更多的商品或换更多的本国货币；进口商购进货物要付出外汇，如果实际付款时所支付货币的汇率下跌，则可用较少的本国货币兑换外汇即可，这无形中降低了进口商品成本。

选择适当的计价货币，可避免因币值变动而遭受汇率风险。要选择得当，就要正确预测和掌握国际金融市场汇率变动的趋势。因为"硬币"和"软币"是相对而言的，一种货币是软还是硬，不仅受供求变化的影响，而且与该国的政治、经济、军事等因素密切相关。

在实际业务中，究竟采用何种货币计价，应视买卖双方的交易习惯、经营意图以及价格等因素加以确定。如果为达成交易而不得不采用对已不利的货币计价时，可设法用下述办法补救：一是根据该种货币今后可能的变动幅度相应调整对外报价；二是争取在合同中订立保值条款。

四、佣金和折扣的运用

佣金和折扣(discount)是价格的构成因素之一，直接影响商品实际价格的高低和商品在市场上的竞争能力，同时也关系到买卖双方以及可能涉及的中间商的经济利益。在我国的对外贸易实践中，正确、灵活运用佣金和折扣，可调动中间商和买方经营我方产品的积极性，从而扩大出口销售。

(一)佣金和折扣的含义

1. 佣金的含义

佣金是指卖方或买方付给介绍贸易或代为买卖的第三者的报酬。这里的"第三者"因经营或代理的业务的不同而有不同的称呼，如中间商、佣金商、佣金代理商或经纪人等。佣金有"明佣"和"暗佣"之分。凡在成交价格中表明含佣金若干的即为明佣。例如，在价格条款中规定：USD100 Per M/T CFR London Including 2％ Commission。反之，在成交价格中未表明，而实际上又由卖方或买方另行约定支付的即为暗佣。

2. 折扣的含义

折扣又称回扣(rebate)或折让(allowance)，是指卖方在原价基础上给买方一定的价格减让。在国际市场上，卖方进行价格减让出于多种原因，或是因产品质量较差，或是因买方购买数量较大，或是为了照顾老客户，或是为了增强商品在市场上的竞争能力。折扣的形式很多，其中常见的有现金折扣、数量折扣和季节折扣。折扣也有"明扣"和"暗扣"之分。明扣一般在合同或有关单证中明确表示出来。例如，买卖双方在价格条款中规定：USD3000 Per M/T CIF Hamburg Less 3％ Discount，而暗扣则不予标明。在国际贸易中，折扣的使用范围很广，除商品价格外，运费、保险费等也经常使用。

(二)佣金和折扣的计算

1. 佣金的计算

根据国际贸易的习惯做法，佣金一般是按成交金额乘以约定的百分比计算(佣金率一般在1％～3％)，但有时也按成交商品的数量来计算，即按每一单位数量收取若干佣金计算。在我国进出口业务中，按成交金额和成交数量计算的都有。在按成交金额计算时，有的以发票总额作为计算佣金的基础，有的则以 FOB 发票金额为基数计算佣金。为了明确起见，在交易磋商时收付双方要阐明计算佣金的基础和方法。有关佣金的计算公式如下：

$$佣金＝含佣价×佣金率$$
$$净价＝含佣价－佣金$$
$$＝含佣价×(1－佣金率)$$
$$含佣价＝净价/(1－佣金率)$$

例如，CFR 净价为 100 美元，佣金率为 5％，则 CFR 的含佣价为 100/(1－5％)＝105.26 美元，佣金为 5.26 美元。

2. 折扣的计算

折扣的计算和佣金的计算基本一致，也是以发票金额为基数求得折扣额。折扣的

计算公式为

$$折扣额＝发票金额×折扣率$$

(三)佣金和折扣的支付

佣金一般由卖方在收到货款后另行通过银行付给中间商。因为，中间商的服务不仅在于促成交易，还应负责联系、督促买方履约、协助解决履约过程中可能发生的问题，以便合同得到圆满履行。在实际业务中，具体如何支付佣金，应由双方事先约定或按信用证条款规定办理。在支付佣金时，应谨防错付、重付或漏付情况的发生。

折扣通常是在买方付款时或开立信用证时预先扣除。

五、价格条款的订立

(一)价格条款的内容

进出口商品的价格条款一般由单价(unit price)和总值(total amount)两个部分组成。

1. 单价

进出口合同中的单价与国内贸易中商品单价有很大不同，一般由单位价格金额、计量单位、计价货币和价格术语四个要素组成。例如：

每公吨	100	美元	CIF 纽约
计量单位	单位价格金额	计价货币	贸易术语

单价的四要素不但可以表明商品的价格，还可以划分双方所承担的责任费用和风险。因此，单价的各个组成部分必须表达明确、具体，同时还应注意四要素书写上的次序，不能任意颠倒。

2. 总值

总值是单价和成交数量的乘积，在总值项下一般也同时列明贸易术语。另外，总值所使用的货币名称必须与单价所使用的货币名称一致。

(二)订立价格条款应注意的问题

价格条款是合同中的重要条款，直接关系到双方的经济利益分割问题。因此，订立明确、合理的价格条款意义重大。订立价格条款应注意以下事项：

(1)选用适当的价格术语；

(2)正确选择商品的作价方法，以避免价格变动带来的风险；

(3)正确运用佣金、折扣，以调动中间商和买方的积极性；

(4)正确选择计价货币，以免遭币值变动带来的汇率风险；

(5)搞好进出口商品的盈亏测算；

(6)结合品质、数量、包装等条款规定好品质机动幅度、数量溢短装部分的计价及包装费用另行计价等问题。

第二节　支付条件

一、支付工具

国际货款支付的工具包括货币和各种票据。货币可用于货款的计价、支付和结算，票据只能用于支付和结算。目前，国际贸易中，货币作为支付工具应用很少，票据是国际支付的主要手段。票据包括汇票（draft or bill of exchange）、本票（promissory note）和支票（check or cheque），其中汇票使用最多。

(一)汇票

1. 汇票的定义

汇票是国际结算中使用最广泛的一种票据。《英国票据法》对汇票的定义是："汇票是一人向另一人签发的，要求即期或定期或在可以确定的将来时间，对某人或其指定人或持票人支付一定金额的无条件的书面支付命令。"（A bill of exchange is an unconditional order in writing，addressed by one person to another signed by the person giving it，requiring the person to whom it is addressed to pay on demand or at a fixed or determinable future time a sum certain in money to or to the order of a specified person，or to bearer.）

《中华人民共和国票据法》（以下简称《票据法》）第 19 条规定："汇票是出票人签发的，委托付款人在见票时或者在指定日期无条件支付确定的金额给收款人或者持票人的票据。"

2. 汇票的内容

汇票的内容根据其性质及重要性可区分为三类：

(1)绝对必要记载项目。绝对必要记载项目是汇票必须记载的内容，也是汇票的法定要素，这些项目记载齐全并符合票据法的规定，汇票才是有效的。

我国《票据法》第 22 条规定，汇票必须记载的事项有"汇票"字样、无条件支付的委托、确定的金额、付款人名称、收款人名称、出票日期和出票人签字。

(2)相对必要记载项目。除了绝对必要记载项目外，相对必要项目，也是汇票的重要内容，不记载，并不影响汇票的法律效力。我国《票据法》第 23 条规定，汇票的相对必要记载项目有付款日期、付款地和出票地。

(3)任意记载项目。汇票除了绝对必要记载项目和相对必要记载项目外，还可以在票据法允许的范围内作"任意记载"。我国《票据法》第 24 条规定："汇票上可以记载本法规定事项以外的其他出票事项，但是该记载事项不具有汇票上的效力。"任意记载项目一般包括：利息、利率条款，汇率条款及废弃条款等。

3. 汇票的种类

1)按出票人不同区分为银行汇票和商业汇票

银行汇票（banker's bill），是一家银行向另一家银行签发的书面支付命令，出票人

(maker)和付款人都是银行。这种汇票的信用基础是银行信用。

商业汇票(commercial bill)，是公司、企业或个人签发的汇票，付款人可以是公司、企业或个人，也可以是银行。商业汇票的信用基础是商业信用，因此，收款人或持票人承担的风险较大。商业汇票在进出口贸易中使用较多。

2)按承兑人不同区分为银行承兑汇票和商业承兑汇票

银行承兑汇票(banker's acceptance bill)，是由公司、企业或个人开立的以银行为付款人并经银行承兑的远期汇票。这种汇票是建立在银行信用基础上的，其流通性较商业承兑汇票要好。

商业承兑汇票(commercial acceptance bill)，是以公司、企业或个人为付款人，并由公司、企业或个人进行承兑的远期汇票。商业承兑汇票是建立在商业信用基础上的，如果承兑人破产或因其他原因无力支付，持票人在到期日可能得不到款项。

3)按付款时间不同区可分为即期汇票和远期汇票

即期汇票(sight bill or demand draft)，是注明付款人在见票或持票人提示时立即付款的汇票，未载明具体付款日期的汇票，也是即期汇票。

远期汇票(time bill or usance bill)，是载明一定期限或特定日期付款的汇票。见票后定期、出票后定期、定日付款均属远期汇票。

4)按使用时有无附属单据区分为光票和跟单汇票

光票(clean bill)，是指出票人开立的不附任何单据的汇票。这类汇票全凭票面信用在市面上流通而无货物(特权凭证)作保证，只有当事人信用良好的汇票才易流通。银行汇票多为光票，多用于佣金、代垫费用以及货款尾数等非贸易债权债务的结算。

跟单汇票(documentary bill)，是附带提单等货运单据的汇票。这类汇票除了当事人的信用外，还有物资保证。商业汇票多为跟单汇票，其在国际贸易中使用最广。

4. 汇票行为

(1)出票(issue)，即签发汇票，包括出票人签发汇票并将汇票交给收款人的行为。出票行为包括两项内容：一是出票人签发汇票并签字，二是将汇票交付给收款人。交付有两种：一是实际交付，二是推定交付。出票行为是汇票的基本行为，其他行为都是在出票行为基础上产生的。

(2)背书(endorsement)，是指收款人或持票人在转让票据时在票据背面签字并将其交付被背书人的行为。背书行为包括两项内容：一是背书人在汇票背面签字，二是背书人将背书的汇票交付给被背书人。经过背书后持票人成为背书人(即转让人，又称前手)，是汇票的债务人，对被背书人(即汇票的受让人，又称后手)承担保承兑和担保付款的责任。

(3)提示(presentation)，是指持票人将汇票交付付款人要求承兑或付款的行为。提示分为承兑提示和付款提示两种：即期汇票或已到期的远期汇票，持票人向付款人作付款提示；远期汇票持票人向付款人作承兑提示。

(4)承兑(acceptance)，是指远期汇票的付款人在汇票上签字表示同意到期付款的行为。承兑行为包括两项内容：一是付款人在汇票正面写明"承兑"字样、签字并注明承兑日期；二是付款人将承兑的汇票交付给持票人。汇票承兑后，承兑人成为汇票的主债务人，对汇票付款作了进一步保证，出票人退为次主债务人，同时也增强了汇票的流通性，一般银行都愿意贴现银行承兑的远期汇票。

（5）付款（payment），指即期汇票或经过承兑的远期汇票到期时，持票人提示付款，付款人或承兑人履行付款义务。在通常情况下，付款人或承兑人履行正当付款是解除汇票的最主要方式。

（6）退票（dishonor）又称拒付，指持票人提示汇票要求承兑或付款时遭到拒绝；付款人避而不见、死亡或被依法宣告破产等，使持票人无法按规定作承兑或付款提示时，也构成拒付。汇票遭到拒绝后，持票人无权向付款人追索票款，但有权向背书人或者出票人追索票款。持票人行使追索权时，除票据上另有规定外，必须办理拒绝证书，并向前手发出退票通知。

（7）追索（recourse），是指汇票遭拒付时，持票人对其前手（背书人，出票人）请求偿还汇票金额和有关费用的权利。持票人是主债权人，有权向背书人、承兑人、出票人及其他的债务人追索。

（二）本票

1．本票的定义

本票，也称期票。《英国票据法》的定义为："本票是一人向另一人签发的，保证即期或定期或在可以确定的将来时间，向某人或其指定人或持票人无条件支付一定金额的书面承诺。"（A promissory note is an unconditional promise in writing made by one person to another signed by the maker engaging to pay on demand or at a fined or determinable future time a sum certain in money to or to the order of，a special person or to a bearer.）

我国《票据法》第 73 条所下的定义是："本票是出票人签发的，承诺自己在见票时无条件支付确定的金额给收款人或持票人的票据。"

2．本票的内容

我国《票据法》第 76 条规定，本票必须记载下列事项："本票"的字样、无条件支付的承诺、确定的金额、收款人名称、出票日期及出票人签章。

3．本票与汇票的异同

本票与汇票在许多方面是相同或相似的。各国票据法对汇票的规定都特别详细，对本票只有几条特别的规定。除了这些特别的规定，凡对汇票的出票、背书、付款等法律规定，只要不违反本票的性质，都适用于本票。我国《票据法》也有类似规定，如第 81 条规定：本票的背书、保证、付款行为和追索权的行使，除本票规定外，适用本法有关汇票的规定。本票与汇票的区别是：

（1）本票的基本关系人有两个，即出票人和收款人。本票的出票人就是付款人，本票是出票人承诺和保证自己付款的凭证。汇票的基本当事人有三个，即出票人，收款人，付款人。

(2)本票是出票人自己承诺和保证自己付款的凭证，是一种承诺式票据。汇票是出票人命令或委托付款人无条件付款，是一种命令式或委托式票据。

(3)本票的主债务人是出票人，而汇票的主债务人可以是出票人，也可以是承兑人。

(4)本票无需承兑，对于见票后定期付款的本票，持票人向出票人提示请其签字以确立日期，从签字日期算起，确定付款日。汇票除了即期汇票，远期汇票必须提示承兑。

(5)本票只签发一份，汇票可以一式几份，通常是两份，并注明"付一不付二"或"付二不付一"的字样。

4. 本票的种类

本票可区分为商业本票(trader's promissory note)和银行本票(banker's promissory note)两种。我国《票据法》所称的本票，仅指银行本票。

(1)商业本票。商业本票是指由企业或个人签发的本票。本票是建立在商业信用的基础上，是为了清偿国际贸易中产生的债务关系而开立的。商业本票按期限可分为远期本票和即期本票两种。

(2)银行本票。银行本票是指由银行签发的本票，它是银行应存款户的某种需要开立的，常用于代替现金支付或进行现金转移，建立在银行信用的基础上。银行本票分为即期和远期两种，即期的银行本票又称出纳发出的命令，意即上柜即可取现。银行本票多为即期本票。远期本票则严格限制其期限，我国《票据法》第79条规定："本票自出票日起，付款期限最长不得超过二个月。"

(三)支票

1. 支票的定义

《英国票据法》的定义是："支票是以银行为付款人的即期汇票。"(A check is a bill of exchange drawn on a bank, payable on demand)

我国《票据法》第82条所下的定义是："支票是出票人签发的，委托办理支票存款业务的银行或者其他金融机构在见票时无条件支付确定金额给收款人或者持票人的票据。"

2. 支票的内容

我国《票据法》第85条规定支票必须记载下列事项："支票"的字样、无条件的支付委托、确定的金额、付款人名称、出票日期、出票人签章。

支票上未记载上述规定事项之一的，支票无效。

3. 支票与汇票的异同

从定义上比较，可以看出支票与汇票有许多相同之处，如都是无条件的付款命令、都有三个基本关系人，但二者之间也存在着较大的差别。

(1)支票的出票人必须具备一定条件。首先，支票的出票人必须是银行的存款户，在银行没有存款的人不可能成为支票的出票人；其次，出票人必须事先与该银行订有使用支票的协议，银行同意存款人使用支票；第三，支票的出票人必须使用存款银行统一印制的支票，不同于汇票和本票由出票人自制。

(2)付款人不同。支票的付款人仅限于银行，汇票的付款人可以是银行，也可以是企业或个人。

(3)付款时间不同。支票都是即期付款，即银行见票即付；汇票有即期付款和远期付款两种。

(4)票据行为不同。支票都是即期付款，不需办理承兑手续；汇票除见票即付外，一般需要办理承兑手续，因此，支票的主债务人是出票人，而承兑汇票的主债务人是承兑人。

(5)职能不完全相同。支票是支付工具，汇票除具有支付工具的性质外，还具有信贷工具的职能。

二、商业信用的支付方式

商业信用的支付方式是指债权人的收款不是取决于银行而是取决于企业或个人的资信，包括汇款(remittance)和托收(collection)两种。

(一)汇款

1. 汇款的含义

汇款也称汇付，是指银行接受客户的委托，通过其自身建立的通汇网络，将客户的款项交付给收款人。汇款是国际贸易中最古老、最简单、也是最灵活的支付方式。

在进出口贸易中，买卖双方签订合同后，卖方将货物发运至买方，而买方则通过其所在地的银行或其他指定银行将应付货款汇给卖方，这就是汇款支付方式的具体运用。

2. 汇款的关系人

汇款的关系人有汇款人(remitter)、收款人(payee)、汇出行(remitting bank)和汇入行(paying bank)。

3. 汇款的种类

汇款可分为电汇(telegraphic transfer，T/T)、信汇(mail transfer，M/T)、票汇(demand draft，D/D)三种方式。

(1)电汇是指汇出行应汇款人的申请，通过加押电报或电传的方式指示汇入行解付一定金额给收款人。

汇出行在发电后，为防止传递电文有误，通常还以航空信件形式向汇入行寄发"电汇证实书"(cable confirmation)，供汇入行查对。

电汇的最大特点是交款迅速、安全可靠。它是三种汇款方式中使用最广的一种。在进出口贸易中，如果付款人付款的时间紧迫或付款金额较大，多采用这种方式对外付款。

(2)信汇是指汇出行应汇款人的申请，通过信函指示汇入行解付一定金额给收款人。

信汇与电汇相比具有费用节省的特点，因为用信函通知汇款比用电报或电传通知所发生的直接成本低，而且资金在途时间长，因此银行收取的手续费较低。但信汇汇款所需时间比电汇要长，这直接影响收款人的收款时间。因此，信汇在进出口贸易中使用不如电汇广泛。

(3)票汇是汇出行应汇款人的申请，开立以汇入行为付款人的银行汇票，交汇款人由其自行携带出国或寄给收款人凭票取款。

4. 汇款的特点

(1)属于商业信用的支付方式。汇款是以银行为媒介清算进出口双方的债权债务关系。汇出行和汇入行在汇款业务中承担收付委托款项的责任，银行参与进出口双方货款的清算，但并不介入双方的买卖合同。对合同下双方的责任、义务的履行不提供任何保证，甚至不代办货运单据的移交(汇款方式下货运单据的移交一般由出口商交给进口商)。因此，汇款属于商业信用，它取决于交易的一方对另一方的信任，即或卖方向买方提供信用，或买方向卖方提供信用，也就是说交易中提供信用的一方必然承担着较大的风险。

(2)属于顺汇法的支付方式。顺汇法的特点是汇款资金的流动方向同支付工具的传递方向相同。在汇款业务中，汇款人主动将款项交给银行，委托银行通过信汇/电汇委托书或银行汇票等支付工具，转托国外银行将款项付给国外收款人，资金流向与支付工具的传递方向是一致的，因此属于顺汇法。

(二)托收

1. 托收的含义

托收是指债权人为向国外的债务人收取销售货款或劳务报酬，开出以债务人为付款人的汇票，委托其所在地银行通过其在国外的联行或代理行向债务人收取款项。

2. 托收的当事人

在托收方式中，最基本的当事人一般有四个：委托人(principal)、托收行(remitting bank)、代收行(collecting bank)和付款人(payer/drawer)。

除上述基本当事人外，在托收业务中，有时会有另外两个当事人。其一是提示行(presenting bank)，也称交单行，是跟单托收中向付款人提示汇票和单据的银行；其二是"需要时的代理"(principal's representative in case-of-need)，是指委托人为了防止付款人拒付而发生无人照料货物，在付款地事先指定的代理人。此代理人通常在发生拒付时代为料理货物，如存仓、保险、转售或运回等事宜。

3. 托收的种类

(1)光票托收(clean collection)，是指委托人仅凭金融单据而不附商业单据，委托银行代为收款。

光票托收不随附货运单据，不涉及货物的转移和处理，银行只根据票据收款，业务处理比较简单。在进出口贸易中，光票托收的金额一般都不大，主要用于收取货款尾数及样品费、佣金、代垫费用、赔款等贸易从属费用。

（2）跟单托收（documentary collection），是指附带商业单据的托收。这种方式可以附带金融单据（如汇票），也可以不附带金融单据。通常的托收多指跟单托收，在进出口贸易中使用最广。

跟单托收根据交付单据的条件不同，区分为付款交单（documents against payment，D/P）和承兑交单（documents against acceptance，D/A）两种。

付款交单，是指委托人指示代收行在付款人付清款项后将单据交出。即付款人"付款在先，取单在后"，付款是取单的先决条件。付款交单按委托人所开出的汇票的付款期限的不同又可分为即期付款交单（documents against payment at sight，D/P at sight）和远期付款交单（documents against payment after sight or date，D/P after sight or date）两种形式。

即期付款交单，是指委托人开立即期汇票，代收行收到单据和汇票，立即向付款人提示，付款人审单无误付清票款后，代收行交出单据。采用这种方式，原则上代收行第一次提示单据时，付款人就应立即付款。但实际业务中，进口商有时为减少风险，往往坚持在货物到达后再履行付款义务。对此，出口商为避免延期收款，在委托银行收款时，应对付款交单时间作出严格的限定（图5-1）。

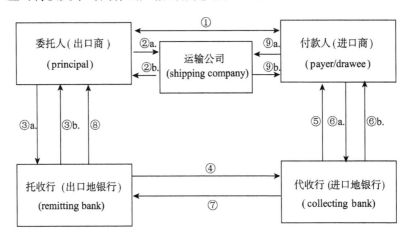

图 5-1　即期付款交单业务程序图

注：①进出口双方签订贸易合同，约定采用即期付款交单的方式结算货款。②a. 出口商按合同规定向运输部门发运货物；b. 运输部门收到货物后向出口商签发运输单据。③a. 出口商缮制符合合同规定的各种单据，开立即期汇票，填写托收委托申请书（application for collection），声明"即期付款交单"，连同全套货运单据交托收行委托其代收货款；b. 托收行审单无误后，向委托人出具回单，作为收到汇票及单据的凭证。④托收行缮制托收委托书（collection order），连同汇票、货运单据等交代收行委托其代收货款。⑤代收行按托收委托书向进口商提示单据和汇票。⑥a. 进口商审核单据付款；b. 代收行交单给进口商。⑦代收行根据托收委托书的指示，通知托收行款已收妥。⑧托收行将收妥的款项付给出口商。⑨a. 进口商携单到指定的运输部门提货；b. 运输部门付货。

远期付款交单，是指委托人收到远期付款的汇票和单据后，立即向付款人提示，付款人见票先办理承兑手续，汇票到期代收行再行提示，付款人付清货款后代收行交出单据。

在远期付款交单下，付款人承兑了汇票，但还不能拿到代表物权的单据。在汇票到期支付前这一段时间，所有单据都由代收行保管，出口商仍可以通过代收行控制物权。在交单条件这一点上，远期付款交单与即期付款交单是没有区别的。

需要说明的是，在远期付款交单条件下，当货物与单据均已到达进口地，但付款期限未到，代收行可以允许进口商在付款之前凭出具的信托收据(trust receipt，T/R)，向代收行借取货运单据，提货并销售，到期时再将货款偿还代收行换回信托收据。信托收据是进口商表示愿意以代收行受托人的身份先行提货，并承认货权属于银行，保证在汇票到期时向银行付清货款的一种书面信用担保文件。在远期付款交单条件下，进口商要求代收行对其提供资金融通时，必须提供这种担保文件。

承兑交单，是指委托人开立远期汇票，代收行收到汇票和单据，立即向付款人提示。付款人承兑后，代收行即交出单据，待汇票到期进口商再履行付款义务。

承兑交单与付款交单的最大区别是：代收行交出单据的先决条件是付款人在远期汇票上作承兑表示，而不是付款。这样，如果付款人凭承兑取得单据并将货物提走后，汇票到期时不履行付款义务，委托人就可能因此遭受"钱货两空"的风险。因此，承兑交单的风险远远大于付款交单，委托人使用这种方式时一定要谨慎(图 5-2)。

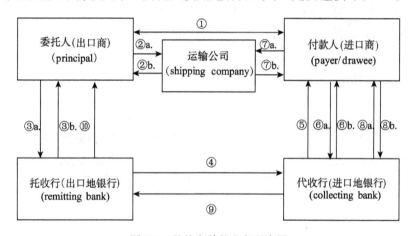

图 5-2　承兑交单的业务程序图

注：①进出口双方签订贸易合同，约定采用承兑交单方式支付货款。②a. 出口商按合同规定发运货物；b. 运输部门向出口商签发运输单据。③a. 出口商缮制符合合同规定的各种单据，开立远期汇票，填写托收委托申请书，声明"承兑交单"，连同全套货运单据交托收行；b. 托收行向委托人出具回单，作为收到汇票及单据的凭证。④托收行缮制托收委托书，连同汇票、货运单据等交代收行委托其代收货款。⑤代收行向付款人提示单据和汇票。⑥a. 进口商审核单据并承兑远期汇票；b. 代收行交单。⑦a. 进口商到指定的运输部门提货；b. 运输部门付货。⑧a. 汇票到期时，代收行再次向进口商提示汇票；b. 进口商根据承兑付清票款。⑨代收行根据托收委托书的指示，通知托收行款已收妥。⑩托收行将收妥的款项付给出口商。

4. 托收的风险与防范

托收是建立在商业信用基础上的一种结算方式。银行在整个业务处理中，充当委托人的代理人，代为传递单据和收取款项，对出口商不提供任何的付款保证，银行对单据的审核也仅限于单据的种类和份数，不审核单据的内容及其真实性。因此，委托人发货后能否收回、收妥货款，不取决于托收行和代收行，完全取决于付款人本身的商业信誉。

托收方式对进出口双方均存在着一定的风险，但总的来说对进口商有利，出口商承担的风险大些。因此，对出口商来说，采取切实可行的防范措施规避风险是非常必要的。出口商可采取的措施主要有：

(1)深入了解进口商的资信和经营作风，以决定是否使用托收方式及成交金额。

(2)掌握进口国贸易管制的法律和政策，以防止由于贸易管制过严不准进口而造成损失。

(3)最好按 CIF 或 CIP 条件签订合同。原因是按 CIF 或 CIP 条件成交，保险由出口商办理，这样可以避免因买方拒收货物而又没有保险造成的风险。

(4)慎用 D/A 和 D/P after sight or date。

(5)必要时在进口地指定可靠的"需要时代理"，防止因进口商拒绝付款或承兑，无人照料货物而给出口商造成风险。

(6)要求一定比例的预付款或与信用证结合使用，以转移一部分风险。

(7)掌握国际商会制定的托收业务的国际规则《托收统一规则》(URC522)。

(8)了解进口地的仓库状况，防止进口商拒不提货而发生货不能存仓的风险。

(9)加强企业对应收账款的管理工作。

(10)投保出口信用险规避风险。

三、银行信用的支付方式

银行信用的支付方式是指债权人的收款取信于银行，即以银行作为债务人而承担付款责任。采用这种支付方式，债权人的收款风险较小，因为银行一般实力雄厚，资信良好，通常不会或很少发生无力支付、无理拒付或迟付的情况。信用证(letter of credit，L/C)和备用信用证(standby credit)均属于银行信用的支付方式。

(一)信用证

1. 信用证的含义

简单地说，信用证是银行开立的有条件的承担第一性付款责任的书面文件。具体地说，它是银行(开证行)根据进口方(开证申请人)的要求和指示，向出口方(受益人)开立的，在一定期限内凭符合信用证条款规定的单据，即期或在可以确定的将来的日期，对出口方支付一定金额的书面保证文件。

2007 年最新修订的《跟单信用证统一惯例》(国际商会第 600 号出版物，简称UCP600)第 2 条对信用证的定义是：信用证指一项不可撤销的安排，无论其名称或描述如何，该项安排构成开证行对相符交单予以承付的确定承诺。本定义中的承付指：

(1)如果信用证为即期付款信用证，则即期付款。

(2)如果信用证为延期付款信用证，则承诺延期付款并承诺到期日付款。

(3)如果信用证为承兑信用证，则承兑受益人开出的汇票并在汇票到期日付款。

在理解信用证概念时应注意以下两点：一是它强调了信用证存在着以银行自身名

义开出这种情况；二是它强调开证行对信用证的义务是付款，或承兑并付款，或授权另一家银行付款，或承兑并付款，或授权另一家银行议付。

信用证支付是在托收、汇款等商业信用支付方式基础上演变而来的一种比较完善的支付方式。它与这两者最大的不同是银行充当了进出口方之间转移货运单据和货款的中间人与保证人，因而它解决了进出口方之间互不信任、不愿意冒风险预先发货或预付货款的问题，保证了交易安全。

2. 信用证的主要当事人

信用证的主要当事人有：①开证申请人(applicant)；②开证行(issuing bank/opening bank)；③受益人(beneficiary)；④通知行(advising bank/notifying bank)；⑤付款行(paying bank)；⑥议付行(negotiating bank)。

议付是指银行对汇票或单据付出对价，即代开证行审核和接受单据，并从汇票金额扣除议付日至估计收到票款日的利息和手续费，将余额垫付给受益人。议付行是指受开证行委托或自愿接受受益人单据并垫付货款的银行。

3. 信用证支付方式的特点

根据上述信用证的含义及相关国际惯例的规定，可以总结出信用证的以下三个基本特点：

(1)信用证是银行承担第一性付款责任的书面承诺。在信用证付款方式下，开证行以自己的信用作出付款保证，对受益人承担第一性付款责任。根据 UCP600 规定，信用证一经开出，只要受益人提交了符合信用证规定的单据，开证行就对其负有承兑付款义务。也就是说，只要受益人按信用证规定提交相符单据，就保证能从银行取得货款。所以，出口商发货后，不是向进口商收款，而是向开证行或其指定银行收款。这也正是信用证与汇款、托收两种商业信用支付方式的本质区别。

(2)信用证是一份独立的、自足性的文件。UCP600 第 4 条规定："就其性质而言，信用证与可能作为其开立基础的销售合同或其他合同是相互独立的交易，即使信用证中含有对此类合同的任何援引，银行也与该合同无关，且不受其约束。因此，银行关于承付、议付或履行信用证项下其他义务的承诺，不受申请人基于其与开证行或与受益人之间的关系而产生的任何请求或抗辩的影响。"从上述规定可以看出，信用证是依据货物销售合同或其他合同开出的，但信用证一经开立，即成为独立于此类合同之外的、不依附于此类合同的另一个合同，即使信用证中含有对此类合同的任何援引，开证行也与该合同无关，并不受其约束。因此，银行只对信用证负责，只凭信用证所规定的单据向出口商付款，而不管出口商是否履行买卖合同，所提交的单据是否符合合同的要求。

(3)信用证业务是一种纯粹的单据业务。UCP600 第 5 条规定："银行处理的是单据，而不是单据所涉及的货物、服务及或履约行为。"UCP600 第 34 条规定："银行对任何单据的形式、充分性、准确性、内容真实性、虚假性或法律效力，或对单据中规定或添加的一般或特殊条件，概不负责；银行对任何单据所代表的货物、服务或其他履约行为的描述、数量、重量、品质、状况、包装、交付、价值或其存在与否，或对发货人、承运人、货运代理人、收货人、货物的保险人或其他任何人的诚信与否、作为或不作为、清偿能力、履约或资信状况，也概不负责。"

从上述规定可以看出，信用证业务实行的是严格的单据相符原则，只要出口商按信用证条款履行交货责任，并向银行提交符合信用证条款的单据，银行必须履行付款义务。反之，如果出口商提交的单据与信用证有不符之处，即使货物完全符合合同要求，银行有权拒付货款，此时出口商只能与进口商交涉。

4. SWIFT 信用证样例

SEQUENCE OF TOTAL	27：1/1
FORM OF DOC CREDIT	40：IRREVOCABLE
DOC CREDIT NUMBER	20：18LC04/10359
DATE OF ISSUE	31C：080315
EXPIRY	31D：DATE 080430 PLACE / CHINA
APPLICANT	50：TBCD ELECTRONIC CO. LTD N2036 FEATI CTREET PAMPANGA PHIL-IPPINES
BENEFICIARY	59：BEIJING LONGTAIDA CO LTD NO 123 ZHONGGUANCUN SOUTH ROAD HAIDIAN DISTRICT BEIJING PRC
AMOUNT	32B：CURRENCY USD AMOUNT36. 432，30
AVAILABLE WITH/BY	41D：ANY BANK BY NEGGOTIATION
DRAFTS AT……	42C：SIGHT FOR 100 PERCENT INVOICE VALUE
DRAWEE	42A：UOVBPHMM UNITED OVERSEAS BANK PHILIPPINES MANILA
PARTIAL SHIPMENTS	43P：PERMITTED
TRANSHIPMENT	43T：PERMITTED
LOADING IN CHARGE	44A：ANY PORT IN CHINA
FOR TRANSPORT TO	44B：MANILA PHILIPPINES
LATEST DATE OF SHIPMENT	44C：080412
DESCRIPTION OF GOODS	45A：730 PCS. 60"CRT AS PER PROFORMA INVOICE NO. PO0601 DATED FEB 29，2008 FOB DALIAN CHINA
DOCUMENTS REQUIRED	46A：

1. FULL SET OF 3/3 CLEAN ON BOARD OCEAN BILL OF LADING ISSUED TO THE ORDER OF UNITED OVERSEAS BANK PHILIPPINES MARKED "FREIGHT COLLECT" NOTIFY APPLICANT.

2. SIGNED COMMERCIAL INVOICE IN TRIPLICATE.

3. PACKING LIST IN TRIPLICATE.

4. BENEFICIARY'S CERTIFICATE THAT ONE (1) SET OF NON-NEGOTIABLE SHIPPING DOCUMENTS HAVE BEEN FORWARDED DIRECTLY TO APPLICANT VIA COURIER WITHIN

FIVE(5) WORKING DAYS AFTER SHIPMENT.

ADDITIONAL CONDITIONS　　　　47A:

ALL COPIES OF SHIPPING DOCUMENTS SUCH AS BUT NOT LIMITED TO BILL OF LADING (B/L), AIR WAYBILL (AWB) OR POSTAL RECEIPT MUST LEGIBLY INDICATE THE L/C NUMBER REGARDING THE SHIPMENT.

BILL OF LADING MUST SHOW ACTUAL PORT OF LOADING AND DISCHARGE.

IN CASE OF PRESENTATION OF DISCREPANT DOCUMENTS AND SUBJECT TO THE ISSUING BANK'S ACEPTANCE, A DISCREPANCY FEE OF USD40.00 FOR ACCOUNT OF BENEFICAIRY SHALL BE LEVIED.

UNLESS OTHERWISE STIPULATED, ALL DOCUMENTS SHOULD BE ISSUED IN ENGLISH LANGUAGE.

DETAILS OF CHARGES　　　　71B: ALL BANK CHARGES OUTSIDE PHILIPPINES ARE FOR BENEFICAIRY'S ACCOUNT.

PRESENTATION PERIOD　　　　48: ALL DOCUMENTS SHOULD BE PRESENTED WITHIN 15 DAYS AFTER SHIPPING DATE.

CONFIRMATION　　　　49: WITHOUT

INSTRUCTIONS　　　　78:

UPON RECEIPT OF DOCUMENTS WITH ALL TERMS AND CONDITIONS COMPLIED WITH, WE WILL REMIT THE PROCEEDS TO THE NEGOTIATING BANK ACCORDING TO THEIR INSTRUCTIONS.

DOCUMENTS TO BE MAILED DIRECTLY TO UNITED OVERSEAS BANK PHILIPPINES, LOCATED AT 17TH FLR, PACIFIC STAR BLDG, SEN GIL PUYAT AVE, COR, MAKATI AVE, MAKATI CITY, PHILIPPINES IN ONE (1) LOT VIA COURIER.

REIMBURSEMENT, IF APPLICABLE, IS SUBJECT TO ICC URR 525.

THIS CREDIT IS SUBJECT TO ICC UCP 600.

5. 信用证支付方式的业务程序

不同类型的信用证在运作程序上存在差异, 手续繁简不一。信用证支付一般要依次经过五个主要环节: 进口商申请开立信用证; 银行接受申请并开出信用证; 通知银行审证并向受益人通知信用证; 受益人提交符合信用证条款规定的单据要求银行付款; 开证行付款后, 向进口商提交单据要求进口商付款赎单。这里以国际贸易中大量使用的即期跟单信用证为例, 说明这类信用证的基本业务操作流程(图 5-3)。

6. 信用证的种类

由于信用证的使用者所从事的活动千差万别, 因此对信用证的功能要求各不相同。为了满足客户的不同需求, 信用证逐步发展演化出功能、用途各异的多种类型。按照不同的标准, 信用证可以分为不同的种类。不同种类的信用证不仅功能不同, 当事人的权利与义务、信用证的运作流程、付款期限等也有所不同。

1)光票信用证和跟单信用证

光票信用证(clean credit)是指不随附单据, 受益人仅凭银行开立的收据或其出具的汇票要求银行付款的信用证。光票信用证是汇款的一种工具。旅行信用证、预支信用证均属于典型的光票信用证。光票信用证在国际贸易中使用不多, 一般用于贸易从属

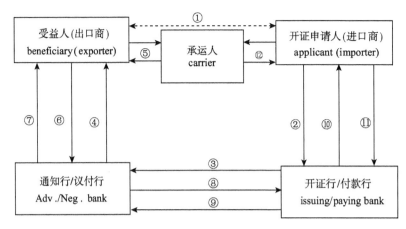

图 5-3 信用证业务程序图

注：①进出口双方签订贸易合同，约定采用信用证方式支付货款。②进口商填写开证申请书，向其所在地银行申请开立不可撤销跟单议付信用证，并交纳开证押金或提供开证担保。③进口商所在地银行根据开证申请书，开立以出口商为受益人的不可撤销跟单议付信用证。④通知行审核信用证印鉴或密押，无误后交给出口商。⑤出口商审核无误后(受益人若对信用证有异议，可提出修改要求)，按合同与信用证规定发运货物，并从承运人手中取得货运单据。⑥出口商缮制符合信用证规定的各种单据，开立汇票，持全套货运单据在信用证规定的有效期内向议付行请求议付。⑦议付行审核单据无误后，向受益人垫付款项(即议付)。⑧议付行付款后，将汇票与货运单据等寄交开证行或付款行索取垫付款项。⑨开证行或付款行审核单据无误后，向议付行付款。⑩开证行付款后，通知进口商付款赎单。⑪进口商审单无误后，付款赎单；⑫进口商凭货运单据提货。

费用的结算及非贸易的结算。

跟单信用证(documentary credit)是指开证行凭受益人的跟单汇票或凭符合信用证规定的单据付款的信用证。这里的单据主要指受益人提供的代表货物所有权的单据，如提单、保险单等。跟单信用证的核心是单据，是银行处理信用证业务的基础和依据。国际贸易中使用的信用证绝大多数为跟单信用证。

2)保兑信用证

保兑信用证(confirmed credit)是指除开证行外，还有另外一家银行对信用证加以保证兑付，即由开证行和保兑行两家银行同时对受益人承担第一性付款责任。根据开证行的授权或要求对信用证加具保兑的银行称为保兑行，其承担的责任与开证行相同，即保兑行对受益人承担确定的付款责任，是信用证的第一付款人，并且它的保兑不能单方面撤销。所以任何银行只会愿意在不可撤销的信用证上加具保兑，因此保兑信用证一定是不可撤销的信用证。

3)即期付款信用证、延期付款信用证、承兑信用证和议付信用证

即期付款信用证(sight credit)是指开证行或其指定银行在收到符合信用证条款规定的即期汇票及/或单据后，立即履行付款义务的信用证。即期信用证项下的受益人在货物装运出口后，即可凭合格的跟单汇票或仅凭合格的单据取得开证行或指定银行的立即付款。即期付款信用证和即期议付信用证均属于即期信用证的范畴，在国际贸易结算中的使用较为广泛。

延期付款信用证(deferred payment credit)指不需要提交汇票的远期付款信用证，

即受益人提交符合信用证条款规定的单据，并不能立即获得付款，信用证规定的付款期限到时，才能获得付款的信用证。延期付款信用证的最大特点是受益人要求银行付款时不需要提交汇票，这样，可以节省承兑汇票所需的印花税（这种信用证在欧洲大陆使用较多）。这种信用证多用于价值高的资本货物，如大型成套设备的交易中，旨在便于进口商在付款前先凭单提货，并安装、调试甚至投入生产后，再支付设备价款。出口商可通过申请卖方信贷或福费廷获得资金扶持。

承兑信用证（acceptance credit）是指受益人出具远期汇票并由付款人承兑的远期信用证。即由开证行指定的承兑行根据受益人提交的符合信用证条款规定的单据对其开立的远期汇票先予以承兑，于汇票到期日再履行付款义务的信用证。承兑信用证与延期付款信用证不同的是：承兑信用证的受益人可以要求承兑行承兑后给予贴现，或在付款地的贴现市场办理贴现，尽早取得资金融通；而后者的受益人则不行。

议付信用证（negotiation credit）是指开证行授权某一家银行或任何银行都可以议付的信用证。即受益人发货后将汇票及单据交给银行请求议付，银行经审单相符，应立即垫款买入汇票单据，将利息扣除付净款给受益人，然后向开证行寄单索偿。若开证行拒付，议付行可向受益人追索垫款。因此，议付的实质表现为银行有追索权的垫款。议付信用证有限制议付信用证和自由议付信用证两种。

4）可转让信用证

可转让信用证（transferable credit）是指信用证的金额在一定条件下可以转让的信用证。即在可转让信用证中，开证行授权被委托付款或承兑的银行或可以议付的银行，在受益人（第一受益人，中间商）的要求下，将全部或部分金额转让给一个或数个第三者（第二受益人）使用的信用证。

可转让信用证是为满足中间商从事转手贸易需要而产生的。因此，在可转让信用证下，第一受益人（原证受益人）一般为中间商，第二受益人（新证受益人）是真正的供货商。

5）对背信用证

对背信用证（back to back credit），也称从属信用证（subsidiary credit），是指某信用证的受益人以收到的信用证作保证或抵押，要求另一银行开立的以其为开证申请人，以实际供货人为受益人的信用证。对背信用证与可转让信用证都产生于中间交易，为中间商提供便利。在中间商既作为出口人与进口人签订合同，又作为买主与实际供货人签订合同时，其收到进口人开来的信用证后，以开证申请人的身份要求通知行或其他银行以原证为基础，另外开立信用证给实际供货人，这张另开的信用证就是对背信用证。

6）循环信用证

循环信用证（revolving credit）是指信用证金额的全部或部分被使用后，可根据一定条件恢复到原金额，受益人可以再次或多次使用，直到规定的循环次数或金额达到时为止。

使用循环信用证对进出口商均有好处。进口商可减少申请开证的次数，获得省时、省费用的好处。同时也不必按货款总值一次开证而交付高额押金，减少资金占用。出口商可以省去催证、审证和改证等繁杂手续。因此，循环信用证主要适用于在较长时间内分批次交货、分期付款的贸易情形。循环信用证与一般的信用证的不同之处是多了一个循环条款，用以说明循环的方法、次数或期间及总金额。循环信用证可以分为按时间循环和按金额循环两类。按时间循环的信用证是指受益人可以按规定，在一定的时间内按相同的间隔时间多次支取信用证的金额，直至规定的金额或次数用完为止。按金额循环的信用证是指受益人可以多次按规定的金额使用信用证，每次使用后，信用证仍恢复到原金额，直到总金额用完为止。

7）预支信用证

预支信用证（anticipatory credit）是指允许受益人在发运货物前预先支取全部或部分货款的信用证。由于预支款是供受益人收购货物和包装货物所用，所以这种信用证也称"打包放款信用证"（packing credit）。又由于预支信用证中关于预支款项的条款最初是用红字打印，也被称为"红条款信用证"（red clause credit）。在预支信用证使用中，银行向受益人预支款项后，往往要求其将正本信用证交出，用以控制受益人发货交单。但如果受益人预支款项后不履行发货交单义务，开证行有权向开证申请人追偿。使用预支信用证对进口商不利，所以进口商只有在对出口商资信十分了解或出口商是可靠、稳定的贸易伙伴时才会向开证行提出开立这种信用证。

8）对开信用证

对开信用证（reciprocal credit）是指互为进出口方的两方当事人分别以开证申请人的身份向对方开出的信用证。对开信用证主要适用于以出口抵偿进口的对销贸易，如易货贸易、补偿贸易等，也可用于来料加工、来件装配等加工贸易。对开信用证的主要特点有两个：①绝大多数情况下，对开信用证下的两张信用证同时生效。因为只有这样，交易双方才能彼此相互约束，避免先开证的一方承担另一方不开证的风险。②对开信用证当事人的地位具有互换性，即第一张信用证的开证申请人是第二张信用证的受益人，第二张信用证的开证申请人是第一张信用证的受益人。

（二）备用信用证

备用信用证又称担保信用证，是银行应申请人的请求向受益人开立的承诺承担某项义务的凭证。在证中，开证行承诺偿还开证申请人的借款或在申请人未能履约时保证为其支付。

备用信用证起源于19世纪中叶的美国。当时美国的联邦法律只允许担保公司开立保函，而禁止商业银行为客户提供担保服务。为适应对外贸易业务的需要，银行创设了备用信用证用以代替保函，进而逃避法规的管辖，承揽保函性质的业务。

美国联邦储备银行管理委员会给备用信用证下的定义是：不论其名称和描述如何，备用信用证就是一信用证或类似安排，构成开证行对受益人的下列担保：

（1）偿还债务人的借款或预支给债务人的款项；

（2）支付由债务人所承担的负债；

（3）对债务人不履约而付款。

从上述定义可以看出，备用信用证只有在开证申请人不能偿还或不能履约时才起支付作用,如果开证申请人已经还款或已经履行合约,就不发生支付。这点与银行保函的性质是相同的。正因如此,这种信用证才被称为"备用信用证"。

备用信用证的应用范围很广,既可为一般进出口贸易提供履约保证,也可为国际融资、国际投标、加工装配、补偿贸易及技术贸易等提供履约保证。

▶ 业务核算与案例分析

1. 出口健身椅2000只。出口价:每只75美元CIF纽约。海运运费共计5200美元,保险费共计800美元。每只健身椅购进价人民币351元(含税),出口退税率为11%。出口费用定额率为10%。汇率:USD1＝RMB6.33~6.36。

问题:计算健身椅出口的盈亏率和出口换汇成本。

2. 我国某外贸企业向欧洲销售一批货物,出口总价为10万美元,装于一个40英尺的集装箱内,贸易术语采用CIF Rotterdam。已知从青岛至鹿特丹的海洋运输费用是每个40英尺的集装箱3000美元,海洋运输投保一切险(费率为1%)和海洋运输战争险(费率为0.5%),投保加成率为10%。另知该批货物的国内购入价为人民币702 000元(含增值税17%),该外贸企业的定额费用率为5%,退税率为9%,结汇时银行的外汇买入价为1美元,折合人民币7.30元。

问题:计算这笔出口交易的盈亏率和换汇成本。

3. 我国某外贸企业向美国销售一批男式衬衫,共计10 000件,装于一个40英尺的集装箱内,原报价为USD20.00/pc FOB Qingdao。已知从青岛至纽约的海洋运输费用是每个40英尺的集装箱5000美元,海洋运输投保一切险(费率为1%)和海洋运输战争险(费率为0.5%),投保加成率为10%。现美方要求我方改报CIFC3%,我方表示接受。

问题:我方应该报出的单价是多少?

4. 某公司向新加坡出口一批货物,已知该货物国内含税供货价是每公吨3500元人民币,公司出口定额费率为收购成本的3%,该商品增值税率17%,出口退税率为5%;公司进行此项交易时先从银行贷款用来备货,为进口方垫款90天,银行年利率为5%;公司预期利润率是报价的15%,人民币对美元汇率是7.9650:1;进口方要求报价含佣金3%。

问题:该公司FOBC3%应该报价每公吨多少美元?

5. 某公司出口陶瓷茶具到日本,每单件纸箱包装体积400mm×320mm×360mm,每单件包装内装有200套;陶瓷茶具含税成本150元/套,该商品增值税率17%,出口退税率为9%;出口一个20英尺标准集装箱的费用有:运杂费700元,商检费120元,报关费80元,业务费1200元,港区仓储费600元,其他费用300元;陶瓷茶具从青岛运往日本一个20英尺标准集装箱包箱费率1200美元;海运保险投保水渍险、碰损破碎险,费率分别是0.5%和0.2%;进口方要求含有5%佣金;该公司预期利润是报价的10%。

问题:在美元兑人民币汇率是1:7.9840~7.9850的情况下,分别计算该套茶具的FOB、CFR、CIF的美元单价。

6. 某年 4 月 9 日，某托收行受理了一笔付款条件为 D/P at sight 的出口托收业务，金额为 USD10 万美元，托收行按出口商的要求将全套单据整理后连同托收函一同寄给了美国一家代收行。单据寄后一星期委托人声称进口商要求委托行将"D/P at sight"修改为"D/A at 60 days after sight"。委托行在强调 D/A 的风险性后，委托人仍坚持要修改，最后和委托行按委托人的要求发出了修改指令，此后一直未见代收行发出承兑指令。当年 8 月 2 日应委托人要求，委托行通知代收行退回全套单据。8 月 19 日委托行收到代收行寄回的单据，发现三份正本提单只有两份，委托人通过美国有关机构了解到，货物已被进口商提走。此时委托行据理力争，要求代收行要么退回全套单据，要么承兑付款，但是代收行始终不予理睬，货款始终没有着落，而委托人又不愿意通过法律程序解决，事隔数年，货款仍未收回。

问题：此案应如何处理？

7. 我某公司与外商按 CIF 条件签订一笔大宗商品出口合同。合同规定装运期为 8 月份，但未规定具体的开证日期。我方见装运期快到，从 7 月末开始连续多次电催外商开证。8 月 5 日，收到对方开证的简电通知。因怕装运期耽误，公司按简电通知办理了装运。8 月 28 日对方开来了信用证正本，正本上对单据作了与合同不符的规定。我公司审证时未注意。议付银行付款后，开证行则以单证不符为由拒付货款。

问题：我公司应从此笔业务中吸取哪些教训？

第六章

国际货物买卖条件(四)
检验、仲裁、不可抗力和索赔条件

买卖双方交易的商品一般都要进行检验，任何一方违约，受损方都有权提出索赔。货物买卖合同签订之后，若发生人力不可抗拒事件，致使合同不能履行、不能全部履行或不能如期履行，可按不可抗力条款的规定免除合同当事人的责任。双方在履约过程中产生的争议，如果难以和解，可采取仲裁方式处理。因此，进出口双方在洽商国际货物买卖合同时，需要在合同中订立商检、仲裁(arbitration)、不可抗力(force majeure)和索赔条款。

第一节 检验条件

一、商品检验的意义

商品检验(commodity inspection)，是指专门的进出口商品检验机构和其他指定的机构，依照法律、法规或进出口合同的规定，对进出口商品的品质、规格、数量、包装、安全性能等进行各种分析和测量，并出具检验证书的活动。

商品检验制度是随着国际贸易的产生和发展而发展起来的。各国对此都有相应的法律和法规。《公约》规定："买方必须在按情况实际可行的最短时间内检验货物或由他人检验货物"；"如果涉及货物的运输，检验可推迟到货物到达目的地后进行。"英国《1893年货物买卖法》(1979年修订)第34条规定："除非双方另有约定，当卖方向买方交接货物时，买方有权要求有合理的机会检验货物，以确定它们是否与合同的规定相符。"买方在未有合理机会检验货物之前，不能认为他已接受了货物。我国《商检法》第5条规定："列入《商检机构实施检验的进出口商品种类表》的进出口货物和其他法律、行政法规规定须经商检机构检验的进出口货物，必须经过商检机构或者国家商检部门、商检机构指定的检验部门检验。"该条款同时规定，凡是列入《商检机构实施检验的进出口商品种类表》的进出口货物，除非经国家商检部门审查批准免予检验的，进口货物未经检验或检验不合格，不准销售、使用；出口货物未经检验合格的，不准出口。

在国际贸易中，买卖双方分处不同的国家和地区，一般不能当面交接货物，往往容易在交货的质量和数量等问题上发生争议，货物又要经过长途运输，在运输过程中经常发生残损、短少甚至灭失等现象，这样就需要一个公正的、具有商品专业知识的第三者，对货物进行检验或鉴定，以查明货损原因，确定责任归属，以利货物的交接和交易的顺利进行。因此，货物检验是国际贸易中不可缺少的重要环节，检验条款（inspection clause）是国际贸易合同中的一项重要条款。

二、商品检验条款的内容

国际货物买卖合同中，检验条款的内容因商品特性而异，但一般来说主要包括检验时间与地点、检验机构、检验证书、检验依据与检验方法等。

(一)商品检验时间与地点

确定检验的时间和地点，实际上就是确定买卖双方中的哪一方行使对货物的检验权，也就是确定以哪一方提供的检验证书为准。检验的时间和地点通常与合同中使用的贸易术语、商品的特征、使用的包装方式以及当事人所在国的法律、行政法规的规定等有密切的联系。在国际货物买卖合同中，关于检验时间和地点的规定，基本做法有以下四种。

1. 在出口国检验

这种做法可分为产地检验和装运前或装运时在装运港(地)检验。

1)产地检验

在货物离开生产地点之前，由卖方或其委托的检验机构人员或买方的验收人员或买方委托的检验机构人员对货物进行检验或验收。卖方只负责商品离开产地前的品质。买方负责离开产地后运输途中的风险。近年来，我国在进口重要商品和生产线一类设备时，一般都在出口国发货前在工厂安装运转测试，凡有质量问题的，由供货厂家立即解决。这种做法已为我国《商检法》所肯定。

2)装运前或装运时在装运港(地)检验

货物在装运港(地)装运前或装运时经由双方所约定的检验机构对货物的品质和重量(数量)进行检验，并由该机构出具的检验证书作为决定交货品质和重量或数量的最后依据。这叫做"离岸品质和离岸重量(shipping quality and weight as final)"。所谓最后依据是指买方取得商检机构出具的各项检验证书时，就意味着所交货物的品质与质量与合同的规定相符，买方对此无权提出任何异议，从而否定了其对货物的复验权。但应说明的是，离岸品质和离岸重(数)量所代表的是风险转移时的质量和重(数)量，至于风险转移后，货物在运输途中所发生的货损，买方仍然有权向有关责任方提出索赔。

2. 在进口国检验

即货物运抵目的港(地)卸货后检验，或在买方营业处所以及最终用户所在地检验。

1)目的港(地)卸货后检验

货到目的港(地)卸货后,由双方约定的目的港(地)商检机构验货,并出具品质、重量(或数量)检验证明作为最后依据,这叫做"到岸品质、到岸重量(landing quality and weight as final)"。如检验证书证明货物与合同规定不符合系属卖方责任,卖方应予负责。

2)买方营业处所及最终用户所在地检验

这一做法是将检验延伸和推迟至货物运抵至买方营业所以及最终用户的所在地后的一定时间进行,并以双方约定的该地的检验机构所出具的检验证书作为决定交货品质和数量的依据。这种做法主要适用于那些采用密封包装、比较精密复杂的商品,在使用前不宜拆包检验,或者因为需要安装调试,可以将检验推迟到用户所在地进行。

3. 在出口国检验、在进口国复验

出口国装运港商检机构验货后出具的检验证明作为卖方向银行议付货款的单据之一,而不作为最后依据。货到目的港后由双方约定的检验机构在规定的时间内复验,如发现货物的品质、重量(数量)与合同规定不符而责任属于卖方时,买方可根据检验机构出具的复验证明,向卖方提出异议,并作为索赔的依据。

4. 装运港(地)检验重量,目的港(地)检验质量

这种检验方法是指交货重量以装运港买卖双方约定的检验机构检验货物后所出具的重量检验证明为最后依据,交货品质以目的港双方约定的检验机构检验货物后所出具的品质检验证书为最后依据,习惯上称为离岸重量、到岸品质(shipping weight, landed quality)。这种做法多用于大宗商品交易的检验中,以调和买卖双方在商品检验问题中存在的矛盾。

以上四种做法各有特点,前两种是以当事人中的一方所提供的检验证书为准,而第三种做法对买卖双方来说,比较方便且公平合理。它既承认卖方所提供的检验证书是有效的文件,作为交接货物和结算货款的依据之一,又赋予买方复验权。这种做法在国际贸易中已为大多数当事人所接受,因而已成为一条公认的原则,即除非合同另有规定,买方有权在货物到达目的港或目的地后复验,如复验证明在货物的风险转移到买方时已存在任何不符合同规定的情形,卖方应负责任。第四种做法主要为了避免、调和买卖双方在商品检验中存在的矛盾,同时也体现了一定的合理性。

(二)检验机构

商品检验工作,一般是由专业性的检验部门或检验企业来办理。国际贸易中从事商品检验的机构,大致可分为官方、半官方和非官方三种。官方的检验机构是指由国家或地方政府投资,并按照国家有关法令对特定商品实施检验的机构,如美国的动植物检验署(Animal and Plant Health Inspection Service,APHIS)、食品与药品管理局(Food and Drug Administration,FDA),前苏联的出口商品检验局,法国国家实验检测中心,日本通商产业检查所等;半官方的检验机构是指一些有一定权威的,由国家政府授权、代表政府行使某项商品检验或某一方面检验管理工作的民间机构,它们具

有公证机构的法律地位。比较著名的有瑞士日内瓦通用鉴定公司(Societe Generale de Surveillance S. A.，SGS)、美国担保人实验室(Underwriters Laboratory，UL)等。美国的"担保人实验室"是由美国几家保险公司于1894年创办的，属于民间组织，后来从保险公司中独立出来，接受政府委托，负责进出口商品的安全检查，它不仅是美国，也是全世界公认的安全测试机构。根据美国政府规定，凡与安全有关商品(如电器、药品等)均需担保人实验室的检验，并取得"UL"标志，方可进口，在美国市场销售；非官方的检验机构是由私人或同业公会、协会投资设立的，具有专业检验鉴定技术能力的公证行或检验公司。

在实际交易中，究竟选用上述哪种检验机构，取决于各国的规章制度、商品性质以及交易条件等。检验机构的选定，一般是与检验的时间和地点联系在一起的。在出口国工厂或装运港检验时，一般由出口国的检验机构检验。此外，根据成交商品的不同，双方也可以约定由买方派人到供货的工厂或出口地检验，或由双方派人实行联合检验。

我国从事进出口商品检验的机构原是国家进出口商品检验局和设在全国各地的商检局。根据第九届全国人民代表大会第一次会议通过的国务院机构改革方案，由原国家进出口商品检验局、原卫生部卫生检疫局和原农业部动植物检疫局共同组建的国家出入境检验检疫局(China Entry and Exit Inspection and Quarantine Bureau，CIQ)，已于1998年7月正式成立并开始实施国家赋予的职能。

按照机构改革方案，由原卫生部承担的国境卫生检疫及进口食品卫生监督检验职能，由原农业部承担的进出境动植物检疫职能和由原国家进出口商品检验局承担的进出口商品的检验、鉴定、监管职能，统一交给国家出入境检验检疫局承担。国家出入境检验检疫局为主管出入境卫生检疫、动植物和商品检验的行政执法部门。其设在各地的出入境检验检疫机构管理其所辖地区内的出入境检验检疫工作。

2001年4月10日国家质量技术监督局和国家出入境检验检疫局合并，组建新的国家质量监督检验检疫总局(State Administration for Entry-Exit Inspection and Quarantine of People's Republic of China)，负责对进出口商品的质量技术监督和出入境检验检疫工作。1989年通过并实施的《商检法》以及1992年批准实施《中华人民共和国进出口商品检验法实施条例》(简称《商检法实施条例》)，标志着我国商检工作进入法治轨道。

根据我国《商检法》规定，商检机构的基本任务有三项：对进出口商品实施法定检验；办理进出口商品鉴定业务；对进出口商品的质量和检验工作实施监督管理。

(1)法定检验。商检机构按照国家的法律、行政法规的规定对进出口商品实施强制性的检验。国家规定：凡是属于法定检验的出口商品，未经检验合格，不准出口；属于法定检验的进口商品，未经检验者，不准销售、使用。《商检机构实施检验的进出口商品种类表》和其他法律法规规定了应该予以实施法定检验的商品种类。

(2)公证鉴定。应国际贸易关系人的申请，商检机构以公证人的身份，办理处于规定范围之内的进出口商品的检验鉴定业务，出具证明，作为当事人办理有关事务的有效凭证。当然，此类业务并不属于强制性检验。

(3)实施监督管理。是指商检机构通过行政管理手段,对进出口商品有关企业的检验部门和检验人员进行监督管理,评审生产企业的质量体系,抽查检验进出口商品等,这些都是我国商检机构对进出口商品执行检验把关的重要措施。

(三)检验证书

检验证书(inspection certificate)是指进出口商品经商检机构检验、鉴定后出具的证明文件,在交易中,经买卖双方同意,也可由出口商品的生产单位或进口商品的使用单位出具证明,该项证明也起检验证书的作用。常见的检验证书主要有:

(1)品质检验证书(inspection certificate of quality);

(2)重量检验证书(inspection certificate of weight);

(3)数量检验证书(inspection certificate of quantity);

(4)包装检验证书(inspection certificate of packing);

(5)兽医检验证书(veterinary inspection certificate);

(6)卫生检验证书(sanitary inspection certificate);

(7)消毒检验证书(disinfecting inspection certificate);

(8)熏蒸检验证书(inspection certificate of fumigation);

(9)温度检验证书(certificate of temperature);

(10)残损检验证书(inspection certificate of damaged cargo);

(11)船舱检验证书(inspection certificate on tank/hold);

(12)价值检验证书(certificate of value)。

在国际商品买卖业务中,卖方究竟提供何种证书,要根据成交商品的种类、性质、有关法律和贸易习惯以及政府的涉外经济贸易政策而定。因此,为了明确要求,分清责任,在检验条款中应订明所需证书的类别。

上述各种检验证书是针对不同商品的不同检验项目而出具的,它们所起的作用基本相同。一般说来,商品检验证书的作用主要有:

(1)货物通关的凭证。商品检验机构签发的检验证书,是对进出口商品实施法定检验国家的贸易商办理报关的必需证件,没有获得检验证书或检验不合格的商品,海关不予办理通关手续。另外,进口国有特别要求时,商品检验证书也可作为进口国海关准许有关商品进口的证件。

(2)海关计征关税的凭证。检验机构出具的数量和重量检验证书,是多数国家海关凭以计征从量关税的有效凭证;一般产地证书和价值检验证书,则是进口国海关对不同国家进口商品实行差别待遇、减税、免税及计征关税的有效凭证;进口商品的残损检验证书,还可以作为进口国海关退货的依据。

(3)出口商凭以议付货款的有效证件。在国际贸易业务中,贸易双方在签订的支付条款内都要规定卖方向银行议付货款时必须出具的各种单证,货物检验证书就是其中的一种有效证件。如果出口商在交货以后,不能按时提供符合合同(或信用证)要求的货物检验证书,议付银行有权拒收单据,有权拒付货款。

(4)贸易双方交接货物的依据。国际贸易的买卖双方,相距遥远,当面交接货物困难重重，因此，通常以双方在合同中约定的货物检验机构出具的检验证书作为双方交接货物的有效依据。如果双方约定在出口国进行检验，则出口商出具的工厂检验证书或装船前检验证书即可作为卖方交货的最后依据。

（5）计收货物运输费用的依据。检验机构出具的重量检验证书和货载衡量检验证书均可以作为承运人向托运人收取货物运输费用的有效依据。另外，这类检验证书还可以作为港口计算装卸量、仓租费的有效依据。

（6）索赔、仲裁及诉讼的凭证。在国际贸易中，当进口商发现进口货物的品质、重量、包装等条件与贸易合同或信用证不符时，可向检验机构提出申请，要求验货出证，并以此证的检验结果作为向有关贸易关系人（如承运人、保险人、出口商等）提出索赔的有效依据。另外，检验证书也是仲裁或诉讼时向仲裁庭或法庭举证的重要证据。

（四）检验标准和方法

根据我国法律，商检机构对进出口商品实施检验的标准是：

（1）法律、行政法规规定有强制性标准，或者其他必须执行的检验标准的，按照法律、行政法规规定的检验标准检验。

（2）法律、行政法规未规定有强制性标准或者其他必须执行的检验标准的，按照对外贸易合同约定的检验标准检验；凭样成交的，应当按照样品检验。

（3）法律、行政法规规定的强制性标准或者其他必须执行的检验标准，低于对外贸易合同约定的检验标准的，按照对外贸易合同约定的检验标准检验；凭样成交的，应当按照样品检验。

（4）法律、行政法规未规定有强制性标准或者其他必须执行的检验标准，对外贸易合同又未约定的检验标准或者约定检验标准不明确的，按照生产国标准、有关国际标准或者国家商检局指定的标准检验。

在实践中，商品检验的方法主要有感官检验、化学检验、物理检验、微生物检验等。有些商品，用不同的检验方法可能会得出不同的检验结果。为避免发生争议，必要时在合同中应对检验方法作出明确的规定。

三、国际货物买卖合同检验条款的规定

订立检验条款的目的在于确定商品的质量、数量（重量）和包装等是否符合贸易合同规定的要求，凭以验证卖方是否履行了合同规定的交货义务。如发现卖方所交货物与合同规定不符时，买方可以拒收货物、拒付货款或提出索赔要求。因此，在进出口贸易中，订好商品检验条款，做好进出口商品检验工作，对维护贸易双方权益，保证交易的顺利进行具有重大意义。

（一）出口合同检验条款的规定

在我国出口贸易中一般采用在出口国检验、进口国复验的办法。这种规定即货物在装船前，由我国口岸检验机构进行检验，并签发检验证书，作为我出口商向银行议付货款的凭证；货到目的港后允许进口商有复验权，并以目的港检验机构检验后出具的检验证明作为其索赔的依据。这种检验条款的具体规定如下：

"双方同意以装运港国家出入境检验检疫机构签发的品质和数量(重量)检验证书作为信用证项下议付所提交单据的一部分，买方有权对货物的品质、数量(重量)进行复验。复验费用由买方负担。如发现品质或数量(重量)与合同规定不符，买方有权向卖方索赔，并提交经卖方同意的公证机构出具的检验报告。索赔期限为货到目的港××天内。"

"It is mutually agreed that the Certificate of Quality and Weight (Quantity) issued by State Administration for Entry-Exit Inspection and Quarantine of People's Republic of China at the port of shipment shall be part of the documents to be presented for negotiation under the relevant weight (quantity) of the cargo. Should the quality and weight (quantity) be found not in conformity with that of the contract, the Buyer are entitled to lodge with the Seller a claim which should be supported by survey reports issued by a recognized surveyor approved by the Seller. The claim, if any, shall be lodged within ××days after arrival of the cargo at the port of destination."

(二)进口合同中的检验条款

进口合同检验条款的订立应在贯彻平等互利原则基础上，采取慎重的态度，力求在业务上做到明确、清楚，经济上避免承担损失。进口合同检验条款常见的规定方法是：

"双方同意以检验机构出具的品质及数量(重量)检验证书作为在信用证项下付款的单据之一，但货物品质及数量(重量)的检验按下列规定办理：

货物到达目的港××天内经国家出入境检验检疫机构复验，如发现品质及数量(重量)与本合同不符时，除属于保险公司或船公司责任外，买方可凭中国进出口商品检验局出具的检验证书，向卖方提出索赔或退货。所有因索赔或退货引起的一切费用(包括检验费)及损失，均由卖方承担。在此情况下，凡货物适于抽样者，买方可应卖方要求，将货物的样品寄交卖方。"

"It is mutually agreed that the Certificate of Quality and Quantity or Weight issued by surveyor shall be part of the documents for payment under the relevant L/C. However, the Inspection of quality and quantity or weight shall be made in accordance with the following：

In case quality, quality or weight of goods be founded not in conform with those stipulated in this contract after reinspection by State Administration for Entry-Exit Inspection and Quarantine of People's Republic of China within days after arrival of the goods at the port of destination, the buyers shall return the goods to or lodge claims against the sellers for compensation of losses upon the strength of Inspection Certificate issued by the said Bureau, with the exception of this claims for which the insures or the carriers are liable. All expenses (including insures fees) and losses arising from the return of the goods or claims should be borne by the sellers. In such case, the buyers may, if so requested, send a sample of the goods in question to the sellers, provided that the sampling is feasible. "

(三)订立检验条款应注意的问题

进出口合同的检验条款同合同的其他条款一样,也是不可缺少的重要条款。订立好检验条款有利于出口交货和进口到货的检验及验收工作的顺利进行。订立检验条款注意的事项包括以下三个方面:

(1)检验条款应与合同的其他条款相互衔接、协调一致,防止顾此失彼、相互矛盾的现象发生。进出口合同中所规定的货物品质、数量(重量)包装等项条款的具体内容是实施货物检验的重要依据,在订立这些条款的时候,必须考虑到检验工作的需要和可能,切忌互相脱节,自相矛盾。要保持条款间相互一致,不发生矛盾,尤其应把检验时间、地点的确定和贸易术语结合起来考虑。例如,出口合同按 CIF 贸易术语成交,这意味着卖方在装运港交货后,即可凭合同中规定的单据到银行议付货款,若在检验条款中规定"以到岸品质和重量由买方验货后付款",二者便产生了矛盾,也就是说检验条款的实质内容变更了合同的性质,合同已不具有合同的特点,成为名不符实的 CIF 合同。

(2)检验条款中应规定检验标准和方法,力争做到明确、具体,不能含糊其辞、模棱两可,以便于分清责任。商品检验标准就是据以衡量进出货物是否合格的依据。只有明确规定检验标准,才能具体实施检验,并据以出具公正的检验结果。国际贸易中的商品种类繁多,商品标准也五花八门,不同的标准有不同的内容和要求。在我国,商品标准有国家标准、部门标准(专业标准)和企业标准三级,国际上有国际标准。在这种情况下,必须在进出口合同中明确规定所采用的具体标准(如同为国家标准,应有不同年份之分),便于实施检验,分清责任。检验方法也是检验条款要明确规定的内容,同一商品用不同的方法进行检验,可以得出完全不同的结果,这就容易引起双方的争议和纠纷。为避免不必要的争议,最好在合同中明确所使用的检验方法。

(3)检验条款中要明确规定复验的期限、地点和机构。复验是指买方对到货有复验权。在买方享有复验权的情况下,卖方在装船前所进行检验取得的检验证书具有法律效力,但不具有最后效力,货到目的港(地)后,买方复验的结果,据以签发的检验证书才具有最后效力。因此,在买方有复验权时,必须在合同中明确规定复验期限、复验地点和机构,这有利于保障卖方的权益。复验期限,实际上就是索赔限期,错过复验期,买方就失去了索赔权。对于复验期长短的规定,应结合商品的特点和港口等因素综合确定,如农副产品,复验期限可短一些,机电仪表和成套设备的复验期限要长一些。复验地点的选择与复验期限有着密切的联系,地点选择不当,实际检验的时间就得不到保障。复验地点除非买卖双方另有规定,一般是在货物到达的目的地。如果目的地不是港口,而是内地,则检验地点应延展到货物的最终目的地。对于复验机构,贸易双方一般指定政治上对自己友好、业务能力强的检验或公证机构。

第二节　仲裁条件

在国际贸易中，贸易双方在履约过程中有可能发生争议，通常有四种解决方式：协商(consultation)、调解(conciliation)、仲裁和诉讼(litigation)。仲裁是国际贸易实践中应用最广泛的一种形式。贸易纠纷一般都是先进行友好协商解决，协商不成，再提请仲裁机构进行调解、裁决。

一、仲裁的含义与特点

1. 仲裁的含义

仲裁又称公断，是指买卖双方在争议发生之前或发生之后，签订书面协议，自愿将争议提交双方所同意的仲裁机构予以裁决(award)，以解决争议的一种方式。

2. 仲裁的特点

仲裁与诉讼方式相比，有以下显著特点：

(1)受理争议的仲裁机构是属于社会性民间团体所设立的组织，不是国家政权机关，不具有强制管辖权。对争议案件的受理，以当事人自愿为基础。

(2)当事人双方通过仲裁解决争议时，必先签订仲裁协议；双方均有在仲裁机构中推选仲裁员以裁定争议的自由。

(3)仲裁比诉讼的程序简单，处理问题比较迅速及时，而且费用也较为低廉。

(4)仲裁机构的裁决一般是终局性的，对双方当事人均有约束力。

二、仲裁协议的形式与作用

仲裁协议(arbitration agreement)是指买卖双方表示自愿将他们之间争议提交仲裁裁决的书面协议。

1. 仲裁协议的形式

仲裁协议一般要求以书面形式订立，主要有以下两种形式：

(1)仲裁条款(arbitration clause)。是由双方当事人在争议发生之前订立的，表示同意把将来可能发生的争议提交仲裁解决的协议。这种协议一般都已包含在合同内，作为合同的一项条款。

(2)提交仲裁的协议(submission)。是由双方当事人在争议发生之后订立的，表示同意把已经发生的争议交付仲裁的协议。

这两种仲裁协议的形式虽然不同，但其法律作用与效力是相同的。

2. 仲裁协议的作用

(1)排斥起诉权。仲裁协议约束双方当事人只能以仲裁方式解决争议，不得向法院起诉。

(2)排斥司法管辖权。各国法律一般规定，如果一方违背仲裁协议，自行向法院起诉，另一方可根据仲裁协议要求法院不予以受理，并将争议案件退交仲裁庭裁定。

（3）获取仲裁权并限定仲裁范围。仲裁协议是仲裁机构受理案件的依据，任何仲裁机构都无权受理无书面仲裁协议的案件。同时，仲裁机构（仲裁员）管辖权受到仲裁协议的严格控制，它只能对当事人在仲裁协议中约定的事项进行仲裁。

三、仲裁协议的内容

仲裁协议一般包括仲裁地点、仲裁机构、仲裁规则、仲裁裁决的效力以及仲裁费用的负担等内容。

1. 仲裁地点

仲裁地点与仲裁所适用的程序法以及合同所适用的实体法关系密切。仲裁地点不同，适用的法律可能不同，对买卖双方的权利、义务的解释就会有差别，其结果也会不同。仲裁地点的选择取决于当事人的谈判地位、合同的具体情况以及法律有无强制性规定等。一般来说，有三种规定仲裁地点的方法，即规定在当事人的所在国仲裁、规定在被诉方所在国仲裁、规定在双方同意的第三国仲裁。

2. 仲裁机构

国际贸易仲裁机构有两种组织形式。一种是常设的仲裁机构，即由双方当事人在仲裁协议中规定在此机构进行仲裁；另一种是临时仲裁机构，即直接由当事人双方共同指定仲裁员自行组成仲裁庭进行仲裁，案件处理完毕自动解散。目前，大约有95％的仲裁案件是在常设机构主持下进行仲裁的。由于我国大部分企业目前缺乏在国外应诉的能力，所以在进出口贸易中发生争议应力争在我国进行仲裁。

3. 仲裁规则

在买卖合同的仲裁条款中，应订明采用哪个国家（地区）和哪个仲裁机构的仲裁规则进行仲裁。不同国家的仲裁机构都有自己的仲裁程序规则。应注意的是，所采用的仲裁程序规则与仲裁地点并非绝对一致。按照国际仲裁的一般做法，原则上采用仲裁所在地的仲裁规则，但在法律上也允许根据双方当事人的约定，采用仲裁地点以外的其他国家（地区）仲裁机构的仲裁规则进行仲裁。

4. 仲裁裁决效力

仲裁裁决效力主要是指仲裁庭作出的裁决，对双方当事人是否具有约束力，是否为终局性的，能否向法院起诉要求变更裁决等问题。

在我国，凡由国际经济贸易仲裁委员会作出的裁决都是终局性的，对双方当事人都有约束力，必须依照执行，任何一方都不许向法院起诉要求变更。在其他国家，一般也不允许当事人对仲裁裁决不服而上诉法院。即使向法院提起诉讼，法院一般也只是审查程序，不审查实体，即只审查仲裁裁决在法律手续上是否完备，而不审查裁决本身是否正确。如果法院查出裁决在程序上有问题，才有权宣布裁决无效。目前，从国际仲裁的实践看，当事人不服裁决诉诸法院的只是一种例外而且仅限于有关程序和形式方面的问题，至于对裁决本身，是不得上诉的。由于仲裁的采用是以双方当事人的自愿为基础，因而对于仲裁裁决他们理应承认和执行。

5. 仲裁费用的负担

仲裁费用一般按争议总金额的百分之几计算，由败诉方承担或双方当事人按比例分担。

四、仲裁程序

1. 提出仲裁申请

申请书包括：①申诉人和被诉人的名称、地址；②申诉人所依据的仲裁协议；③申诉人的要求及所依据的事实和证据。

申诉人向仲裁委员会提交仲裁申请书时，应附其本人要求所依据的事实的证明文件，指定一名仲裁员，预缴一定数额的仲裁费。如果委托代理人办理仲裁事项或参与仲裁的，应提交书面委托书。

2. 组成仲裁庭

根据我国仲裁规则规定，申诉人和被诉人各自在仲裁委员会仲裁员名册中指定一名仲裁员，并由仲裁委员会主席指定一名仲裁员为首席仲裁员，共同组成仲裁庭审理案件；双方当事人亦可在仲裁员名册中共同指定或委托仲裁委员会主席指定一名仲裁员为独任仲裁员，成立仲裁庭，单独审理案件。

3. 审理案件

仲裁庭审理案件的形式有两种：一是不开庭审理。这种审理一般是经当事人申请，或由仲裁庭征得双方当事人同意，只依据书面文件进行审理并作出裁决。二是开庭审理。这种审理按照仲裁规则的规定，采取不公开审理，如果双方当事人要求公开进行审理时，由仲裁庭作出决定。

仲裁庭对案件的审理一般有四项内容：①开庭审理；②调解；③搜集证据；④保全措施的裁定。

4. 作出裁决

仲裁裁决必须于案件审理终结之日起 45 天内以书面形式作出，仲裁裁决除由于调解达成和解而作出的裁决书外，应说明裁决所依据的理由，并写明裁决是终局的，并作出裁决书的日期与地点，以及仲裁员的署名等。

五、仲裁裁决的承认与执行

仲裁裁决的承认与执行涉及一个国家的仲裁机构所作出的裁决要由另一个国家的当事人去执行的问题。由于有的仲裁机构未被赋予强制执行的权力，在此情况下，国外的当事人一方如拒不执行仲裁裁决，仲裁机构则无能为力。

为了解决在执行外国仲裁裁决问题上所产生的一些矛盾，国际间曾订有双边和多边的国际公约。联合国于 1958 年在纽约召开了国际商事仲裁会议，签订了《承认与执行外国仲裁裁决公约》，该公约强调两点：一是承认双方当事人所签订的仲裁协议有效；二是根据仲裁协议所作出的仲裁裁决，缔约国应承认其效力并有义务执行。我国1987年加入该公约，同时声明：

中华人民共和国只在互惠的基础上对在另一缔约国领土内作出的仲裁裁决的承认和执行适用该公约。

中华人民共和国只对根据中华人民共和国法律认定为属于契约性和非契约性商事法律关系所引起的争议适用该公约。

六、国际货物买卖合同中的仲裁条款

国际货物买卖合同中的仲裁条款一般采用以下两种形式规定：

(1)凡因执行本合同所发生的或与本合同有关的一切争议，双方应通过友好协商解决。协商不能解决的应提交仲裁，仲裁地点为被告户籍所在地。在中国，由中国国际经济贸易仲裁委员会上海分会根据该会仲裁规则进行仲裁。在____国(国名)则由____根据该组织的仲裁程序规则进行仲裁。仲裁裁决是终局的，对双方都有约束力。(All disputes arising from the execution of, or in connection with, this contract shall be settled amicably through friendly negotiation. In case no settlement can be reached through negotiation, the case shall then be submitted for arbitration. The location of arbitration shall be in the country where the defendant has his domicile. If in China, the arbitration shall be conducted by China International Economic and Trade Arbitration Commission (CIETAC) Shanghai Sub-commission in accordance with its Rules of Procedure. If in ____(country) the arbitration shall be conducted by ____ in accordance with its arbitral rules of procedure. The arbitral award is final and binding upon both parties.)

(2)凡因执行本合同所发生的或与本合同有关的一切争议，双方应通过友好协商解决。协商不能解决的应提交____(第三国名称)仲裁机构，根据该仲裁组织的仲裁程序规则进行仲裁。仲裁裁决是终局的，双方都有约束力。(All disputes arising from the execution of, or in connection with, this contract shall be settled amicably through friendly negotiation. In case no settlement can be reached through negotiation. The case shall be then submitted to ____(a third party), in accordance with its arbitral rules of procedure. The decision shall be accepted as final and binding upon both parties.)

第三节 不可抗力条件

一、不可抗力的含义与认定

1. 不可抗力的含义

不可抗力，又称人力不可抗拒，是指当事人在订立进出口合同时不能预见，而在合同订立后出现的无法避免或无力控制的偶然事件，以致不能履行合同或不能如期履行合同，这一结果并非是当事人一方的故意或过失所造成的。遭受不可抗力的一方，可以据此免除履行合同的责任或推迟履行合同，对方无权要求索赔。

不可抗力既是合同中的一项条款，也是一项法律原则。对此，国际贸易中不同的法律、法规等各有自己的规定。在英美法系中有"合同落空"原则的规定，其意思是说合同签订以后，不是由于当事人双方自身过失，而是由于事后发生了双方意想不到的根本性的不同情况，致使订约目的受到挫折，据此而未履行的合同义务，当事人得以免除责任。在大陆法系国家的法律中有"情势变迁"或"契约失效"原则的规定，其意思也是指不属于当事人的原因而发生了预想不到的变化，致使合同不可能再履行或对原来的法律效力需作相应的变更。

　2. 不可抗力的认定

一般来说，不可抗力通常可分为两种情况：一种是"自然力量"引起的不可抗力，如地震、暴风雨、水灾、火灾、雪灾、冰灾等；另一种是由"社会力量"引起的，如政府行为(政府禁令、征用、没收等)、社会异常行为(罢工、战争、骚乱等)、经济事件(金融危机、物价下跌等)。需要注意的是，在认定不可抗力时，一般应同时具备下面三个条件：意外事件必须发生在合同签订以后；不是因为合同当事人双方自身的过失或疏忽而导致的；意外事故是当事人双方所不能控制的，无能为力的。

二、国际货物买卖合同中的不可抗力条款

不可抗力条款是一种免责条款，可以免除由于不可抗力事件而造成的违约方的责任。一般国际货物买卖合同中不可抗力条款应该规定不可抗力事件的范围，发生事件后通知对方的期限及方式，出具证明文件的机构以及不可抗力事件的后果等内容。

　1. 不可抗力事件的范围

在我国的进出口合同中对不可抗力范围的确定有三种方式：

(1)概括式。即在合同中不具体规定哪些事故属于不可抗力，而只是笼统地规定"由于不可抗力的原因"，至于具体内容和范围并未具体说明。这种方法含义模糊，解释伸缩性大，不宜采用。

(2)列举式。即在合同中详细列明不可抗力的范围，虽然具体明确，但难以一览无余，且可能出现遗漏情况，这样仍可能发生争执，因此，也不是最好的方法。

(3)综合式。合同中列明可能发生的不可抗力事故的同时，又加上"其他不可抗力的原因"的字句，这样就为双方当事人共同确定未列明的意外事故是否构成不可抗力提供了依据。因此，这种规定方法既具体明确，又有一定的灵活性，比较科学实用，在我国进出口合同中多采用这一种。

　2. 不可抗力事件发生后通知对方的期限和方式

按照国际惯例，当发生不可抗力事故影响合同履行时，当事人必须及时通知对方，对方亦应于接到通知后及时答复，如有异议也应及时提出。尽管如此，买卖双方为明确责任起见，一般在不可抗力条款中还规定一方发生事故后通知对方的期限和方式。

例如："一方遭受不可抗力事故以后，应以电报通知对方，并应在 15 天内以航空挂号信提供事故的详情及影响合同履行程度的证明文件。"

3. 不可抗力事件的出证机构

在国际贸易中，当一方援引不可抗力条款要求免责时，都必须向对方提交一定机构出具的证明文件，作为发生不可抗力的证据。在国外，一般由当地的商会或合法的公证机构或政府主管部门出具。在我国，由中国国际贸易促进委员会或其设在口岸的分会出具。

4. 不可抗力的后果

不可抗力事故所引起的后果有两种，即解除合同或是延期履行合同。具体是何种后果，要根据发生的事故的原因、性质、规模及对履行合同所产生的影响程度而定，并明确地在合同中进行规定。

不可抗力条款举例："如因战争、火灾、地震、水灾、暴风雨等其他不可抗力的原因，致使卖方不能部分或全部装运或延迟装运，卖方对此均不负责，但卖方须用电报（电传）通知买方，并以航空信件向后者提出由中国国际贸易促进委员会出具证明该事件的证书。"（If the shipment of the contracted goods is prevented or delayed in whole or in part by reason of war, fire, earthquake, flood, fire, storm or other cause of force majeure, the sellers shall not be liable for the contract. however, the sellers shall notify the buyers by cable (or telex) and furnish the latter by registered air-mail with a certificate issued by the China Council for the Promotion of International Trade attesting such event or events.)

第四节　索赔条件

国际货物的买卖合同确定了买卖双方的权利和义务，如果任何一方不履行或没有完全履行合同中规定的义务，而且直接或间接地给对方造成了损失，就可能引起争议，受损的一方会向违约方提出索赔要求，违约方要承担法律上的责任。

一、索赔和理赔的含义

索赔(claim)，在法律上是指"主张权利"。在进出口交易中是指受损的一方根据合同或法律规定向违约的一方提出赔偿要求。而违约的一方对索赔进行处理，即为理赔(claim settlement)。索赔和理赔是一个问题的两个方面。对受损方而言，称做索赔；对违约方而言，称做理赔。

二、索赔产生的原因及违约的处理

1. 索赔产生的原因

(1)卖方违约。卖方违约的常见形式有不履行交货义务，不按时交货，或不按合同规定的品质、数量、包装等条件交货，或提供的单证与合同和信用证规定不符。

(2)买方违约。买方违约的常见形式有不按时开立信用证，不按时付款赎单，无理拒收货物，或在买方负责运输的情况下(按 FOB 条件成交)，不按时派船或签订运输合同等。

(3)买卖双方均有违约责任。例如，合同是否成立，双方国家法律规定和惯例解释不同；合同条款规定不明确，致使双方解释不一致，造成一方违约，引起纠纷。

在所有索赔产生的原因中，尤以品质、数量不符，不交货、延迟交货以及不付款引起的索赔最为常见。在国际贸易中，任何一方违反合同，一般来说，即构成违约，违约的一方就要承担赔偿的责任，另一方有权提出索赔的要求，直至解除合同。

2. 违约的处理

违约(breach of contract)指任何一方当事人如不履行合同中规定的义务或履行合同中的义务不符合约定的条件均构成违约。对违约的处理各国法律规定不尽一致，概括起来有三种方法：要求实际履行；损害赔偿；解除合同。其中损害赔偿是处理违约的一种最常见的补救措施。按照世界上大多数国家法律和惯例的一般规定，在采取其他违约补救措施时，都不影响受损害的一方向违约方提出索赔的权利。但受损害的一方提出损害赔偿时可否同时要求解除合同，则要视违约的具体情况而定。

三、国际货物买卖合同中的索赔条款

国际货物买卖合同的索赔条款有两种规定方式：一是异议和索赔条款；另一个是罚金条款。一般说来，在国际货物买卖合同中多数只订异议和索赔条款，只有在大宗商品和机械设备一类商品的进出口合同中，除订明异议和索赔条款外，还另订罚金条款。

(一)异议和索赔条款

国际货物买卖合同中异议和索赔条款(discrepancy and claim clause)的内容一般包括以下内容。

1. 索赔依据

索赔依据是指索赔时应提供的证据及出证机构。若证据不全、不清，出证机构不符合要求，都可能遭到对方拒绝。索赔依据包括法律依据和事实依据，两者缺一不可。法律依据是指合同和法律规定，当事人在对违约事实提出索赔时，不论是索赔时间、对违约事实的举证，还是要求赔偿的办法或金额以及据以提出索赔的法律依据，都必须符合有关国家法律的规定。否则，即使违约事实确实存在，也可能功亏一篑。事实依据是指违约的事实、情节及其证据。各国的法律要求当事人在提出索赔时，必须提供充分的证据。事实根据是提出索赔要求的客观基础。但具体到每一笔交易，应该提出什么证据才能满足索赔要求，则要由双方在合同中予以明确，这里包括提出证据的名称、种类以及对出证机关的要求。例如，对于品质索赔，通常要求提供缔约双方约定的或合同指定的检验机构签发的商检证书作为证明。在事实依据中，除了提供证明违约事实存在的证据外，还包括提供证明受害方遭受损失的程度和索赔金额的依据，对此，合同也可作具体规定。

2. 索赔期限

索赔期限是指索赔方向违约方提出索赔的有效时限。按照国际贸易习惯，合同当事人就对方违约提出的索赔，都必须在一定期限内进行，逾期提出，对方有权拒绝受理。索赔期限的规定方法有两种，即法定索赔期和约定索赔期。法定索赔期是指合同适用的法律所规定的期限。法定索赔期一般比较长。例如，《公约》规定的索赔期为自买方实际收到货物之日起2年内。我国《合同法》第129条规定："因国际货物买卖合同和技术进出口合同争议提起诉讼或者申请仲裁的期限为4年，自当事人知道或者应当知道其权利受到侵犯之日起计算。"法定索赔期只有在合同中未规定索赔期时才起作用。约定索赔期是指买卖双方在合同中规定的期限，是买卖双方根据货物的性质、运输、检验的烦琐等情况通过磋商在合同中规定的。除一些性能特殊的商品（如机器设备等）外，一般索赔期限不宜过长，以免使卖方承担过重的责任，也不宜规定得太短，以免使买方无法行使索赔权。

在规定索赔期时，应对索赔期限的起算时间作出具体规定，起算方法通常有以下四种：

(1)货物到达目的港后××天起算；

(2)货物到达目的港卸离海轮后××天起算；

(3)货物到达买方营业场所或用户所在地后××天起算；

(4)货物经检验后××天起算。

3. 处理索赔的办法

合同的签订和履行是一个复杂的过程，涉及许多环节。所以在实践中，索赔可能发生在许多不同的环节上，可供选择的索赔要求也是多种多样的。要在合同中把它全盘列入，确有困难。所以有的合同就采取分列的办法，在每一项重要条款中，都明确规定如果一方未能履行约定义务时所应承担的法律责任和赔偿办法。有的合同则另列索赔条款，规定处理原则和办法。有的合同则不列索赔条款，在其他条款中也不规定违约的处理办法。事实上，对于索赔条款，买卖双方在合同中完全可以根据共同的意愿予以订入或不订入。但是，不管合同有否规定，一旦发生违约，受害方都有权根据法律，主张适当的索赔，任何一方都不得以合同未作出明确规定而拒绝理赔。

索赔条款举例："买方对于装运货物的任何索赔，必须于货到提单所订目的地××天内提出，并须经卖方同意的公证机构出具检验报告。"(Any claim by the buyers regarding the goods shipped shall be filed within ××days after the arrival of the goods at the port of destination specified in the relative bill of lading and supported by a survey report issued by a surveyor approved by the sellers.)

(二)罚金条款

罚金条款(penalty clause)亦称违约金条款或罚则，是指在合同中规定，如由一方未履约或未完成履约，其应向对方支付一定数额的约定罚金，以弥补对方的损失。罚金就其性质而言是违约金。

　　罚金条款一般适用于卖方拖延交货、买方拖延接货和延迟开立信用证等情况。罚金的大小应视延误的时间长短而定，并规定最高的罚款金额，违约方被罚后仍须履行合同。否则，除罚金外，还要承担由于不能履约而造成的各种损失。例如，有的合同规定：如卖方不能如期交货，每延误 7 天买方应收取货价的 0.5% 的罚金，不足 7 天者按 7 天计算，最多罚金不得超过货物的总金额的 5%。延期超过 10 周者，对方除收取罚金外，还可解除合同和向对方提出索赔。

　　关于罚金起算日期的计算方法，应在买卖合同中订明。罚金的起算日期有两种计算方法：一种是以合同规定的交货期或开证期终止后立即起算；另一种是规定优惠期，即在合同规定的有关期限终止后再宽限一段时间，在优惠期内免于罚款，待优惠期届满后再起算罚金。

　　关于合同中的罚金条款，各国法律规定有所不同。法国、德国等大多数国家的法律都是予以承认和保护的。认为罚金是对违约方的惩罚，罚金的支付，并不能因此解除违约方继续履行合同的义务。但是，英美等国家的法律不承认这种带惩罚性的条款。英国法律将合同中订有固定赔偿金额的条款分为预定的损害赔偿金额和罚款两项，前者是指双方当事人在订立合同时，根据估计可能发生违约所造成的损失来确定的；后者是指双方当事人为了保证合同的履行，对违约方征收的罚金。但英国法院只承认前者而不承认后者。至于合同当事人事先约定的在违约时应支付的金额，全凭法院根据具体案情作出其认为适当的解释，不在于合同采用什么措词。一般来说，如果是双方当事人在订约时考虑到补偿违约可能引起的损失，法院会认为这是预先约定的损害赔偿金额，如果规定金额过高，大大超出违约可能引起的损失，或者带有威胁的性质，目的在于对违约方加以惩罚，法院则会认为这是罚款。如确定为损害赔偿金额，则当一方违约时，另一方有权取得这一规定的金额；如确定为罚款，受损方只能按通常办法，就其实际遭受的损失请求损害赔偿。

　　根据《合同法》规定："当事人可以约定一方违约时应根据违约情况向对方支付一定数额的违约金，也可以约定因违约产生的损失赔偿额的计算方法。约定的违约金低于造成的损失的，当事人可以请求人民法院或者仲裁机构予以适当增加；约定的违约金过分高于造成的损失的，当事人可以请求人民法院或者仲裁机构予以适当减少。当事人就迟延履行约定违约金的，违约方支付违约金后，还应当履行债务。"

四、索赔与理赔应注意的问题

1. 我方向对方索赔应注意的问题

　　(1)注重实际，查明责任。应根据公平合理、实事求是的原则，查明是否对方确实违约，使我遭受损失，如确属对方责任，则可向对方提出索赔；如是船运公司或保险人的责任，则应向船运公司或保险人索赔。提出索赔时，要认真做好索赔方案。

　　(2)遵守索赔期限。必须在合同规定的期限内提出索赔，合同未规定索赔期限的，则按有关法律规定的期限办理。《公约》第39条第2款规定："如果买方不在实际收到货物之日起两年内将货物的不符合合同的情形通知卖方，他就丧失声称货物不符合合同的权利。"

（3）正确确定索赔项目和金额。提出的索赔金额一定要有根据，如合同预先规定有约定的损害赔偿的金额，应按约定的金额提出索赔；如预先未约定损害赔偿的金额，则应根据实际损失情况，确定适当的金额。例如，如卖方所交货物的品质、规格与合同规定不符时，可以要求卖方减价或换货；如果是退货或重换，则应包括所退换货物的运费、仓储费、保险费及重新包装费；如果卖方委托整修时，要合理计算使用材料费和加工费。

（4）备齐索赔所需单证。索赔证件不齐，对方可以拒赔。索赔证件一般包括提单、发票、保险单、装箱单、磅码单、商检机构出具的货损检验证书或由船长签署的短缺残损证明以及索赔清单，并列明索赔的根据和索赔金额。

2. 我方理赔应注意的问题

（1）要认真研究分析对方所提索赔理由是否充足，情况是否属实，是否确因我方违约而使对方遭受损失，是否符合合同规定或法律规定，如属逾期才提出的索赔，我方可以不予受理。

（2）审核对方所提出的索赔证件和有关文件，如出证机构是否符合要求，检验标准和检验方法是否符合双方规定，单证是否齐全、清楚、有无夸大损失等。

（3）合理确定赔付办法，如确属我方责任，应公平合理、实事求是地研究提出理赔方案，与对方协商确定。赔付办法，可以采取赔付部分货物、退货、换货、补货、修整、赔付一定金额、对索赔货物给予价格折扣或按残损货物百分比对全部货物降价等办法处理。

▶ 案例分析

1. 中国A公司与意大利B公司签订了一份由A向B出售100桶盐渍蘑菇的合同，分两批交货，总价10万美元，价格条件为CIF热那亚。合同规定：索赔期为到货后一个星期，合同成立后买方应在一个月内交付1万美元定金，卖方发货后，定金作为货款，卖方不交货应双倍返还定金。第一批货物50桶，卖方按期装运了货物。但是，货物延期一个星期到港，买方收到卖方寄来的清洁提单提货，经买方自己检验发现，50桶货物有5桶缺重共80千克（每桶应为50千克）。第二批货物到港后，经详细开箱检验发现因盐度不够，每桶蘑菇都有腐烂变质现象，买方出具了由检验机构签发的商检证明。双方因索赔不成请求仲裁，买方要求卖方：①赔偿第一批货物短重的损失1000美元；②赔偿第一批货物因延迟到港的罚金500美元；③第二批货物退回，赔偿买方因此遭受的利润损失2000美元，同时应双倍返还这批货物定金20 000美元。

问题：分析该案应如何处理？

2. 中国某省A外贸公司与法国B商签订一份销售布鞋的合同，合同规定交货期为2007年7月1日。交货期到后，A公司称工厂仓库无货，不能按期交货。理由如下：①本年3月份工厂因资金周转困难，未购买制鞋原料；②本年7月份，因洪水影响生产。

　　问题：A 公司不能按期交货是否应承担责任？

　　3. 某年某月中国某地粮油进出口公司 A 与欧洲某国一商业机构 B 签订出口大米若干吨的合同。该合同规定：规格为水分最高 20％，杂质最高为 1％，以中国商品检验局的检验证明为最后依据。单价为每公吨××美元，FOB 中国某港口，麻袋装，每袋净重××公斤，买方须于×年×月派船只接运货物。B 并没有按期派船前来接运，其一直延误了数月才派船来华接货，当大米运到目的地后，买方 B 发现大米生虫。于是委托当地检验机构进行了检验，并签发了虫害证明，买方 B 据此向卖方 A 提出索赔20％货款的损失赔偿。当 A 接到对方的索赔后，不仅拒赔，而且要求对方 B 支付延误时期 A 方支付的大米仓储保管费及其他费用。另外，保存在中国商品检验局的检验货样至争议发生后仍然完好，未生虫害。

　　问题：

　　(1)A 要求 B 支付延误时期的大米仓储保管费及其他费用能否成立？为什么？

　　(2)B 的索赔要求能否成立？为什么？

　　4. 甲公司向乙公司订购一批食糖，合同规定："如发生政府干预行为，合同应予延长，以至撤销。"签约后，因乙公司所在国连遭干旱，甘蔗严重歉收，政府则颁布禁令，不准食糖出口，致使乙公司在约定的装运期内不能履行合同，乙公司便以发生不可抗力事件为由要求延长履约期限或解除合同，甲公司拒不同意乙公司的要求，并就此提出索赔。

　　问题：甲公司的索赔请求是否合理？并具体说明。

第七章

国际货物买卖合同的履行

在国际贸易中，买卖合同一经依法有效成立，有关当事人必须履行合同规定的义务。卖方的基本义务是按照合同规定交付货物，移交一切与货物有关的单据和转移货物的所有权；买方的基本义务是按照合同规定支付货款和收取货物。所以，履行合同是双方当事人共同的责任。

第一节　出口合同的履行

在我国出口业务中，除大宗交易偶尔使用 FOB 贸易术语外，多数交易是按照 CIF 或 CFR 价格条件成交，并采用信用证方式结汇。因此，在履行出口合同时，要做好备货、催证、审证、改证、租船订舱、报验、报关、保险、装船、制单结汇和索赔等多个环节的工作。

一、备货

备货工作是指卖方根据出口合同的规定，按时、按质、按量地准备好应交的货物，并做好申请报验和领证工作。

1. 备货的业务内容

备货是进出口公司根据合同和信用证规定向生产加工及仓储部门下达联系单，要求有关部门按联系单的要求，对应交的货物进行清点、加工整理、刷制运输标志以及办理报验和申领出口许可证，然后由进出口公司对货物进行核实、验收。

2. 备货应注意的问题

(1)货物的品质、规格与合同规定相符。

(2)货物的数量应满足合同和信用证的要求并适当留有余地。

(3)货物的包装要与信用证规定相符，并做到保护商品和适应运输的要求。

(4)货物的运输标志设计要清楚醒目，应按合同规定的式样刷制。

(5)备货时间应根据信用证规定，结合船期安排，以利于船货衔接。

（6）所备货物必须是第三方不能提出任何权利和主张的货物（如抵押品、涉及留置权的货物等），并不得侵犯第三方的工业产权或其他知识产权。

二、落实信用证

在凭信用证支付的交易中，落实信用证是履行出口合同不可缺少的重要环节。它通常包括催证、审证和改证三项内容。

1. 催证

催证是指由出口方通知或催促进口方及时开出信用证，以便出口方如期备货装运。一般情况下，进口方最少在货物装运期前 30 天应将信用证开到出口方手中。在以下情况下，出口方需要催证：

（1）合同规定的装运期距合同签订日较长，或合同规定国外买方应在装运前的一定时间内开证。

（2）出口方备货完毕，在征得国外进口方同意后，提前交货，可催请对方早日开证。

（3）出现进口方因资金困难无力交纳押金，或由于当地市价下跌等原因故意拖延开证现象，此时出口方应催促对方迅速开证。

2. 审证

从理论上说，进口商依据合同申请开立信用证，受益人收到的信用证的内容应与买卖合同相一致。但在实务中，经常出现信用证内容并不完全符合合同规定。原因很多，有的是开证申请人或开证行的工作疏忽和差错，有的是进口国家的习惯做法，有的是不了解我国政策，有的是故意设陷阱。

审核信用证是银行与出口企业的共同责任，但各有分工侧重。银行着重审核有关开证行的资信、付款责任以及索汇路线等方面的条款和规定；出口企业着重审核信用证条款是否与合同规定相符。

3. 改证

对来证仔细审查后，若发现问题，应区别其性质，分别同银行、运输、保险、商检等部门研究，作出妥善处理。在未收到银行修改信用证通知前，切勿对外发货，以防我方工作被动和遭受经济损失。

三、租船或订舱

在 CIF 和 CFR 条件下，租船订舱是卖方的责任之一。如出口货物数量较大，需要整船载运的，则要对外办理租船手续；对于出口货物数量不大，不需要整船装运的，则安排洽订班轮或租订部分舱位运输。一般来说，订舱需要经过以下程序：

（1）各进出口公司填写托运单（booking note，B/N），作为订舱依据。承运人根据托运单内容，并结合船舶的航线挂靠港、船期和舱位等条件考虑，认为合适后，即接受托运，并在托运单上签章，留存一份，退回托运人一份。至此，订舱手续即告完成，运输合同即告成立。

（2）船公司或其代理人在接受托运人的托运单证后，即发给托运人装货单（shipping order，S/O）。装货单俗称下货纸，其作用有三：一是通知托运人货物已配妥××航次××船以及装货日期，让其备货装船；二是便于托运人向海关办理出口申报手续，海关凭以验放货物；三是作为命令船长接受该批货物装船的通知。

四、报验

凡属国家规定，或合同规定必须经进出口商品检验检疫机构检验出证的商品，在货物备齐后，应向商品检验检疫机构申请检验。只有取得商品检验检疫机构签发的合格检验证书，海关才准放行。凡检验不合格的货物，一律不得出口。

申请报验的手续是，凡需要法定检验出口的货物，应填制"出口报验申请单"，同时附上合同和信用证副本等有关凭据，向商品检验检疫机构办理申请报验手续。进出口公司应在检验证书规定的有效期内将货物运出。如超过有效期装运出口，应向商品检验检疫机构申请展期，并进行复检，合格后才能出口。

五、报关

海关对进出口货物的通关手续，包括接受申报、审核单证、查验货物、征税、结关放行等手续。

1. 出口申报及审核单证

出口货物的发货人或其代理人应在装货的 24 小时之前向运输工具所在地或出境地海关申报。报关时应向海关提交下列单证：一是出口货物报关单。报关单是海关对出口货物进行监管、查验、征税和统计的基本单据。目前使用的出口报关单有四种，即普通报关单（白色）、"来料加工、补偿贸易专用"报关单（浅绿色）、"进料加工专用"报关单（粉红色）和"出口退税专用"报关单（黄色）。适合于不同贸易方式和需要。二是出口许可证。经国家正式批准有出口经营权的单位，在其经营范围内，出口不实行许可证管理的商品，可免领出口许可证。如出口超出其经营范围的商品以及国家规定必须申领出口许可证的商品，应向海关交验出口许可证或国家规定的其他批准文件。三是装货单或运单。装货单是船公司或其代理签发给托运人的通知船方装货的凭证（非海运方式即为运单），海关查验放行后，在装货单或运单上加盖放行章发还给报关人凭以装运货物出口。四是商业发票（commercial invoice）。商业发票是海关审定完税价格的重要依据，因此发票必须载明货物的真实成交价格。五是装箱单（packing list）。装箱单是对发票内容的补充，说明货物的具体规格数量。六是出口收汇核销单（paper for verification of export earning），它是由外汇管理部门提供的单证，海关办妥结关手续后，在其上盖章，出口单位凭以向外汇管理部门结汇核销。另外，海关认为必要时应交验贸易合同、产地证和其他有关证明。

2. 查验货物和结关放行

海关以出口报关单为依据，在海关监管区域内对出口货物进行查验。报关单位应派人员在现场负责开箱装箱，协助海关完成查验工作。经查验合格，在报关单位照章办理纳税手续后，海关在装货单或运单上盖上关印，即为结关放行。

六、装运及发装运通知

目前，在我国，凡由我方安排运输的出口合同，对外装运货物、租订运输工具和办理具体有关运输的事项，外贸企业通常都委托中国对外贸易运输公司或其他经营外贸运输代理业务的企业办理。所以，在货、证备齐以后，出口企业应立即向外运机构办理托运手续。托运时除须缮制托运单据外，尚须附交与本批货物有关的各项证、单，如提货单、商业发票、出口货物明细单（装箱单）、出口货物报关单、出口收汇核销单等。有的商品还需提供出口许可证、配额许可证的海关联、商品检验合格证件等有关证书，以供海关核查放行之用。我出口企业向外运机构办理托运的工作步骤如下：一是查看船期表，填写出口货物托运单；二是由船公司或其代理人签发装货单；三是货物装船后，即由船长或大副签发收货单，即大副收据（mate's receipt）。收货单是船公司签发给托运人表明货物已装船的临时收据。托运人凭收货单向外轮代理公司交付运费并换取正式提单。收货单上如有大副批注，则在换取提单时，将该项批注转注在提单上。

货物装船完毕后，一般均应向买方发出装运通知。装运通知也叫装船通知，主要指的是出口商在货物装船后发给进口方的包括货物详细装运情况的通知。其目的在于让进口商做好筹措资金、付款和接货的准备，如成交条件为 FOB/FCA、CFR/CPT 等还需要向进口国保险公司发出该通知以便其为进口商办理货物保险手续，出口装船通知应按合同或信用证规定的时间发出，该通知副本（copy of telex/fax）常作为向银行交单议付的单据之一；在进口方派船接货的交易条件下，进口商为了使船、货衔接得当也会向出口方发出有关通知；通知以英文制作，无统一格式，内容一定要符合信用证的规定，一般只提供一份。

七、投保

我方出口合同，大多以 CIF 或 CIP 方式成交，由我方向保险公司投保。出口货物保险，采用逐笔投保方式。在完成托运手续取得配舱回单后，出口企业即可办理保险手续。

投保人先填制"运输险投保单"，内容包括投保人名称、货物名称、运输标志、船名或装运工具、装运地（港）、目的地（港）、开航日期、投保金额、投保险别、投保日期和赔款地点等。一式两份，一份由保险公司签署后交投保人作为接受投保的凭证；另一份由保险公司留存作为缮制保险单的依据。为简化手续，外贸公司也有将发票、出口货物明细单或出运货物分析单代替投保单，但仍须加注配舱回单的内容及投保险别和金额。

按 FOB、FCA、CFR、CPT 条件成交的，保险由买方办理，如卖方同意接受买方委托代办保险。应由买方承担费用和风险。投保手续同上。在信用证上应注明"保险费允许在信用证的额度以外超支"。

保险公司根据投保内容，签发保险单或保险凭证，并计算保险费，单证一式五份，其中一份留存，投保人付清保险费后取得四份正本，投保即告完成。

投保人在保险单证出具后，发现投保内容有错漏或需变更，应向保险公司及时提出批改申请，由保险公司出立批单，粘贴于保险单上并加盖骑缝章，保险公司按批改后条件承担责任。申请批改必须在货物发生损失以前，或投保人不知有任何损失事故发生的情况下，在货到目的地前提出。

八、制单结汇

货物运出后，出口公司应按信用证的要求整理和缮制各种单据，并在信用证规定的交单有效期内提交银行议付和结汇。

1. 主要结汇单据的制作

对结汇单据的制作，要求做到"正确、完整、及时、简明、整洁"。"正确"是指制作的单据要做到两个一致，即单证一致和单单一致；"完整"是指所提供的单据按照信用证规定要齐全，不得缺少；"及时"是指在信用证有效期和交单期内及时将单据送交银行议付；"简明"就是按信用证要求和国际惯例填写，不画蛇添足加列不必要的内容；"整洁"就是单据的布局要美观大方，缮写或打印的字迹要清楚，对改正的地方要加盖校对图章。

2. 单据瑕疵情况下出口商可采取的措施

（1）改正单据中的不符点，并在信用证规定的单据提交期限内作第二次交单。采用这种方法要注意两点：在被通知单证不符时，受益人应立即联系银行，尽早取回单据，修改全部不符点；修改后要尽快地向银行再次交单（最迟不晚于信用证规定的交单期限）。

（2）不修改不符点，选择如下措施进行结算：一是请求开证申请人即进口商批准。二是有保留付款，即受益人承认单据有瑕疵，如果寄出单据遭到开证行拒付，银行保留从受益人处索回已付金额的权利。三是表提，即议付行发现单证不符时，一般不先对受益人付款或作有保留付款，而是将所有不符点列在寄单信函上，征求开证行意见。多数情况下，开证行都会接洽申请人，询问申请是否接受不符点。若开证申请人接受不符点，开证行就答复中间行并准备付款。如果不接受不符点，开证行即退回单据，中间行则照样把单据退还受益人，若付了款，则可向受益人索回款项。四是电提，即议付行向开证行发电报或电传请求授权付款。五是采用信用证项下托收的方法。

3. 出口结汇的方法

在我国，信用证结算方式和托收方式项下的结汇有三种做法，即押汇、收妥结汇和定期结汇。

(1)押汇，又称买单结汇，是指议付行在审单无误情况下，按信用证条款买入受益人(进出口公司)的汇票和单据，从票面金额中扣除从议付日到估计收到票款之日的利息，将余款按议付日外汇牌价折成人民币，拨给外贸公司。

(2)收妥结汇，又称收妥付款，是指议付行收到进出口公司的出口单据后，经审查无误，将单据寄交国外付款行索取货款，待收到付款行将货款拨入议付行账户的贷记通知书时，议付行按当日外汇牌价将货款折成人民币拨给进出口公司。

(3)定期结汇，是议付行根据向国外付款行索偿所需要时间，预先确定一个固定的结汇期限，到期后主动将票款折成人民币交进出口公司。

九、出口收汇核销和出口退税

1. 出口收汇核销

所谓出口外汇核销，是指国家外汇管理部门根据国家外汇管理的要求，通过海关对出口货物的监管，对出口单位的收汇是否符合国家规定而进行监督的一种管理制度。对外贸易经营者在对外贸易经营活动中，应当依照国家外汇管理制度的要求结汇、用汇，银行对企业的收付汇实行结汇、售汇制。国家为保障银行结汇、售汇制度的执行，保证充分的外汇来源，满足用汇需要，在货物的进出口过程中，实行较为严格的收付汇核销制度。

2. 出口退税

为鼓励出口单位自主经营、自负盈亏，增强我国出口产品的竞争力，根据国际惯例，我国对出口产品实行退税制度。凡出口产品在国内生产和流通环节中已被征收产品税、增值税、营业税或特别消费税的，在该产品报关出口收汇以后，国家税务机关根据征税有关标准，向直接出口单位退回已征税款。

为加强出口退税管理，我国政府实行出口退税与出口收汇核销挂钩的政策，即出口单位在申请出口退税时，应向国家税务机关提交出口货物报关单、出口销售发票、出口购货发票、银行出具的结汇水单以及出口收汇核销单(出口退税专用联)，经国家税务机关审核无误后，才予以办理出口退税。

十、出口索赔

在履行出口合同过程中，如果买方违约，我方出口企业应根据不同对象、不同原因及损失大小向进口商索赔。索赔时应注意备齐索赔单证、分清责任归属，按照国际商法相应的法律条款及国际惯例，合理确定损失程度、金额及赔付办法。

第二节 进口合同的履行

在我国的进口业务中，大多数是按 FOB 价格条件成交的，支付条件大多数是使用信用证支付方式。采用 FOB 价格条件和信用证支付方式成交的进口合同，履行的一般程序为开立信用证、安排运输和保险、审单付款、报关报验、拨交和进口索赔等。

一、开立信用证

进口合同签订后，进口人应按合同规定填写开证申请书(application for letter of credit)向中国银行或其他经营外汇业务的银行办理申请开证手续。银行审查外汇有保证后，即可对外开证。

1. 信用证的开立程序

进口合同签订后，进口方应按合同规定填写开证申请书，向当地银行或其他经营外汇业务的银行办理申请开证手续。申请开证的一般程序如下。

(1)申请开证。开证申请书是开证申请人在申请开证时必须填制的文件，是开证银行对外开证的条件和依据。开证申请书一般包括两部分内容：一是开证申请人的承诺和付款保证，包括信用证的种类、开证方式、付款条件及保证、银行的权利和责任等，一般写在申请书的正面。二是开证内容，即银行凭以开证的依据，包括信用证的号码、有效期、失效地点、种类，有关当事人，单据要求，与合同相一致的具体条款，以及特殊声明与要求等，一般写在申请书的背面。

填制开证申请书的基本原则是按买卖双方签订的贸易合同的规定填制各项栏目，这是保证银行对外开立的信用证符合合同的前提。如果开证正确，可避免日后改证。

开证申请人填制好开证申请书后，附进口合同副本送交当地银行，正式要求银行按照开证申请书和进口合同的内容及要求对外开证。

(2)审核申请。开证行在接到进口企业的开证申请，应立即对开证申请书的内容及其与合同内容的关系、开证申请人的资信程度、经营能力、经营状况、外汇使用等方面的情况进行全面认真地审核，以确定是否接受开证申请人的开证申请。

(3)对外开证。如果开证银行经审核后同意接受开证申请，开证申请人即可按规定向开证银行提供担保，或交付符合规定的开证押金，作为开证的条件。其金额为信用证金额的百分之几到百分之几十，由银行根据开证申请人的资信情况而定。开证银行在取得担保或押金后，即可按开证申请书的内容和要求缮制信用证，并通过通知行交给受益人。当开证行开立信用证后，开证申请人须按规定支付一定金额的开证手续费，作为开证行经营业务的收入。

2. 申请开证时应注意的问题

买方按合同规定的时间向出口方开出符合要求的信用证是买方履行进口合同的基本义务之一。但是在实际业务中，由于合同规定开证时间有一定弹性，因此，如何合理掌握开证时间，成为一个问题。例如，一般合同都是通过规定最迟开证期限来规定开证时间的，在这种情况下，买方有能力控制和掌握具体的开证时间。开证时间不宜太早。开证时间早于合同规定的最迟开证时间，不但会增加开证费用，而且还会造成虚占进口用汇额度，不利于国家外汇的合理调配和充分运用。开证时间又不宜太迟。如果开证时间太迟，有可能由于传递等原因造成买方延期开证的后果。这样，买方因为未按合同规定时间开证将要承担违约责任。同时，有可能为日后出口方违约和免责（如延期装运或交货等）提供借口。在实际业务中，开证时间应严格按照合同规定掌握。如果信用证没有规定明确的开证日期，只规定了装运期，则买方应在合理时间内对外开证，一般应在合同规定的装运期前 30～45 天开证，以便出口方在收到信用证后有较宽裕的时间安排装运。

3. 信用证的修改

出口方收到信用证后，常提出修改信用证的请求，如延展装运期、延长信用证有效期、变更装运港等，对此我方应区别情况分别对待。

二、安排运输和投保

1. 租船订舱

租船订舱是安排运输的两种不同做法，租船指租整条船，订舱是预订班轮公司的舱位。按 FOB 价格条件成交的进口合同，租船、订舱工作是进口方应尽的义务。在我国，进口货物的租船、订舱工作一般由进口方委托外运公司办理。

进口方应在交货前一定时间内，向外运公司办理委托租船、订舱手续。手续办妥后，应按合同规定的期限将船名、船期等事项通知出口方，以便其安排备货装船。同时，进口方还应随时了解和掌握出口方备货、装船的准备情况，及时检查督促，必要时还须电催对方按时装运，以防止船货脱节或出现船等货的情况。

对于成交量大或重要商品，还可委托驻外机构就近了解，或派员前往出口地点检验监督，促使对方根据合同规定，按时、按质、按量履行交货义务。

货物装船后，出口方应按合同规定，及时向进口方发出装船通知，以便进口方投保和在目的港办理接货等手续。

2. 投保

FOB、CFR 或 FCA、CPT 交货条件下的进口合同，保险由买方办理。进口商（或收货人）在向保险公司办理进口运输货物保险时，有两种做法：一种是预约保险方式，另一种是逐笔投保方式。

1）预约保险

我国进口货物通常都采用预约保险方式。一般是由我外贸公司与中国人民保险公司签订海运、空运和邮运货物的预约保险合同（open policy），在预约保险合同中对进口货物应投保的险别、保险费率、适用的保险条款、保险费以及赔款的支付方法作明确的规定。

通常按照预约保险合同的规定，凡是属于预约保险单规定范围内的进口货物，一经装船，保险公司即负有自动承保的责任。对于海运进口货物，我外贸公司在接到国外出口商发来的装船通知后，据此编制"进口货物装船通知书"，提供给保险公司作为投保凭证，即完成了投保手续。一旦发生承保范围内的损失，由保险公司负责赔偿。对于空运或邮包运输的货物，也要根据预约保险合同的内容和保险范围，在收到国外装运通知后，编制"装运通知书"，并将装运通知书提交给保险公司，作为办妥保险手续的证明。

2）逐笔投保

逐笔投保方式是收货人在接到国外出口商发来的装船通知后，直接到保险公司填写投保单，办理投保手续。保险公司出具保险单，投保人缴付保险费后，保险单随即生效。

对进口货物的保险，无论是预约保险，还是逐笔投保，进口方都应及时办理投保手续，否则，货物于投保之前在运输途中发生损失，保险公司不负赔偿责任。

保险公司对海运货物的责任期限，一般是从货物在国外装运港装上海轮起生效，到卸货港转运单据载明的国内目的地收货人仓库为止。保险公司对货物在卸货港港口的责任，以货物卸离海轮后 60 天为限，如不能在此期限内转运，可向保险公司申请延期，延期最多为 60 天。应当注意的是，散装货物以及木材、粮食、化肥等一些货物，保险责任均至卸货港的仓库或场地终止，并以货物卸离海轮后 60 天为限，不实行国内转运期间保险责任的扩展。少数货物如新鲜果蔬、活牲畜于卸离海轮时，保险责任即告终止。

三、审单付款

1. 审单付款的做法

进口审单付款一般有两种做法：

（1）开证行审单付款。在信用证支付方式下，开证行承担第一性的付款责任，因此开证行收到出口地银行转来的全套单据后，即应根据 UCP600 的规定，遵循"单单一致、单证一致"的原则，对照信用证条款对单据详加审核，确定单据的种类及份数是否齐全，相关的各项内容如货名、品质、数量、单价、金额等是否正确。审核无误后，开证行不必事先征得开证申请人的同意，就可直接对外办理付款。

（2）开证行与进口方共同审单，然后对外付款。这种做法普遍使用，具体是：开证银行在收到国外寄来的单据后，只根据国外议付的寄单索偿通知书，对单据的种类、份数、汇票、发票及索偿通知书所列金额是否正确等内容进行审核；审核无误后，开证行即将全套单据送交进口方；进口方如果审核无误，即对开证行办理付款或承兑，开证行再根据国外议付索偿通知书的要求和信用证的有关规定，对外办理付款或承兑。

银行与进口方共同审单的做法主要基于开证行为了减少和避免日后发生纠纷。但值得注意的是，最后的决定权仍在开证行手里。在审单过程中，如果开证行发现"不符点"或议付行已在议付索偿通知书中列明"不符点"细节，转交开证申请人。如果进口企业在审单中发现了银行未审出的"不符点"，应以书面形式通知开证银行，并连同全套单据交开证银行复验。如果进口企业认为"不符点"的性质比较严重，并准备拒付，则应向开证行书面说明拒付的具体理由，由开证行审核确认。

根据 UCP600 的规定，上述两种做法，不论审单的结论如何，开证行及进口方总的审单时间，应掌握在开证行接到出口地银行转来单据的翌日起算的五个银行工作日之内。

2. 审单不符的处理

如果进口方在审单时发现"不符点"，应根据 UCP600 或国际银行业务惯例区别不同情况予以处理。一般来说，处理"不符点"的办法有以下几点：

(1)拒绝接受单据并拒付全部货款。在审单中如果发现单据的"不符点"的性质非常严重，对我方利益具有实质性损害，如单据不全或种类有误，货款金额有严重偏差，提单不清洁，或单据中的重要项目内容不符规定等，我方可以采取拒收单据、拒付全部货款的办法。

如果确定采用这种办法处理"不符点"，开证银行应在规定的七天之内向寄送单据的一方发出通知，并说明全部的"不符点"以及单据的去向。否则，开证行将不能宣称单据有"不符点"而拒收。

(2)部分付款，部分拒付。如果出口方提供的单据中含有"不符点"，但是性质又不是十分严重，按惯例也不宜拒付全部货款，我方可以采取部分付款，部分拒付的方法。采用这种方法处理"不符点"，应向对方说明理由。如果对方能够更改并最终符合规定的要求，我方应考虑支付剩余货款。

(3)货到经检验后付款。在我方不需要转让单据的情况下，如果审单过程中发现"不符点"，但其属于非实质性的，我方可以考虑通知银行，要求货到经检验后付款。如果货到了，经检验发现货物与合同规定完全相符，单据"不符点"属于制单疏忽所致，我方可以接受单据，考虑支付全部货款。但如果经检验证明货物与单据一致而与合同不一致，我方可以视具体情况予以拒付或扣款处理。这种方式尤其适用于我方进口的货物属于国内建设或生活中急需产品的情况。采取这种灵活的方法处理"不符点"对我方是非常有利的。

(4)凭担保付款。在"不符点"性质属一般，对我方利益不致造成明显损害的情况下，我方可以考虑接受出口方的担保，或国外议付行出具的担保对外付款。

(5)开证行对外付款，但保留追索权。按国际银行业务惯例，开证行一经对外付款后即不能行使追索权，如果开证申请人拒付，开证行将承担损失。但是，在进口审单遇"不符点"，且其性质尚属一般的情况下，开证行可以考虑在对方同意开证行保留追索权的前提下对外付款。这样，如遇开证申请人拒付，开证行可追回已付货款。

(6)更正单据后付款。如果审单中发现的"不符点"确属操作错误，而且时间和其他条件都具备，出口方要求更改单据，我方也可以接受。在这种情况下，我方应在收到更正的且符合规定要求的单据后再行对外办理付款手续。

四、报关和检验

1. 进口报关

根据《中华人民共和国海关法》的规定，进出口货物必须接受海关的监管，所谓进口报关，是指进口货物的收货人或他的代理人向海关交验有关单据，办理进口货物申报的法律行为。

1)进口报关的程序

进口报关的一般程序大致分为四个步骤：

一是收单审单。在这个阶段，报关人应填写进口货物报关单一式两份(一般贸易)，随附进口许可证、发票、装箱单等证件向海关报关。海关对报关单进行编号登记，批注申报日期，同时审核报关单证是否齐全、有效，内容是否清楚、正确。"进口货物报关单"和"进口许可证"在许多项目内容上和出口报关单及出口许可证相同或相似，在填写时，可以相互参照。

二是估价征税。在这个阶段，海关进行审价，并分类估价、核算到岸价格，依率计征，依法减免。估价征税计算好后，海关开出银行缴款书时，报关人应随时回答海关提出的问题，并按需要提供相关证件。

三是查验货物。报关人缴纳税款后，将银行缴款书的回执交海关，海关凭以验货。如果海关去监管区外验货应收取规费。报关人应随同验货关员同验货物，负责搬移、开箱，验毕封好，并随时提供海关需要的单证。如果是船边直提货物，海关应先验后税，即监督放行，后再补税。

四是签章放行。海关如果审核报关人已缴讫关税及规费，应附单证已核销，各项通关程序全部完成，经办人即在报关单及提单上加盖放行章，随附应发还的单证，交还报关人。报关人即可到海关监管仓库或场所提货。

2)进口报关应注意的问题

一是关于报关地点。一般情况下，进口货物应当由收货人或其代理人在货物的进境地海关办理海关手续。为了方便进口货物的收货人办理海关手续，经货物的收货人向海关申请，海关经审核后可以同意进口货物的收货人在设有海关的指运地办理报关手续，这种异地办理报关手续的进口货物，称为转关货物。

二是关于报关资格。海关规定，进出口货物要由海关准予注册的报关企业或者有权经营进出口业务的企业负责办理报关纳税手续。根据这一规定，报关权是海关授予企业向海关办理货物进出口手续的特有权利。经贸管理部门批准企业经营进出口业务，但不代表企业享有报关权。只有有权经营进出口业务的企业向海关申请并办理了报关注册登记手续后，才能获得报关权，取得报关资格。

三是关于进口报关时限。根据《中华人民共和国海关法》第18条规定，进口货物的报关期限为自运输工具申报进境之日起14日内，由收货人或其代理人向海关报关，超过这个期限报关的，由海关征收滞报金。海运、空运、陆运进口货物自运输工具申报进境之日起第15日开始，至报关单位向海关申办货物进口手续之日止。滞报金按日计收，日收额为进口到岸价格的0.5%，滞报金的起征点为人民币10元。

2. 报验

根据我国进出口商品检验的规定，凡列入《商检机构实施检验的进出口商品种类表》的进口商品和其他法律、行政法规规定须经商检机构检验的进口商品，必须经商品检验机构或者国家商检部门、商检机构指定的检验部门检验。进口商品未经检验的，不准销售、不准使用。因此，进口货物到港后，进口方应及时按规定报验。

1)进口报验的类型

进口报验大致有两种情况：一种是按国家规定的法定检验商品的进口报验。这种进口报验主要是判明进口商品的品名、品质规格、数量或重量、技术性能等是否符合我国进口商品的有关规定，是否符合进口合同中对商品具体规定的要求。另一种是进口货物残损或短缺鉴定。如果进口货物卸船后发现有货物残损或短缺，即应向商检部门申请报验，并凭商检机构经检验后出具的检验或鉴定证书，向国外有关责任方索赔。因此，这种报验可称为索赔报验。

2）进口报验的申请

申请进口商品检验时，报验人必须填写"进口商品检验申请单"。每份申请单只限填报一批商品，一般以同一贸易合同、同一国外发票、同一装运提单填写一份申请单。报验人除提供贸易合同、国外发票、装货清单、提单及进口货物通知书外，还须根据实际情况提供相关资料。

申请品质检验须附国外品质证书、使用说明书及有关标准和技术资料。如凭样成交的，加附成交小样。

申请残损鉴定须加附理货签证、残损或溢缺单、铁路商务记录、空运事故记录等有关证明残缺的单证。

进口商品经收货、用货单位自行验收或其他单位检验的还应加附详细验收记录、磅码单或检验结果单。对结合成分纯度或公量计价结算的进口商品，报验人在申请品质检验时，还应同时申请重量鉴定。

3）进口报验地点

按规定，报验地点一般应为检验地点。报验或检验地点应考虑进口商品的种类和性质，一般有以下四种情况：卸货港检验、使用地点检验、拆箱地点检验、装运前检验。

五、拨交和进口索赔

1. 拨交货物

经报关、验收后的进口货物，如订货或用货单位在卸货港所在地，则就近拨交货物；如不在卸货地区，则委托货运代理将货物转运内地并拨交给订货单位，并将进口关税和运往内地的费用，由货运代理向进口公司结算，进口公司再向订货部门结算。

2. 进口索赔

在进口业务中，进口商品常因品质、数量、包装等不符合合同规定，或者因为运输过程中的残损等需向有关方面提出索赔。索赔包括损失赔偿与权利要求两项。损失赔偿是针对国外客户交货品质不符合规定，装货数量短少，残损破漏以及运输途中发生短卸；权利要求是针对对方违约迟交的索赔。

▶ 案例分析

1. 中方某公司与意大利商人在 2003 年 10 月份按 CIF 条件签订了一份出口某商品的合同，支付方式为不可撤销即期信用证。意大利商人于 5 月通过银行开来信用证，经审核与合同相符，其中保险金额为发票金额的 110%。我方正在备货期间，意大利商人通过银行传递给我方一份信用证修改书，内容为将保险金额改为发票金额的 120%。

我方没有理睬，按原证规定投保、发货，并于货物装运后在信用证有效期内，向议付行议付货款。议付行议付货款后将全套单据寄开证行，开证行以保险单与信用证修改书不符为由拒付。

问题：开证行拒付是否有道理？为什么？

2. 我某公司与国外某客商订立一份农产品的出口合同，合同规定以不可撤销即期信用证为付款方式。买方在合同规定的时间内将信用证开抵通知银行，并经通知银行转交我公司，我出口公司审核后发现，信用证上有关装运期的规定与双方协商的不一致，为争取时间，尽快将信用证修改完毕，以便办理货物的装运，我方立即电告开证银行修改信用证，并要求开证银行修改完信用证后，直接将信用证修改通知书寄交我方。

问题：

(1)我方的做法可能会产生什么后果？

(2)正确的信用证修改渠道是怎样的？

3. 我某公司凭即期不可撤销信用证出口马达一批，合同规定装运期为 2003 年 8 月份。签约后，对方及时开来信用证，我方根据信用证的要求及时将货物装运出口。但在制作单据时，制单员将商业发票上的商品名称以信用证的规定缮制为："MACHINERY AND MILL WORKS，MOTORS"，而海运提单上仅填写了该商品的统称："MO-TORS"。

问题：付款行可否以此为由拒付货款？为什么？

4. 我某公司向国外出口某商品，L/C 中规定的装运期为 5 月份，交单期为 6 月 10 日前，L/C 的有效期为 6 月 25 日，该公司收到 L/C 后，及时准备货物，但因产品制作时间较长，货物于 5 月 27 日才全部赶制出来，装运后取得 5 月 29 日签发的提单。我方制作好单据于 6 月 8 日交单时，恰逢 6 月 8 日和 9 日是银行非营业日。

问题：我方最终能否从银行取得货款？为什么？

5. 2009 年我国 A 公司按 CIF 大连与德国 B 公司订立一份手工艺品的出口合同。A 公司收到的信用证单据条款规定："商业发票一式三份；全套(full set)清洁已装船提单，注明'运费预付'，做成指示抬头空白背书；保险单一式两份，根据中国人民保险(集团)公司 1981 年 1 月 1 日海洋运输货物保险条款投保一切险和战争险……"信用证内注明按 UCP600 办理。A 公司在信用证规定的装运期限内将货物装船，并在到期日前向议付行交单议付，议付行随即向开证行寄单索偿。开证行收到单据后来电表示拒绝付款，其理由是单证有下列不符：①商业发票上没有受益人的签字；②正本提单只出具一份，不符合全套要求；③保险单上的保险金额仅是发票金额，投保金额不足。

问题：开证行单证不符的理由是否成立？

6. 某进出口公司以 CIF 鹿特丹出口食品 1000 箱，即期信用证支付，货物装运后，凭已装船清洁提单和已投保一切险及战争险的保险单，向银行收受货款，货到目的港后经进口人复验发现下列情况：①该批货物共有 10 个货批号，抽查 20 箱，发现其中 2 个批号涉及 200 箱内含沙门氏细菌超过进口国标准；②收货人只实收 998 箱，短少 2 箱；③有 15 箱货物外表状况良好，但箱内货物短少 60 公斤。

问题：根据上述情况，进口方应分别向谁索赔？

7. 某外贸公司与荷兰进口商签订一份皮手套合同，价格条件为 CIF 鹿特丹，向中国人民保险公司投保一切险。生产厂家在生产的最后一道工序将皮手套的温度降低到了最低程度，然后用牛皮纸包装好装入双层瓦楞纸箱，再装入 20 尺集装箱，货物到达鹿特丹后，检验结果表明：全部货物湿、霉、玷污、变色损失价值达 8 万美元。据分析：该批货物的出口地不异常热，进口地鹿特丹不异常冷，运输途中无异常，完全属于正常运输。

问题：

(1)保险公司对该批损失是否赔偿？

(2)进口商对受损货物是否支付货款？

(3)你认为出口商应如何处理此事？

实务操作篇

第八章

国际货物贸易模拟操作

现代国际贸易活动对从业人员的知识结构、基本素质和实践能力，提出了更高的要求。国际货物贸易模拟操作是在仿真的国际贸易环境下，主要通过利用精心设计的实战案例组织教学，并辅以更多的业务训练，使学生熟知进出口贸易的各个环节，全面了解国际货物买卖的主要环节，系统、规范地掌握从事进出口贸易的主要操作技能，为更好地从事外经贸工作打好坚实的基础。

■ 操作一：与外商建立业务关系

【操作内容】

与外商建立业务关系是国际货物买卖的基础。建立业务关系的信函是从事国际贸易业务人员必须掌握的操作技能。与外商建立业务关系的操作内容是学生以出口公司业务员的身份给国外客户发一封建立业务关系的信函，要求内容完整、格式正确。所撰写的建交函应包括：公司介绍，产品介绍，向对方说明另寄商品目录和商品图片，表达与之建立业务关系的热切愿望。

【操作指南】

一、商务信函的撰写

(一)商务信函布局

现代商务信函的结构主要分两部分，即主体结构(principal parts)和附加结构(additional parts)。主体结构和附加结构各包括七项内容。其中，信头、日期、信内地址、称谓、正文、结尾谦称和签署属于商务信函的主体部分；编号、注意事项、事由、辨认标记、附件、抄送单位和附言为商务信函的附加结构。一般地，商务信函的内容应按以下次序撰写：

(1)信头(the letterhead)；

(2)日期(the date line)；

(3)编号(serial number);

(4)信内地址(the inside address);

(5)注意事项(the attention);

(6)称谓(the salutation);

(7)事由(the subject caption);

(8)正文(the body of the letter);

(9)结尾谦称(the complimentary close);

(10)签署(the signature);

(11)辨认标记(identification marks);

(12)附件(the enclosure);

(13)抄送单位(carbon copy);

(14)附言(the postscript)。

(二)商务信函格式

1. 缩行式

缩行式(indented style)的基本特点是：信头和封内地址每逢换行时，下一行比上一行往右缩进2~3个字母；段落开始行都从页面左边空白边缘往右缩进3~8个字母；段落之间要空1~2行。

2. 平头式

平头式(block style)又分为两种，即完全平头式和改良平头式。完全平头式的特点是：每一行字，包括日期、封内地址、标题和敬意结尾，都从左边的空白边缘打起。改良平头式的特点是：除日期，敬意结尾和签署部分以外，其余部分每行开头都与左边空白边缘看齐。

3. 混合式

混合式(semi-block style with indented paragraphs)兼有平头式和缩行式的特点，即除信函的正文采用缩行式，其他部分均采用平头式(包括封内地址及其他需要分行的部分)。

(三)商务信函格式实例

1. 平头式信函实例

平头式信函样式见8.1。

2. 改良平头式信函实例

改良平头式信函样式见8.2。

样式 **8.1** 平头式信函

Merriam，Webster & Company
Springfield，New York
U. S. A

March 5，2012

Our ref：
Your ref：

The Universal Trading Corp.
150 Wind Street
London E. C. 3
U. K.

Attention：Mr. Daniel Cooper

Gentlemen：

BLOCK FORM LETEER

_____
_____ .

_____
_____ .

_____
_____ .

Yours faithfully，

（Signature）
NM/HJ
Encl. _____
C. C. _____
P. S. _____

样式 8.2　改良平头式信函

Merriam，Webster & Company

Springfield，New York

U. S. A

March 5，2012

Our ref：

Your ref：

The Universal Trading Corp.

150 Wind Street

London E. C. 3

U. K.

Attention：Mr. Daniel Cooper

Gentlemen：

MODIFIED BLOCK FORM LETEER

_____

_____ .

_____

_____ .

_____

_____ .

Yours faithfully，

(Signature)

AP/js

Encl. _____

C. C. _____

P. S. _____

(四)商务信函的写作要求

商务信函的写作要求体现在以下七个方面：

(1)礼貌(courtesy)；

(2)体谅(consideration)；

(3)完整(completeness)；

(4)清楚(clarity)；

(5)简洁(conciseness)；

（6）正确（correctness）；

（7）具体（concreteness）。

二、建交函的撰写

（一）建交函的内容构成及写作时的常用句式

1. 说明信息来源

作为贸易商，可以有各种途径来了解客户资料，如通过驻外使馆商务参赞处、商会、商务办事处、银行或第三家公司的介绍；或在企业名录、各种传媒广告、互联网上寻得；或在某交易会、展览会上结识；甚至是在进行市场调查时获悉。说明信息来源（即如何获取对方的资料）的常用句式：

（1）We have learned from the Commercial Counselor's Office of our embassy in your country that you are interested in Chinese handicraft.

（2）We have obtained your name and address from alibaba. com.

（3）Our market survey shows that you are the largest importer of cases and bags in Egypt.

（4）We would like to thank you for your visit our booth and your interest in our products at the Cebit Fair held in Hanover last month. As required, we are now glad to send you our catalogue of cooling fans for your evaluation.

2. 言明发函的目的

一般说来，出口商主动联系进口商，总是以扩大交易地区及对象、建立长期业务关系、拓宽产品销路为目的。言明去函的目的常用句式：

（1）In order to expand our products into South America, we are writing to you to seek cooperate possibilities.

（2）We are writing to you to establish long-term trade relations with you.

（3）We wish to express our desire to enter into business relations with you.

3. 公司介绍

公司介绍包括对公司性质、业务范围、经营宗旨等基本情况的介绍以及对公司某些相对优势的介绍。例如，经验丰富，供货渠道稳定，有广泛的销售网等。

公司介绍的常用句式：

（1）We are a leading company with many years' experience in machinery export business.

（2）We enjoy a good reputation internationally in the circle of textile.

（3）A credible sales network has been set up and we have our regular clients from over 100 countries and regions worldwide.

4. 产品介绍

在这部分，可能会出现两种不同的产品介绍：在较明确对方需求时，应选取某类特定产品，进行具体的推荐性介绍；否则，只就公司经营产品的整体情况，如质量标准、价格水平、目前销路等，作较为笼统的介绍。当然，附上目录、报价单或另寄样品供对方参考也是公司经常采取的做法。产品介绍的常用句式：

（1）Art. No. 76 is our newly launched one with superb quality, fashionable design, and competitive price.

（2）We have a good variety of colors and sizes to meet different needs.

（3）From the brochure and price list enclosed, you will find we always try our best to protect buyer's interests by offering value-for-money prices.

（4）To give you a general idea of our products, we are enclosing our catalogue for your reference.

5. 激励性结尾

与其他商业促销信函一样，建交函在结尾部分，通常都会写上一两句希望对方给予回应或劝服对方立即采取行动的语句。激励性结尾的常用句式：

（1）We are looking forward to your specific inquiries.

（2）Your comments on our products or any information on your market demand will be really appreciated.

（二）建交函实例

1. 实例 1

FM：xlki1919@126. com

TO：white@kimd. com

Date：September 12, 2006

Subject：Having a Start

Dear Sirs,

We are glad to know from Global Sources that you are interested in fashion wallets and wallet sets, which are just in our lines. So we would like to take the opportunity to introduce our company to you and see if there is any possibility to do business with you.

With more than 20 years'experience in manufacturing and exporting various kinds of promotional products to USA and European markets. We possess very professional know-how especially in controlling the quality of logo printing. Since 1990, we have been operating with quite a few big OEMs such as Valentino, Forola, Bale, etc. We not only provide the most competitive prices with best quality, but also have the ability to help the customers to solve all of their problems happened during the design stage to the finish products.

Since there are more than 100 items for your choice, we would like to attach three pictures of our newest products：WL-012(wallet), WW-008(wallet and watch), and WM-014(Wallet and Makeup-case) for your reference. For more information, we sincerely invite you to visit our website：www. hrbminhua. cn to see if any item interests you. You are also welcome to E-mail us the image or specifications for the products you are buying now. The relevant quotation and sample will be sent upon request.

Thank you very much for kind attention to the above and look forward to hearing your comments or inquiry soon.

Yours faithfully,

Harbin Minhua Imp. & Exp. Co., Ltd.

2. 实例2

April 17th, 2012

FUJIDA TRADING CO., LTD

TOKYO FUJIDA BUILDING，11-2

FUJIDA 1-CHOME, CHIYODAKU

TOKYO 102，JAPAN

Dear Madam,

Thank you for your interest shown in our products during the 2011'International Fair，Geneva. It was a pity that we didn't have the chance to talk with you in detail at that time.

We are writing to you to introduce ourselves as one of the leading ceramics Imp. & Exp. companies in China and express our sincere wish to enter into business relations with you. Having handled this line of business for over 20 years，we now enjoy a high reputation among our clients the world over. Our commodities，ranging from tea and dinner sets to kitchenware，are carefully designed to cater to customers with different tastes.

Our 15pc. tea sets，in which you have shown special interests，have already met with warm welcome in other Japanese cities because it can not only be put to daily use but also be kept as collection. And we are confident that through our mutual efforts，they will find a steady demand in Tokyo.

Please consult the catalog sent by airmail，and we await your early inquiry with much interest.

Yours faithfully,

Harbin Meihua Imp. & Exp. Co., Ltd

操作二：出口报价核算

【操作内容】

出口报价核算是出口业务的关键，它直接关系到交易磋商的成败及贸易双方所获利益大小。业务人员只有掌握出口价格核算，才能保证所报价格的准确性和合理性。出口报价核算操作的内容是根据客户的询购要求及公司所给报价信息，核算公司拟出口商品的报价。

【操作指南】

一、出口商品价格的构成

出口商品价格由成本、费用和利润三大要素构成。了解出口价格的构成要素，掌握成本、费用、利润的含义和计算方法，对于准确地核算出口价格是十分重要的。

1. 成本

出口商品的成本(cost)包括生产成本、加工成本和采购成本三种类型。生产成本是指制造商生产某一产品所需的投入；加工成本是指企业对成品或半成品进行加工所需成本；采购成本是指贸易商向供应商采购商品的价格，亦称进货成本。对于从事出口业务的商人来说，需要了解的主要是采购成本。在出口价格中，成本占的比重最大，因而成为价格构成中的主要部分。

2. 费用

在出口商品价格中，费用(expenses)所占的比重虽然不大，但因其内容繁多，且计算方法又不尽相同，因而成为价格核算中较为复杂的一个方面。出口业务中通常发生的费用有包装费、仓储费、国内运输费、认证费、港区港杂费、商检费、捐税、垫款利息、业务费用、银行费用、出口运费、保险费和佣金等。

3. 预期利润

预期利润(expected profit)是出口价格的三要素之一，其大小往往由企业根据商品、行业特点、市场需求以及企业的价格策略等因素来确定。与保险费、银行费用和佣金的计算不同，利润作为商人自己的收入，其核算的方法由商人自行决定，可以用某一固定的数额作为单位商品的利润，也可以用一定的百分比作为经营的利润率来核算利润额。在利用利润率来核算利润额时，应当注意计算的基数，可以用某一成本(生产成本、购货成本或出口成本)作为计算利润的基数，也可以用销售价格作为计算利润的基数。利润的核算方法主要有以下两种：

(1)在成本基础上计算利润额。计算公式为价格＝成本×(1＋预期利润率)。

(2)在成交价格基础上计算利润额。计算公式为价格＝成本＋价格×预期利润率。上式推导后有价格＝成本/(1－预期利润率)。

二、六种常用贸易术语下的报价核算

对外报价核算应按照以下步骤进行：

一是确定价格构成；二是确定成本、费用和预期利润的计算依据；三是将各部分综合汇总。

出口报价通常使用适合海洋运输方式的 FOB、CFR、CIF 和适合一切运输方式的 FCA、CPT、CIP 六种价格。六种常用贸易术语报价的核算方法如下：

(1)FOB 贸易术语出口报价核算。

FOB 净价＝(实际出口成本＋国内费用)/(1－预期利润率)

FOB 含佣价(FOBC)＝(实际出口成本＋国内费用)/(1－预期利润率－佣金率)

(2)CFR 贸易术语出口报价核算。

CFR 净价＝(实际出口成本＋国内费用＋海运运费)/(1－预期利润率)

CFR 含佣价(CFRC)＝(实际出口成本＋国内费用＋海运运费)/(1－预期利润率－佣金率)

(3)CIF 贸易术语出口报价核算。

CIF 净价＝(实际出口成本＋国内费用＋海运运费)/(1－投保加成×保险费率－预期利润率)

CIF 含佣价(CIFC)＝(实际出口成本＋国内费用＋海运运费)/(1－投保加成×保险费率－预期利润率－佣金率)

(4)FCA 贸易术语出口报价核算。

FCA 净价＝(实际出口成本＋国内费用)/(1－预期利润率)

FCA 含佣价(FCAC)＝(实际出口成本＋国内费用)/(1－预期利润率－佣金率)

式中，FCA 价格中的国内费用与 FOB 的国内费用构成项目不同。

(5)CPT 贸易术语出口报价的核算。

CPT 净价＝(实际出口成本＋国内费用＋运费)/(1－预期利润率)

CPT 含佣价(CPTC)＝(实际出口成本＋国内费用＋运费)/(1－预期利润率－佣金率)

式中，CPT 价格中运费与 CFR 的运费内涵不同。

(6)CIP 贸易术语出口报价核算。

CIP 净价＝(出口实际成本＋国内费用＋运费)/(1－投保加成×保险费率－预期利润率)

CIP 含佣价(CIFC)＝(出口实际成本＋国内费用＋运费)/(1－投保加成×保险费率－预期利润率－佣金率)

式中，CIP 价格中运费与 CIF 的运费内涵不同。

三、实际出口成本的核算

实际出口成本核算的常用公式如下：

实际出口成本＝购货成本(含税)－出口退税收入

出口退税收入＝购货成本(含税)×出口退税率/(1＋增值税率)

由上面两式可以推出：

实际出口成本＝购货成本(含税)×(1＋增值税率－退税率)/(1＋增值税率)

四、集装箱有效载货量的核算

在进出口业务中，集装箱类型的选用及货物的装箱方法对于贸易商减少运费开支有重要的意义。国际标准化组织为了统一集装箱的规格，推荐了3个系列共13种规格的集装箱。其中，最常使用的是20英尺(8英尺×8英尺×20英尺，标准箱)和40英尺(8英尺×8英尺×40英尺)集装箱两种箱型。一般说来，20英尺集装箱的可利用容积一般为25m³，可利用载货重量一般为17.5M/T；40英尺集装箱的可利用容积一般为55m³，可利用载货重量一般为24.5M/T。据此可给出这两种集装箱载货量的计算公式如下：

20英尺集装箱的有效载货量(轻货)＝25(m³)/(包装长×包装宽×包装高)

20英尺集装箱的有效载货量(重货)＝17.5(M/T)/货物重量(M/T)

40英尺集装箱的有效载货量(轻货)＝55(m³)/(包装长×包装宽×包装高)

40英尺集装箱的有效载货量(重货)＝24.5(M/T)/货物重量(M/T)

五、出口报价核算实例

货名：火车牌足球。包装方式：50只/纸箱。纸箱尺码：65厘米×60厘米×59厘米。毛/净重：28/26千克。厂家供货单价(含税)：45元/PCS(pieces)。增值税率：17%。出口退税率：8%。国内费用：包装费，20元/纸箱；每个20英尺集装箱共需要存储费25元、国内运杂费250元、商检费100元、报关费50元、港口费200元、业务费1000元、其他费用400元。海运运费：从装运港至目的港每个20英尺集装箱包箱费率为USD 3600。运输保险：投保加成率10%、保险费率为0.9%。公司的预期利润率为成交价格的15%。公司的最低出口货量：1个20英尺集装箱的货量。汇率：USD1=RMB 8.25。根据上述条件计算每只足球的FOBC5和CIFC5的出口报价(USD)。

解题：

(1)FOBC5＝(实际出口成本＋国内费用)/(1－预期利润率－佣金率)。

①实际出口成本。

实际出口成本＝购货成本×(1＋增值税率－退税率)/(1＋增值税率)

＝45×(1＋17%－8%)/(1＋17%)/8.25

＝41.9230/8.25

＝USD 5.0816

②集装箱的载货量。

积载系数＝0.028/(0.65×0.60×0.59)＝0.1217<1(轻货)

20'FCL载货量＝25/(0.65×0.60×0.59)＝108(CTNS)＝5400(PCS)

③国内费用＝包装费＋集装箱运输综合费用＝[20/50＋(25＋250＋100＋50＋200＋1000＋400)/5400]/8.25＝USD 0.0940。

④FOBC5＝(5.0816＋0.0940)/(1－5%－15%)＝USD 6.47。

(2)CIFC5＝(实际出口成本＋国内费用＋海运运费)/(1－投保加成×保险费率－预期利润率－佣金率)。

①海运运费＝3600/5400＝USD 0.6667。

②CIFC5＝(5.0816＋0.0940＋0.6667)/[1－(1＋10%)×0.9%－5%－15%]＝USD 7.40。

六、进出口关税的核算

进出口货物应纳关税＝进出口货物完税价格×进出口货物关税税率

1. 进口货物完税价格

(1)以 CIF 价格成交的进口货物的完税价格为成交价格本身。

(2)以 FOB 价格成交的进口货物的完税价格：(FOB＋F)/(1－投保加成×保险费率)。

(3)以 CFR 价格成交的进口货物的完税价格：CFR/(1－投保加成×保险费率)。

2. 出口货物完税价格

(1)以 FOB 价格成交的出口货物的完税价格：FOB/(1＋出口税税率)。

(2)以 CFR 价格成交的出口货物的完税价格：(CFR－F)/(1＋出口税税率)。

(3)以 CIF 价格成交的出口货物的完税价格：(CIF－I－F)/(1＋出口税税率)。

七、进口环节海关代征税的核算

进口环节海关代征税主要指海关办理货物进出口手续时，代为征收的消费税、增值税等。

1. 消费税的核算

消费税是以消费品或消费行为的流转额作为课税对象而征收的一种流转税。目前消费税主要针对进口烟、酒、化妆品、护肤护发品、贵重首饰等特殊商品征收。消费税核算的步骤是先确定消费税的计税价格，然后用计税价格乘以消费税率即得出消费税额，消费税具体计算公式如下：

$$消费税的计税价格＝(关税完税价格＋关税)/(1－消费税率)$$
$$消费税＝计税价格×消费税率$$

2. 增值税的核算

增值税是以商品的生产、流通和劳务服务各个环节所创造的新价值为课税对象的一种流转税。目前，我国的增值税的税率主要有三种：第一种，纳税人出口货物，增值税率为零；第二种，纳税人销售可进口粮食、煤气、图书、农药、化肥等特定货物的，税率为 13％；第三种，上述两种情况以外的普通商品，基本税率为 17％。增值税核算的步骤是先确定计税价格，然后用计税价格乘以增值税率即得出增值税额。增值税具体计算公式如下：

$$增值税的计税价格＝关税完税价格＋关税＋消费税$$
$$增值税＝计税价格×增值税税率$$

【操作训练】

1. 信发公司欲出口一个 20'货柜的钢丝绳切割器(货号 BY350)至科伦坡。已知 BY350 的包装方式为 4 台装 1 箱，纸箱毛重 34.5 公斤，净重 32 公斤，尺码为 42cm×

42cm×20cm。每台购货成本为80元，包含17%的增值税。出口退税率为6%。这批货国内运杂费共计600元；仓储费为每天10元，预计存储30天；出口商检费200元；报关费150元；港区港杂费800元；其他业务费用2000元。信发公司的预期利润率定为成交价格的7%，请报出FOB SHANGHAI的价格。（汇率为8.27∶1）

2. 信发公司欲出口一批不锈钢厨具至开普敦（CAPE TOWN），3个货号各装一个20'货柜（表8-1）。

表8-1   各货号产品规格及成本信息表

货号	包装方式	尺码长/cm	尺码宽/cm	尺码高/cm	购货成本/元
3SA1012	2套/箱	56	32.5	49	180
3SA1013	2套/箱	61.5	30.5	74	144
3SA1014	8套/箱	63	35.5	25	55

已知增值税率为17%，退税率为9%。这批货物的国内运杂费共2000元，包装费每箱2元，出口商检费100元；报关费150元；港区港杂费600元；其他业务费用共1800元。公司预期利润率为成交价格的6%。请报出3个货号FOB SHANGHAI的价格。（汇率为8.27∶1）

3. 某药材有限公司有意出口一批杭白菊。来函询盘者为国外一家旅游集团。经了解：杭白菊国内收购价是95元/千克，包装是10千克/袋，2袋装1纸箱，尺码是80cm×60cm×40cm，运杂费1000元，出口的银行费用是成交价的0.65%，商检费用是购货价的0.2%，报关费100元，港口费1500元，业务费1000元，其他费用400元。装运港至目的港1个20'集装箱的运费是1200美元，海运出口的保险费按CIF成交价格加一成投保水渍险，费率是0.9%。另外，增值税率是17%，出口退税率是8%，公司的预期利润是成交价格的10%，外方客户要求在报价中含3%的佣金。请报出每袋杭白菊的CIFC3价格。（汇率为8.25∶1）

4. 信发贸易公司根据国内用户的请求拟进口15台缝纫设备，国外客户的FOB报价为每台580美元。设备为纸箱包装，每箱装1台，每箱毛重65公斤，尺码为120cm×90cm×80cm，海洋运费的计费标准为"W/M"，每个运费吨的基本运费为72美元；保险按CIF金额的110%投保，费率0.75%；银行贷款利率为8%，预计垫款时间为2个月，银行费用为成交金额的0.45%；进口关税税率为20%；增值税率为17%；整批货的进口的费用为领证费800元人民币，报关费60元，业务费用1000元，国内运杂费840元。信发公司期望的利润率为15%（按进口成交价格计），人民币与美元的汇率为8.26。核算信发公司在国内销售该仪器的人民币单价（计算时请保留小数4位，最后报价取整）。

操作三：对外发盘

【操作内容】

发盘是交易达成的必备环节。对外发盘操作的内容是根据对方公司的询购函撰写一封发盘函，详细回答国外客户在询盘中提出的问题，告知对方公司交易的基本条款，包括商品的品质、数量、包装、价格、装运、支付和保险等条件，并敦促对方在发盘有效期内作出接受。

【操作指南】

一、发盘函的撰写

发盘函既是一方提出的订约建议，又是日后订立合同的基础。出口商可以直接向客户发盘，也可以在收到客户的询盘后发盘。前者要考虑发盘的准确性和吸引力；后者要注重针对性。但无论如何，发盘的内容必须明确无误，无含糊之词，其语气应诚恳、委婉，并且有说服力，以赢得客户信任，最终取得订单。发盘函的内容及常用句式如下。

1. 对客户的询购表示感谢

(1)We thank you for your inquiry of May 10 for 500 tons of groundnuts.

(2)We are glad to learn from your letter of 9th July of your interest in our products.

2. 准确阐明各项交易条件

(1)We offer you 100 metric tons of walnuts at USD1000 per metric ton CIF Liverpool.

(2)The minimum quantity is one 20'FCL and with the purchase of two or more containers, the price is reduced by 2%.

(3)To be packed in plastic bags of 1 set to a carton.

(4)Delivery is to be made within 45 days after receipt of order.

(5)Our usual terms of payment are by confirmed irrevocable L/C available by draft at sight.

(6)The insurance shall be effected by the seller covering the invoice value plus 10% against Institute Cargo Clause(A).

3. 表明发盘的有效期及其他约束条件

(1)This offer is valid for seven days.

(2)For acceptance within two weeks.

(3)This quotation is effective while stocks last.

(4)This offer is subject to our final confirmation.

4. 保证供货满意并鼓励对方订货

(1)As we have been receiving a rush of orders now, we would advise you to place your order as soon as possible.

(2)This favorable offer will not be repeated for some time, and accordingly we look forward to early order from you.

二、发盘函实例

1. 实例 1

July 4，2002

Messrs. Abdullah Samih & Co.

P. O. Box No，3472

Kuwait

Dear Sirs，

Thank you for your letter of June 27. We are glad to learn of the inquiry for our raincoats. Our "D. D. " range is particularly suitable for warm climates，and during the past years we have supplied this range to dealers in several tropical countries. From many of them we have already had repeat orders，in some cases more than one. This range is popular not only because it is light in weight，but also because the material used has been specially treated to prevent excessive condensation on the inside surface.

For the quantities you mentioned we are pleased to quote as follows：

"D. D. " Raincoats

100 Pcs men's medium CIF Kuwait@USD150

100 Pcs men's small CIF Kuwait@USD145

100 Pcs Women's medium CIF Kuwait@USD145

100 Pcs Women's small CIF Kuwait@USD140

Payment：By sight L/C for full contract value through a bank acceptable to the Seller.

Shipment：Within 2 weeks of receiving the L/C.

Insurance：To be covered for 110% of total invoice value against All Risks as per CIC dated Jan. 1，1981.

The above quotation is valid within 10 days.

We feel you may be interested in some of our other products and enclose some descriptive booklets and a supply of sales literature for use with your customers. We look forward to receiving your order.

Yours sincerely，

Harbin Minhua Imp. & Exp. Co. , Ltd.

×××（Manager）

2. 实例 2

March 16，2009

JAMES BROWN & SONS

♯304-310 JALAN STREET

TORONTO, CANADA

Dear Mr. Lockwood，

We are pleased to receive your inquiry of 13 March and to hear that you are interested in our HX series chinaware.

We are pleased to make you an offer as follows based on 20'FCL.

Commodity	Article Number	CIFC5 Toronto Per set	Cartons per 20'FCL.
35-Piece Dinnerware and Tea Set	HX1115	USD25.11	542CTN
15-Piece Tea Set	HX1128	USD16.33	437CTN

Packing：As to HX1115, one set per carton. As to HX1128, one set to a case, two cases to a carton.

Shipment：As to HX1115 & HX1128, the earliest delivery to be effected at the end of May. As to the remained article numbers, to be shipped within 4 weeks after receipt of the relevant L/C.

Payment：By L/C at sight for full contract value through a bank acceptable to the Seller.

Insurance：For 110％ invoice values covering W.P.A, Breakage & Clash Risk, and War Risk.

You will readily understand that this offer remains good only for 7 days.

In addition, we have airmailed to you some samples. Our own laboratory reports, enclosed with this letter, show that our HX series perform up to the FDA, and in some respects, out-perform it.

We are looking forward to your initial order.

Yours sincerely,

Huaxin Trading Co., Ltd.

Zhao Jianguo（Mr.）

Daily Articles Division

操作四：还价核算与再发盘

【操作内容】

还价核算就是计算出口报价被还价后，价格中的某项要素可能产生的变化。由于出口报价是由实际购货成本加上各种费用和预期利润组成，因此出口还价核算通常采用倒算方法，即以销售收入减去相应内容来分析还价后价格中某项因素，如购货成本、费用、利润等可能发生的改变。还价核算与再发盘的操作内容是根据国外客户发来的还盘函重新核算公司的利润额及利润率，同时根据公司对重新发盘的要求，再次向国外客户发盘，重新报出交易条件。

【操作指南】

一、还价核算的计算公式

这里以 CIFC 成交条件为例,给出还价核算的计算公式:

(1)利润总额＝销售收入－实际出口总成本－国内总费用－海运运费－保险费－总佣金。

(2)利润率＝利润总额/销售收入×100%。

(3)实际出口成本＝购货成本(含税)×(1＋增值税率－出口退税率)/(1＋增值税率)。

(4)购货成本(含税)＝实际出口成本×(1＋增值税率)/(1＋增值税率－出口退税率)。

二、还价核算举例

某公司拟出口全棉男式衬衫 1000 打。其中,购货成本(含税)650 元/打、增值税税率 17%、出口退税率 9%、国内总费用 25 元/打、海洋运输费用 10 美元/打、投保加成率为 10%、保险费率为 1%、预期利润率为 10%、汇率为 8.25：1。据此计算出每打衬衫的 CIF 报价为 96.47 美元。对方还价为每打 90.00 美元。

问题 1:根据对方还价重新计算该公司的利润总额及总利润率。

问题 2:按对方还价,同时还保持 10% 的预期利润率不变,该公司应掌握的国内购货成本为多少?

问题 1 解答:

(1)销售收入＝90×8.25×1000＝742 500(元)。

(2)实际出口总成本＝650×1.08/1.17×1000＝600×1000＝600 000(元)。

(3)国内总费用＝25×1000＝25 000(元)。

(4)总海运运费＝10×8.25×1000＝82 500(元)。

(5)总保险费＝742 500×110%×1%＝8167.50(元)。

(6)利润总额＝742 500－600 000－25 000－82 500－8167.50＝26 832.50(元)。

(7)总利润率＝26 832.50/742 500＝3.61%。

问题 2 解答:

(1)由于 CIF＝(实际出口成本＋国内费用＋海运运费)/[1－(1＋加成率)×保险费率－预期利润率],所以,实际出口成本(按对方还价进行逆算)＝90×0.889×8.25－10×8.25－25＝552.5825(元)。

(2)又由于实际出口成本＝购货成本×(1＋增值税率－退税率)/(1＋增值税率),所以,购货成本＝552.5825×1.17/1.08＝598.03(元)。

三、还盘函的写作

出口商发盘后,进口商往往会进行还盘。出口商收到对方的还盘后,通常要作出答复。答复可以是接受或拒绝对方的还盘，也可以针对对方还盘进行再发盘。

(一)还盘函的撰写

1. 确认对方来函，表明对来函的总体态度

(1)We are glad to receive your letter of March 24, but sorry to learn that your customers find our quotation too high.

(2)Thank you for your fax of March 8. We regret to say that we cannot accept your counter offer.

2. 强调原价的合理性，阐述适当的理由

(1)As business has been done extensively in your market at this price, we regret to say we cannot make further concession.

(2)We believe our prices are quite realistic. It is impossible that any other suppliers can under quote us if their products are as good as ours in quality.

(3)The price we quoted is accurately calculated. We have cut the profit to the minimum in order to expand the market.

3. 提出我方条件，并催促对方行动

(1)However, in order to develop our market in your place, we have decided to accept your counter offer as an exceptional case.

(2)In order to assist you to compete with other dealers in the market, we have decided to reduce 2% of the price quoted to you in the previous letter, if your order reaches 5000 sets at one time.

(3)Owing to the great demand for the product, this offer is valid only for 5 days.

(4)As an excellent substitute for this article, we would suggest you our fine range shoes, which are sold at a lower price but also enjoy a good popularity in the world market.

(二)还盘函实例

Dear Sir,

Having carefully considered your request for price reduction mentioned in your letter of 15 July 2007, we regret to inform you that it is difficult for us to do so because the prices we offered only include the smallest profits. Please note that the high definition and exceptional resistance against the airborne dust are important advantage of our products. Therefore they are more competitive and popular than those of all the other competitors. However, to match your demand, we decide to offer you a special discount of 5% on an order exceeding sets. And if you make your payment by T/T in advance, we will also give you a further 3% discount.

Concerning the samples you required, it is our policy to send them to you against your paying the sample charges for USD 122 each set including the air parcel postage in advance.

As to the directions, if you place us an order over USD65 000, we will make directions in Vietnam especially for you.

If there is any further information you need, please feel free to let us know. Our offer is valid only for five days. Please make your decision as soon as possible.

Yours faithfully,

Beijing Jingtong Camera Co. , Ltd.

【操作训练】

1. 法国某公司欲通过我公司进口 1 个 20' 货柜的文件夹。对方主动递盘为 CFRC4 MARSEILLE US＄36.50 PER DOZEN。已知文件夹 5 打装 1 纸箱，尺码为71cm× 30cm×38cm。工厂供货价为每打 280 元，含 17％增值税。出口退税率为 9％，国内费用按购货成本的 3％计，从上海到马赛的海运运费为 20'FCL2250 美元。求这笔业务能否达到我方 3％的最低利润率？（汇率为 8.27∶1）

2. 东翼进出口公司和意大利 NAPLES 的一家中间商商谈关于出口 1 个 20' 集装箱瓷娃娃的事宜。瓷娃娃 3 打装 1 纸箱，尺码为 60cm×30cm×40cm，毛重 29 公斤，净重 25 公斤。购货成本为每打 660 元，含增值税 17％，出口退税为 9％，费用按购货成本的 4％计，海运运费为 20'FCL 2250 美元。对方递盘每打 80.60 美元，请问我方若想保持 4％的最低利润率，购货成本至少下降多少？

3. 我某公司欲出口 600 辆童车至加拿大的多伦多。童车 4 辆装 1 纸箱，尺码为 75.5cm×44cm×30cm。我方按 7％的利润率报出 US＄ 31.30 FOB SHANGHAI，对方还盘 US＄32.00 CFRC$_2$ TORONTO，订购 1000 辆。此时国内供货价格从 250 元降至 230 元（含 17％增值税，退税率为 9％），拼箱费率降为 120 美元，20' 集装箱包箱费率降为 2800 美元。若我方接受对方还盘，公司能获得多少利润？（汇率为 8.27∶1）

操作五：签订出口合同

【操作内容】

在进出口贸易中，一项发盘被有效接受后，交易即告达成，买卖双方的合同关系成立。签订出口合同的操作内容是根据双方往来确定的交易条件制作销售确认书（sales confirmation），具体要求是主要条款完备、内容明确具体。

【操作指南】

一、进出口合同的基本条款

进出口合同的基本条款及其主要内容包括以下几个方面。

(1)品质条款：品名、规格和品质机动幅度等。

(2)数量条款：计量单位、商品数量、数量机动幅度等。

(3)包装条款：包装材料、包装种类、包装方式、包装费用的负担和包装标志等。

(4)价格条款：单价和总值。

(5)装运条款：装运期限、装运地、目的地、分运和转运等。

(6)支付条款：付款时间、付款金额和付款方式等。

(7)保险条款：投保人、投保金额、投保险别、保险人和保险条款等。

(8)商检条款：检验或复验时间和地点、检验机构、商品检验证书等。

(9)索赔条款：索赔期限和索赔依据。

(10)仲裁条款：仲裁地点、仲裁机构、仲裁程序、仲裁裁决的效力。

(11)不可抗力条款：事件的认定、通知时间、不可抗力范围及应提交的证明文件。

二、合同条款举例

COMMODITY & SPECIFICATION：

C401 Maling Brand Mandarin Oranges in Light Syrup 312gram/tin

Sodium Citrate Specification：In conformity with B. P. 1980

Purity not less than 99%

Chinese Groundnut 1998 Crop. FAQ

Moisture(max.)13%

Admixture(max.)5%

Oil Content(max.)44%

Quality and technical data to be in conformity with the attached technical agreement，which forms an integral part of this contract.

The quality of the goods is as per samples despatched（submitted）by the buyer（seller）on … (date)

Quality to be considered as being about equal to the sample.

PACKING：

In iron drums of 185-190kg. Net each.

In cartons each containing 4 boxes about 9 1bs，each piece waxed and wrapped with paper.

In new single gunny bags of about 100kg. Each.

In cartons of 50 dozens each and size assorted.

Goods are in neutral packing and buyer's labels must reach the seller 45 days before the month of shipment.

To be packed in new strong wooden case(s)/carton(s)suitable for long distance ocean/air transportation and well protected against dampness, moisture, shock, rust and rough handling. The sellers shall be liable for any damage to the goods on account of improper packing and for any damage attributable to inadequate or improper protective measures taken by the seller. In such cases any and all losses and /or expenses incurred in consequence thereof shall be borne by the sellers.

Shipping Mark: On the surface of each package, the package number, measurements, gross weight, net weight, warnings such as: "DO NOT STACK UP SIDE DOWN", "HANDLE WITH CARE", "KEEP AWAY FORM MORSTURE" and following shipping marks shall be stenciled legibly in fadeless paint.

SHIPMENT:

(1) Shipment during July 1998 from Shanghai to Hamburg with partial shipment and transshipment allowed.

(2) Shipment to be effected on or before (not later than, latest on) July 30, 1998 from Shanghai to London with partial shipment and transshipment permitted.

(3) Shipment from Shanghai to San Francisco during Oct. /Nov. /Dec. 1998 in three (equal; Monthly) lots.

(4) Shipment within 30 days after receipt of L/C which must reach the seller not later than the end of June 1998 failing which the seller reserves the right to cancel this contract without further notice, or to lodge claims for direct losses sustained from.

INSURANCE:

(1) To be covered by the buyer.

(2) To be covered by the seller for 110% of total invoice value against all risks (FPA or WPA) and war risk as and subject to the relevant Ocean Marine Cargo Clause of the People' Insurance Company of China(PICC)Dated 1/1/1981.

(3) To be covered by the seller for 110% of total invoice value against ICC (A)as per Institute Cargo Clause.

(4) For transactions concluded on CIF basis, it is understood that the insurance amount will be 110% of the invoice value against the risks specified in the S/C. IF additional insurance amount or coverage is required, the extra premium is to be borne by the buyer.

PAYMENT:

(1) The buyer shall pay in advance (after signing of this contract) 100% of the sales proceeds by T/T (M/T; a banker's demand draft) to reach the seller on before Nov. 20, 1994.

(2) The buyer must pay total proceeds of the goods by telegraphic transfer immediately after the receipt of the original bills of lading.

(3) Upon first presentation the buyer shall pay against documentary draft drawn by the seller at sight. The shipping documents are to deliver against payment only.

(4) The buyers shall duly accept the documentary draft drawn by the sellers 30 days sight (after sight; after date of draft; after date of B/L) upon first presentation and make payment on its maturity. The shipping documents are to be delivered against payment(acceptance)only.

(5) The Buyer shall open an irrevocable, transferable letter of credit in favor of the

Seller before the end of July 1994. The said letter of credit shall be available by draft(s) at sight for full invoice value and remain valid for negotiation in China until the 15th day after the aforesaid time of shipment. In case the Seller is unable to ship the goods within the specified，both the shipment and validity dates of letter of credit shall automatically be extended for 20days.

(6)The buyer shall establish the covering letter of credit before the date stipulated in clause 8 of the Sales Confirmation，iling which the Seller reserves the right to rescind without further notice，ole or any pay of this Sales Confirmation，and/or to lodge a claim for the losses sustained，if any.

【操作训练】

请根据下面的成交函及有关的交易条件，缮制一份出口成交确认书。

1. 成交函

JI QING TRADING CO. LTD

A12，Yangang Road Nanguan District

Changchun，China

Tel：(0431)5283233

Fax：(0431)5279245

April 3，2007

James Brown & Sons

#304-310 Jalan Street，

Toronto，Canada

Tel No. (+01)7709910

Fax No. (+01)7701100

E-MAIL：lock@www. jbs. com. cnd

Dear Mr. Lockwood，

Many thanks for your letter of March 31，2007 and your order no. 01-cs012hx. We are sending you our signed Sales Confirmation No. 01basb0601 in duplicate. Please counter sign and return for our file.

As the shipment date is approaching，please immediately instruct your bank to issue the relevant L/C in our favor otherwise the shipment date may be delayed.

We will inform of the progress of your order. If you would like to get in touch with us urgently，you may telephone or fax us.

Please be sure that we shall effect the shipment in time to satisfy your local market demand.

Yours sincerely，

JIQING TRADING CO. , LTD.

ZHAO LI(MR.)

2. 成交条件

品名：书包

货号：ST608

数量：10 000 个（1000 箱）

包装：纸箱装，每箱 10 个

唛头：JB&S

      01BASB0601

      TORONTO

      C/NO. 1-1000

价格：每个 15 美元 CIF 多伦多包含 5％佣金。

装运：2007 年 6 月以前，可以转船，不可以分批装运，由上海发往加拿大多伦多。

支付：不可撤销即期信用证付款，开证行为卖方认可银行，额度为合同金额。

保险：一切险，按中国人民保险公司保险条款办理，额度为发票金额的 110％。

操作六：成交核算与成交函撰写

【操作内容】

成交核算与成交函撰写操作的内容是根据与国外客户达成的交易条件，进行详细的出口成交核算，并向国外客户发成交签约函，感谢对方的订单，说明随函寄销售确认书，并催促对方迅速回签合同，及时开出信用证。

【操作指南】

一、出口成交核算的内容与方法

1. 出口成交核算的内容

出口成交核算的一般包括：①总销售收入；②总实际出口成本；③总国内费用；④出口海运运费；⑤出口保险费；⑥总佣金；⑦总利润额；⑧总利润率；⑨换汇成本。

2. 出口成交核算的方法

出口成交核算与还价核算的方法相同，使用的计算公式可参照还价核算的计算公式。

二、成交函的写作

进出口交易中，一方的发盘或还盘被另一方接受，合同即宣告成立。为了便于履行和监督，双方通常会签订一份合同（或确认书）。当出口方向进口方寄送出口合同或销售确认书的时候，往往会附上短信，这便是成交函。成交函是一封纯粹意义上的通知函，其主要目的是告诉对方销售合同已寄出，希望其予以会签。

（1）撰写成交函可参考下列常用句式：

We are sending you our Sales Confirmation No. 4012 in duplicate. Please countersign and return one copy for our file.

We are glad that we have reached the agreement through our mutual effort.

We believe that the first transaction will turn out to be profitable to both of us.

You can rest assured that we shall effect shipment strictly as contracted.

It is understood that a letter of credit in our favor covering the above mentioned goods would be established promptly.

Please instruct your bank to issue the letter of credit as early as possible in order that we may process with the goods immediately.

We wish to point out that the stipulations in the relevant credit should strictly conform to the terms we have agreed upon so as to avoid subsequent amendments.

(2)实例：

Dear Sir,

Thank you for your order No. 435, which you faxed to us May 29, 2003. We are glad to tell you that all the items will be delivered.

Attached is our Sales Confirmation No. 988 in duplicate made out to your order mentioned. Please countersign it and return one copy for our file, and open the relevant L/C in June 2003.

We believe the first transaction will turn out profitable to both of us. We appreciate your cooperation and look forword to receiving your further orders.

Yours faithfully,

Beijing Jingtong Camera Co. , Ltd.

×××(Manager)

【操作训练】

1. 上海大地毛纺厂与新加坡莱恩斯贸易有限公司达成一笔出口 1000 套化纤制羽绒服的交易，以 CIF 价成交，每套 55 美元。外商订购一个 20 英尺集装箱的货物。经了解，羽绒服的国内购货成本为每套 420 元(人民币，下同)。一个 20 英尺的集装箱的海运运费为 1100 美元。该批羽绒服的出口仓储费为 650 元，国内报关费为 350 元，包装费为 1000 元，港口装船费为 900 元，大地公司业务费为 2500 元，国内运杂费为 2000元，商检费按购货成本的 0.1% 计；海运出口的保险费按 CIF 成交价加一成投保一切险，费率为 1%。羽绒服出口有 9% 的退税(以购货成本计算)，增值税率为 17%。大地公司承诺给外方公司总成交金额 5% 的佣金。求大地公司达成该笔交易获得的总利润及利润率。(汇率为 8.25∶1)

2. 上海某公司拟出口月球牌健身车。货号为 SHAJ-23 和 SHAJ-26。1 架装 1 纸箱，纸箱的尺码为 74cm×19cm×53cm，毛/净重为 25/23kg。供货单价(含税)为SHAJ-23 每架 150 元，SGAH-26 每架 190 元。已知健身车的增值税率为 17%，出口退税率为 8%，出口包装费每箱 5 元。各货号货物(按一个 20′集装箱计)共需仓储费 600元；国内运杂费 1500 元；商检费 650 元；报关费 80 元；港口费 900 元；业务费 2500元；其他费用 1000 元。上海至哥本哈根(COPENHAGEN)20′整箱 2065 美元。保险为发票金额加 10％投保一切险和战争险，费率分别为 0.6％和 0.3％。公司要求的预期利润率为成交价格的 15％。人民币对美元汇率为 8.25：1。

(1)请根据上述条件按 20'FCL 进行出口报价核算，分别算出 FOB 价和 CIF 价，列出详尽的计算过程(过程保留 4 位小数，最后报价取 2 位小数)。

(2)SOLEIL TRADING 公司的还价为 SHAJ-23 USD28/SET；SHAJ-26 USD32/SET CIF COPENHAGEN，数量为各装一个 20'集装箱。试计算按照此还盘，公司是否还有利润，总利润额为多少元人民币？利润率又为多少？

(3)若接受对方价格，而公司的利润率又不少于 6％，那么，在其他条件不变的情况下，公司应掌握的国内收购价为多少？

3. 上海美亚进出口公司从法国进口机织提花地毯 200 条(计 1 个 40 英尺集装箱)。对方报价为每条 140 美元 CIF 上海。已知地毯的进口关税税率为 20％，增值税率为 17％。一个 40 英尺集装箱的费用包括：国内包干费 5000 元，经营管理费 2500 元。如果公司的预期利润率是进口成交价的 8％，美元对人民币的汇率为 8.25：1，那么美亚公司在国内销售地毯的价格应为每条多少元人民币？另外，美亚公司进口时，在海关代缴的增值税款总额以及销售地毯后向国税局实际缴纳的增值税总额分别为多少？

4. 上海迪生贸易公司拟从比利时进口小型熨烫机，客户的报价是每台 170 美元 FOB 安特卫普。熨烫机每台装一纸箱，包装的尺码为 110cm×80cm×96cm，毛重为 42 公斤。运费计算标准为 W/M，装运港至上海的海运运费率为每个运费吨 78 美元。公司的经营管理费为进口成交价格的 4％，进口关税税率为 20％，增值税率为 17％。公司的预期利润率为进口价格的 10％，人民币对美元的汇率为 8.25：1，保险费率为 0.6％(按 CIF 价格的 110％投保)。试根据上述资料核算以下内容：①进口成本(元/台)；②完税价格(元/台)；③进口运费(元/台)；④进口保费(元/台)；⑤进口关税(元/台)；⑥代缴增值税(元/台)；⑦实缴增值税(取整)(元/台)；⑧国内销售价格(取整)(元/台)。

5. 通达水产有限公司收到日本河野株式会社求购 10 公吨冻虾的询盘。经了解冻虾每公吨的收购价格 4500 元；需付中介费用共 1000 元(整批货)；国内运杂费共计 1200 元；出口包装费用每公吨 1000 元；仓租为每公吨每天 5 元，预计 60 天；银行贷款年利率为 9％(按 360 天计)；预计垫款时间 3 个月；银行手续费率为 0.5％(按成交价格计算)；出口商检费 500 元；报关费 150 元；港区港杂费 800 元；其他各项费用约 1800 元。海运运费：从装运港至日本神户的基本运费率为每运费吨 164 美元。冻虾用纸箱包装，每箱净重 25 千克、毛重 28 千克、尺码 60cm×40cm×20cm，运费计算标准按"W/M"。客户要求按成交价格的 110％投保冷藏货物运输水渍险和战争险(费率分别为 0.85％和 0.5％)；河野会社要求的佣金率(按成交价格计算)为 3％，若通达公司的预期利润率是 15％(按成交价格计算)。计算：①通达公司报出每公吨冻虾 CIFC3 神户的价格应为多少美元？②若河野会社出价每公吨 CIFC3 神户 1350 美元，出口商每公吨能获利多少元？③如交易双方以每公吨 1350 美元成交，出口商 15％的利润率保持不变，则通达公司应掌握的国内收购价格应为多少元(汇率按 USD1＝RMB8.32 计算)？

操作七：审证与改证

【操作内容】

收到信用证以后，出口商应立即根据双方已签订的合同及有关国际惯例，特别是UCP600的规定对信用证内容逐项认真审核。本项操作的具体要求是根据信用证的审核要点、原则对通知行转来的信用证进行细致的审核，就存在的问题给开证申请人(进口商)发信用证的修改函，列出信用证的不符点，要求对方迅速改证，以便及时发货。信用证的审核与修改均是参照贸易合同进行的，因此，能正确地阅读合同和信用证的条款是最为重要的。

【操作指南】

一、信用证的审核要点

信用证的审核应从以下九个方面入手。

1. 关于 L/C 的性质

(1)未生效或有限制生效的条款；

(2)为可撤销；

(3)未按合同要求加保兑；

(4)漏列所适用的国际惯例(即哪一版本的 UCP)；

(5)电开 L/C 密押不符，信开 L/C 没有保证付款责任文句。

2. 关于 L/C 中的有关期限和地点

(1)没有到期日或到期日错误；

(2)到期地点错误；

(3)装运期与交单期矛盾；

(4)交单期限规定过短。

3. 关于 L/C 的当事人

(1)开证申请人行名、地址与合同不符；

(2)受益人行名、地址与合同不符。

4. 关于 L/C 金额

(1)金额不够；

(2)金额大小写不一致；

(3)计价货币与合同规定不符。

5. 关于汇票的条款

付款期限与合同规定不符。

6. 关于货物运输的条款

(1)装运港与合同规定不符；

(2)目的港与合同规定不符；

(3)装运期规定与合同规定不符；

(4)分运规定与合同规定不符；

(5)转运规定与合同规定不符。

7. 关于货物的条款

(1)品名、规格与合同规定不符；

(2)数量与合同规定不符；

(3)包装与合同规定不符；

(4)单价与合同规定不符；

(5)援引的合同号码错误；

(6)漏列与成交数量对应的溢短装条款。

8. 关于 L/C 要求提交的各种单据

(1)发票种类不当(如额外要求领事签证)；

(2)提单收货人抬头错误、抬头与背书要求矛盾；

(3)提单运费条款规定与成交条件不符；

(4)运输工具限制过严；

(5)产地证明出具机构有问题；

(6)要求提交的检验证书与合同规定不符；

(7)保险险别、金额与合同规定不符；

(8)费用条款规定不合理。

9. 关于影响安全收汇的软条款

(1)信用证暂不生效条款；

(2)规定必须由申请人或其他指定的人签署有关单据的条款；

(3)信用证前后条款相互矛盾。

二、修改信用证应注意的问题

(1)证中如有多处需要修改的应一次提出。

(2)证中规定严于合同内容的均要求修改，宽于合同的可以不要求修改。

(3)对于修改意见要么全部接受，要么全部拒绝，不能只接受一部分而拒绝另一部分。

(4)受益人应对开证申请人所作修改发出接受或拒绝的通知。

(5)不可撤销信用证的修改必须经各有关当事人全部同意后，方能有效。

三、信用证修改函的写作

1. 感谢对方开来的信用证

Thank you for your L/C No. 123 issued by×××bank dated March 7th, 2003.

We are very pleased to receive your L/C No. 123 issued by×××bank dated march 7th, 2003.

2. 列明信用证的不符点或说明如何修改

However, we are sorry to find it contains the following discrepancies:

(1)The … should be … not …

(2)The … should be … instead of …

(3)Please delete the clause …

(4)Please extend the shipment date and the validity of the L/C to…and… respectively.

3. 感谢对方合作并希望L/C修改书在××日之前开到以利及时装运

Thank you for your kind of cooperation. Please see to it that the L/C amendment reaches us before×××date, failing which we shall not be able to effect punctual shipment.

四、信用证修改函实例

April 14, 2008

Dear Mr. Trooborg,

Thank you for your L/C No. AM/VA0515ILC issued by the F. Van LANSCHOT Bankers N. V. , Amsterdam, and the Netherlands, which arrived here yesterday.

On going through the L/C, however, we have found the following Discrepancies with our Sales Contract No. HY98CS004.

(1)The address of the applicant is in Rotterdam, not in Amsterdam.

(2)The draft is paid at sight instead of at 45 days after sight.

(3)As contracted, the L/C should be valid until 21st day after shipment date, i. e. June 22, 2008, but your L/C expires on June 15, 2008.

(4)Amend the "2/3 of original clean on-board marine Bills of Lading" to"full set of original clean on-board marine Bills of Lading".

(5)Delete the clause "Beneficiary's certificate stating that one set of non-negotiable shipping documents together with the 1/3 original B/L have been sent to the applicant by DHL within 48 hours after the shipment. "and add the wording"Beneficiary's certificate stating that one set of non-negotiable shipping documents has been sent to the applicant by DHL within 48 hours after the shipment. "

(6)Documents are to be presented ultimately not within 15 days but 21 days, after the date of issuance of the relative transport documents.

Please let us have your L/C Amendment soon so that we may effect shipment within the contracted delivery time.

Yours faithfully,

Universal Trading Co. , Ltd.

Li Junwei(Mr.) Toy Department

【操作训练】

根据下面的国际贸易合同对外商开来的信用证进行审核并撰写修改函，说明修改建议。

SALES CONFIRMATION

S/C No：SHHX98027

Date：APRIL 3，1998

The Seller：HUAXIN TRADING Co. , LTD.

The Buyer：JAMES BROWN & SONS

Address：14TH FLOOR KINGSTAR MANSION

Address：#304-310 JALAN STREET

676 JING RD. , SHANGHAI

TORONTO, CANADA

Item No.	Commodity & Specifications	Unit	Quantity	Unit Price (USD)	Amount (USD)
					CIFC$_5$ TORONTO
1	CHINESE CERAMIC DINNERWARE HX1115　35 PCS DINNERWARE & TEA SET	SET	542	23.50	12737.00
2	HX2012　20 PCS DINNERWARE	SET	800	20.40	16320.00
3	HX4405　20 PCS DINNERWARE	SET	443	23.20	10277.60
4	HX4510　20 PCS DINNERWARE	SET	254	30.10	7645.40
					46980.00

TOTAL CONTRACT VALUE (IN WORDS)：SAY US DOLLARS FORTY SIX THOUSAND NINE HUNDRED AND EIGHTY ONLY.

PACKING：HX2012 IN CARTONS OF 2 SETS EACH AND HXIN1115, HXIN4405 AND HX4510 TO BE PACKED IN CARTONS OF 1 SET EACH ONLY.

PORT OF LOADING & DESTINATION：　FROM：SHANGHAI　TO：TORONTO

TIME OF SHIPMENT：TO BE EFFECTED BEFORE THE END OF APRIL 1998 WITH PARTIAL SHIPMENT NOT ALLOWED AND TRANSSHIPMENT ALLOWED.

TERMS OF PAYMENT：THE BUYER SHALL OPEN THROUGH A BANK ACCEPTABLE TO THE SELLER AN IRREVOCABLE L/C AT SIGHT TO REACH THE SELLER BEFORE APRIL 10, 1998 VALID FOR NEGOTIATION IN CHINA UNTIL THE 15TH DAY AFTER THE DATE OF SHIPMENT.

INSURANCE：THE SELLER SHALL COVER INSURANCE AGAINST WPA AND CLASH & BREAKAGE & WAR RISKS FOR 110% OF THE TOTAL INVOICE VALUE AS PER THE RELEVANT OCEAN MARINE CARGO OF PICC DATED 1/1/1981.

Confirmed By：

THE SELLER

THE BUYER

HAXIN TRADING CO. , LTD.

JAMES BROWN & SONS

MANAGER：张国梁

MANAGER：PAUL LOCKWOOD

THE ROYAL BANK OF CANADA
BRITISH COLUMBIA INTERNATIONAL CENTER
1055 WEST GEORGIA STREET, VANCOUVER, B. C. V6E 3P3
CANADA

CONFIRMATION OF TELEX/CABLE PRE-ADVISED   DATE: APRIL 8, 1998

TELEX   NO. 720668CA   PLACE: VANCOUVER

IRREVOCABLE DOCU-MENTARY CREDIT	CREDIT NUMBER: 98/0501-FTC	ADVISING BANK'S REF. NO.
ADVISING BANK: SHANHAI A J FINANCE CORPORATION 59 HONGKONG ROAD SHANGHAI 20002, CHINA	**APPLICANT:** JAMES BROWN & SONS #304-310 JALAN STREET TORONTO, CANADA	
BENEFICIARY: HUAXIN TRADING Co. ,LTD. 14TH FLOOR KINGSTAR MANSION 676 JING RD. , SHANGHAI	**AMOUNT:** USD 46, 980.00 (US DOLLARS FORTY SIX THOUSAND NINE HUNDRED AND EIGHTEEN ONLY)	

EXPIRY DATE: MAY 15, 1998 FOR NEGOTIATION IN APPLICANT'S COUNTRY.

GENTILEMAN:
WE HEREBY OPEN OUR IRREVOCABLE LETTER OF CREDIT IN YOUR FAVOR WHICH IS AVAILABLE BY YOUR DRAFTS AT SIGHT FOR FULL INVOICE VALUE ON US ACCOPANIED BY THE FOLLOWING DOCUMENTS:
+ SIGNED COMMERCIAL INVOICE IN 4 COPIES.
+ PACKING LIST IN 4 COPIES SHOWING THE INDIVIDAL WEIGHT AND MEASUREMENT OF EACH ITEM.
+ ORIGINAL CERTIFICATE OF ORIGIN IN 4 COPIES ISSUED BY THE CHAMBER OF COMMERCE.
+ FULL SET CLEAN ON BOARD OCEAN BILLS OF LADING SHOWING FREIGHT PREPAID CONSIGNED TO ORDER OF THE ROYAL BANK OF CANADA INDICATING THE ACTUAL DATE OF THE GOODS ON BOARD AND NOTIFY THE APPLICANT WITH FULL ADDRESS AND PHONE NO. 77009910.
+ INSURANCE POLICY OR CERTIFICATE FOR 130% OF INVOICE VALUE COVERING: INSTITUTE CARGO CLAUSES (A) AS PER I. C. C. DATED 1/1/1982.
+ BENEFICIARY'S CERTIFICATE CERTIFYING THAT EACH COPY SHIPPING DOCUMENTS HAS BEEN FAXED TO THE APPLICANT WITHIN 48 HOURS AFTER SHIPMENT.
COVERING SHIPMENT OF:
4 ITEMS OF CHINESE CERAMIC DINNERWARE INCLUDING: HX1115 544 SETS, HX2012 800 SETS, HX4405 443 SETS AND HX4510 245 SETS.
DETAILS IN ACCORDINCE WITH SALES CONFIRMATION SHHX98027 DATED APRIL 3, 1998.
【 】FOB 【 】CFR 【×】CIF 【 】FAS TORONTO CANADA

SHIPMENT FROM SHANGHAI	TO VANCOUVER	LATEST APRIL 30, 1998	PARTIAL SHIPMENT PROHIBITED	TRANSSHIPMENT PROHIBITED

DRAFTS TO BE PRESENTD FOR NEGOTIATION WITHIN 15 DAYS AFTER SHIPMENT, BUT WITHIN THE VALIDITY OF CREDIT.
ALL DOCUMENTS TO BE FORWARDED IN ONE COVER, BY AIRMAIL, UNLESS OTHERWISE STATED UNDER SPECIAL INSTRUCTIONS.

SPECIAL INSTRUCTIONS:
ALL BANKKING CHARGEES OUTSIDE CANADA ARE FOR ACCOUNT OF BENEFICIARY
＋ ALL GOODS MUST BE SHIPPED IN ONE 20'CY TO CY CONTAINER AND B/L SHOWING THE SAME.
＋ THE VALUE OF FREIGHT PREP AID HAS TO BE SHOWING ON BILLS OF LADING.
＋ DOCUMENTS WHICH FAIL TO COMPLY WITH THE TERMS AND CONDITIONS IN THE LETTER OF CREDIT SUBJECT TO A SPECIAL DISCREPENCY HANDLING FEE OF US $ 35.00 TO BE DEDUCTED FROM ANY PROCEEDS.

DRAFT MUST BE MARKED AS BEING DRAWN UNDER THIS CREDIT AND BEAR ITS NUMBER;
THE AMOUNTS ARE TO BE ENDORSED ON THE REVERSE HEREOF BY NEG. BANK.
WE HEREBY AGREE WITH THE DRAWERS, ENDORERS AND BONA FIDE HOLDER THAT ALL DRAFTS DRAWN UNDER IN COMPLANCE WITH THE TERMS OF THIS CREDIT SHALL BE DULY HONORED UPON PRESENTATION.
THIS CREDIT IS SUBJECT TO THE UNIFORM CUSTOMS AND PRACTICE FOR DOCUMENTATY CREDITS (1993 REVISION) BY THE INTERNATIONAL CHAMBER OF COMMERCE PUBLICATION. NO. 500.
Yours Very Truly

David lone   Luanne husan

AUTHORIZED SIGNATURE   AUTHORIZED SIGNATURE

操作八：托运订舱

【操作内容】

出口商确认信用证修改通知书(L/C amendment)后，便可开始安排出口货物的装运事宜。托运订舱操作的内容是出口商自己或委托货运代理商到船公司办理订舱手续。办理订舱手续时出口商应提交以下三种文件：一是出口货物订舱委托书(shipping book)；二是商业发票；三是装箱单。

【操作指南】

一、出口货物托运订舱的一般程序

出口商办理托运订舱的一般程序见图8-1。

二、托运订舱文件的缮制

1. 出口货物订舱委托书的缮制

出口货物订舱委托书，简称订舱单，是承运人或其代理人在接受发货人或货物托运人的订舱时，根据发货人的口头或书面申请货物托运的情况据以安排集装箱货物运输而制订的单证。订舱单由船公司或货代签发，主要用于到码头提空集装箱用。

这里就出口货物订舱委托书(见附录一单证示样6)的填制说明如下。

(1)发货人：如信用证有规定，严格按照信用证填写；如信用证无特殊规定，通常填写出口人，即信用证的受益人。

(2)收货人：即海运单据的抬头人，应严格按信用证中提单条款的具体规定填写。

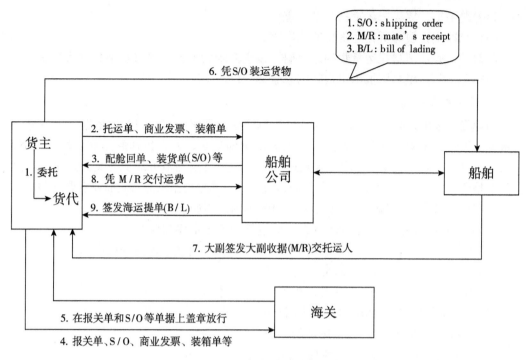

图 8-1　托运订舱的一般程序图

记名抬头直接填写收货人名称，指示抬头完全按照来证提单条款填写。

(3)通知人：即被通知方。如信用证有规定，严格按照信用证填写，且应注明详细地址；如信用证无规定，此栏目留空不填。

(4)~(11)严格按照信用证规定填写。

(12)信用证有效期：填信用证的到期日。

(13)装船期限：填写信用证规定的最迟装运日期。

(14)运费：填写"预付"(prepaid)或"到付"(collect)。

(15)成交条件：根据信用证或合同中所表述的贸易术语填写。

(16)~(19)根据业务实际填写，无资料可空白。

(20)特别要求：指出口商对订舱、进库、运输、装船和提单条款等的特殊规定。

(21)标记唛码：如信用证中的运输标志上的件号为 1/Up，则按实际托运的总件数填写件号。

(22)品名货号规格：应严格按照信用证、合同及商业发票中的品名货号规格填写。

(23)包装件数：不同的货号逐项注明包装件数和包装种类。

(24)毛重：以 kg 为单位填写每个货号的总毛重。

(25)净重：填写每个货号的总净重，以 kg 为单位。

(26)数量：指计价的数量单位，如 Set/PCS./Dozen/等。

(27)单价：填写每个货号的成交单价。

(28)总价：填写每个货号的总金额。

(29)总件数：填写所有货号即该批货物的总包装件数。

(30)总毛重：填写托运货物的总毛重。

(31)总净重：填写所托运货物的总净重。

(32)总尺码：填写托运货物的总尺码，以立方米为单位，保留至小数点后第三位。

(33)总金额：填写该批出口货物的总金额(外币)。

2. 商业发票的缮制

商业发票是出口商向进口商开列发货价目清单，是贸易双方记账的依据，也是进出口报关交税的总说明。商业发票是一笔业务的全面反映，内容包括商品的名称、规格、价格、数量、金额、包装等，同时也是进口商办理进口报关不可缺少的文件。因此，商业发票是全套出口单据的核心，在单据制作过程中，其余单据均需参照商业发票缮制。

这里就商业发票(见附录一单证示样7)的填制说明如下。

(1)卖方(seller)：即发票的填制人，应按信用证规定详细填写。

(2)买方(buyer)：即发票的抬头人，应按信用证规定详细填写开证申请人。

(3)发票号码(Inv. No.)：通常由卖方编制。

(4)出票日期(Inv. date)：发票日期不能晚于议付日或汇票日。

(5)信用证号码(L/C No.)：按信用证填写。

(6)信用证日期(date)：指信用证的开证日。

(7)开证人(issued by)：指信用证的开证行。

(8)合同号(contract No.)：按实际的合同号填写。

(9)合同日期(date)：按实际的合同日期填写。

(10)装运港(from)：根据信用证及提单内容填写。

(11)目的港(to)：根据信用证及提单内容填写。

(12)船名(shipped by)：托运订舱时此栏目不用填写，由船方返回装货单可知船名。

(13)价格术语(price term)：严格按照信用证具体规定，尤其应注意佣金是否表示出来。

(14)唛头(marks)：严格按照信用证具体规定。

(15)货物描述(descriptions of goods)：填写与合同或信用证规定相符的货物信息，注意不得随意增加、减少内容或将前后文字颠倒。

(16)数量(quantity)：指实际装运的具体数量，而非包装件数；若有不同品种，不同价格的，更应分项列明；有些按重量计的货物，计价和制单时应排除不符合标准的成分，算出和注明标准重量。

(17)单价(unit price)：包括货币、价值和计价单位。如信用证有具体规定，单价应与信用证一致。

(18)总价(total amount)：包括价格术语和总价。

(19)大写金额(in words)：应与总价严格相符。

(20)证明问句(certification)：如信用证上规定"As per contract no. …"或要求在发票上注明"As per L/C no. …"，则照填写；如果未规定，则不用填写。原产地证明也可注明在此。

(21)包装(packing)：包括包装种类和总件数。

(22)毛重(gross weight)：填写总毛重。

(23)制作人(issued by)：指制作发票的人，一般为出口人。

(24)签名(signature)：一般为公司经理或具体业务负责人的签字。

3. 装箱单的缮制

装箱单是发票的补充单据，它列明了合同(或信用证)中买卖双方约定的有关包装事宜的细节，便于国外买方在货物到达目的港时海关检查和核对货物，通常可以将其有关内容加列在商业发票上，但是在信用证有明确要求时，就必须严格按信用证约定制作。

这里就装箱单(见附录一单证示样8)的填制说明如下。

(1)卖方(seller)：即发票的填制人，信用证的受益人。应按信用证规定详细填写。

(2)买方(buyer)：即发票的抬头人，信用证的开证申请人。应按信用证规定详细填写。如信用证有误或不全，只能将错就错，后加括号加以更正。

(3)发票号码(INV. No.)：通常由卖方编制。

(4)发票日期：发票日期不能晚于议付日或汇票日。

(5)启运地(from)：按信用证规定填写。

(6)目的地(to)：按信用证规定填写。

(7)大写件数：注明大写的总包装件数。

(8)唛头(shipping marks)：与发票一致。

(9)包装件号码：在单位包装货量或品种不固定的情况下，应注明每个包装件的包装情况，包装件应注编号。

(10)包装方式与数量：注明每种货物的包装件数，同时要注明合计件数。

(11)货名(item)：与发票一致。如有总称，先注明总称，再逐项列明详细货名。

(12)货量(quantity)：即注明每个包装的货量和每个规格、品种、花色等不同类别货物各自的总货量(sub-total)。如每箱 6 打，共 10 箱合计 60 打，可注"@ 6doz/60doz"。信用证或合同未要求，不注亦可。

(13)毛重(G.W.)：可采用类似货量的表示方法。信用证或合同未要求，不注亦可。

(14)净重(N.W.)：可采用类似货量的表示方法。信用证或合同未要求，不注亦可。

(15)尺码(Meas.)：可采用类似货量的表示方法。信用证或合同未要求，不注亦可。

(16)总量(total)：包括全部货物、包装件、毛净重和尺码等项目各自的总量。

(17)出单人(issued by)：应与发票出单人相同。

(18)签字(signature)：与发票签字相同。

操作九：出口货物报关

【操作内容】

出口商在完成订舱、报检、申领产地证和出口收汇核销单等工作后，便可填写出口货物报关单,向海关申报。出口货物报关操作的内容是出口商填制中华人民共和国出口货物报关单,并向海关提交全套的报关文件,接受海关对单证或出境货物的查验,直到签注放行。

【操作指南】

一、出口报关的程序

报关是指货物、行李和邮递物品、运输工具等在进出关境或国境时,由所有人或其代理人向海关申报,交验规定的单据、证件,请求海关办理进出口的有关手续。报关的基本程序是申报、查验、征税、放行。出口报关的一般程序和内容见图 8-2。

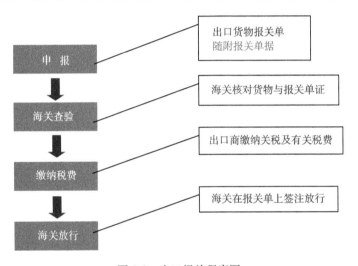

图 8-2　出口报关程序图

二、出口商报关应提交的单证

出口商报关时向海关提交的报关单证主要有:
(1)出口货物报关单;
(2)出口许可证(或其他批准文件);
(3)减税、免税或免验的证明文件;
(4)商品检验证书(certificate of inspection);
(5)原产地证明书(certificate of origin);
(6)出口收汇核销单;
(7)商业发票;
(8)装箱单;
(9)装货单;
(10)出口合同(sales contract)。

三、报关单的作用

(1)报关单是向海关报告进出口情况，申请海关审查、放行货物的必要法律文书。

(2)报关单是海关对进出口货物进行监督、征税、统计以及开展检查和调查的重要依据。

(3)报关单是加工贸易进出口货物核销以及出口退税和外汇管理的重要凭证。

(4)报关单是海关处理进出口货物走私、违规案件及税务、外汇管理部门查处骗税和套汇犯罪活动的重要书证。

四、报关单填制的一般要求

(1)报关单的填报必须真实，做到两个相符，即单证相符、单货相符。

(2)不同合同项下的货物，不能填在同一报关单上，同一批货物中有不同贸易方式的货物，必须用不同的报关单。

(3)一张报关单上一般最多不能超过五项海关商品编号的货物。

(4)向海关申报的报关单，事后由于各种原因，出现原来填报的内容与实际不一致的，需立即向海关办理更正手续，填写报关单更正单。

五、出口货物报关单的缮制规范

根据中华人民共和国海关进出口货物报关单填制规范，现将出口货物报关单(见附录一单证示样 13)的填制说明如下。

1. 预录入编号

本栏目填报预录入报关单的编号，预录入编号规则由接受申报的海关决定。

2. 海关编号

本栏目填报海关接受申报时给予报关单的编号，一份报关单对应一个海关编号。

报关单海关编号为 18 位，其中第 1～4 位为接受申报海关的编号(海关规定的《关区代码表》中相应海关代码)，第 5～8 位为海关接受申报的公历年份，第 9 位为进出口标志("1"为进口，"0"为出口；集中申报清单"i"为进口，"e"为出口)，后 9 位为顺序编号。在海关 h883/edi 通关系统向 h2000 通关系统过渡期间，后 9 位的编号规则同 h883/edi 通关系统的要求，即 1～2 位为接受申报海关的编号(海关规定的《关区代码表》中相应海关代码的后 2 位)，第 3 位为海关接受申报公历年份 4 位数字的最后 1 位，后 6 位为顺序编号。

3. 出口口岸

本栏目应根据货物实际进出境的口岸海关，填报海关规定的《关区代码表》中相应口岸海关的名称及代码。

4. 备案号

本栏目填报进出口货物收发货人在海关办理加工贸易合同备案或征、减、免税备案审批等手续时，海关核发的《中华人民共和国海关加工贸易手册》、电子账册及其分册(以下统称《加工贸易手册》)、《进出口货物征免税证明》(以下简称《征免税证明》)或其他备案审批文件的编号。一份报关单只允许填报一个备案号。

5. 合同协议号

本栏目填报进出口货物合同(包括协议或订单)编号。

6. 出口日期

出口日期指运载出口货物的运输工具办结出境手续的日期，本栏目供海关签发打印报关单证明联用，在申报时免予填报。

无实际进出境的报关单填报海关接受申报的日期。

本栏目为8位数字，顺序为年(4位)、月(2位)、日(2位)。

7. 申报日期

申报日期指海关接受进出口货物收发货人、受委托的报关企业申报数据的日期。以电子数据报关单方式申报的，申报日期为海关计算机系统接受申报数据时记录的日期。以纸质报关单方式申报的，申报日期为海关接受纸质报关单并对报关单进行登记处理的日期。

申报日期为8位数字，顺序为年(4位)、月(2位)、日(2位)。本栏目在申报时免予填报。

8. 经营单位

本栏目填报在海关注册登记的对外签订并执行进出口贸易合同的中国境内法人、其他组织或个人的名称及海关注册编码。

9. 收货单位/发货单位

(1)收货单位填报已知的进口货物在境内的最终消费、使用单位的名称，包括：①自行从境外进口货物的单位。②委托进出口企业进口货物的单位。

(2)发货单位填报出口货物在境内的生产或销售单位的名称，包括：①自行出口货物的单位。②委托进出口企业出口货物的单位。

(3)有海关注册编码或加工企业编码的收、发货单位，本栏目应填报其中文名称及编码；没有编码的应填报其中文名称。使用《加工贸易手册》管理的货物，报关单的收、发货单位应与《加工贸易手册》的"经营企业"或"加工企业"一致；减免税货物报关单的收、发货单位应与《征免税证明》的"申请单位"一致。

10. 申报单位

自理报关的，本栏目填报进出口企业的名称及海关注册编码；委托代理报关的，本栏目填报经海关批准的报关企业名称及海关注册编码。

本栏目还包括报关单左下方用于填报申报单位有关情况的相关栏目，包括报关员、报关单位地址、邮政编码和电话号码等栏目。

11. 运输方式

运输方式包括实际运输方式和海关规定的特殊运输方式，前者指货物实际进出境的运输方式，按进出境所使用的运输工具分类；后者指货物无实际进出境的运输方式，按货物在境内的流向分类。

本栏目应根据货物实际进出境的运输方式或货物在境内流向的类别，按照海关规定的《运输方式代码表》选择填报相应的运输方式。

12. 运输工具名称

本栏目填报载运货物进出境的运输工具名称或编号。填报内容应与运输部门向海关申报的舱单(载货清单)所列相应内容一致。

13. 航次号

本栏目填报载运货物进出境的运输工具的航次编号。

14. 提运单号

本栏目填报进出口货物提单或运单的编号。

一份报关单只允许填报一个提单或运单号，一票货物对应多个提单或运单时，应分单填报。

15. 贸易方式(监管方式)

本栏目应根据实际对外贸易情况按海关规定的《监管方式代码表》选择填报相应的监管方式简称及代码。一份报关单只允许填报一种监管方式。

16. 征免性质

本栏目应根据实际情况按海关规定的《征免性质代码表》选择填报相应的征免性质简称及代码，持有海关核发的《征免税证明》的，应按照《征免税证明》中批注的征免性质填报。一份报关单只允许填报一种征免性质。

17. 征税比例/结汇方式

进口报关单本栏目免予填报。

出口报关单填报结汇方式，按海关规定的《结汇方式代码表》选择填报相应的结汇方式名称或代码。

18. 许可证号

本栏目填报以下许可证的编号：出口许可证、两用物项和技术出口许可证、两用物项和技术出口许可证(定向)、纺织品临时出口许可证、出口许可证(加工贸易)、出口许可证(边境小额贸易)。一份报关单只允许填报一个许可证号。

19. 装货港/指运港

装货港填报进口货物在运抵我国关境前的最后一个境外装运港。

指运港填报出口货物运往境外的最终目的港；最终目的港不可预知的，按尽可能预知的目的港填报。

本栏目应根据实际情况按海关规定的《港口航线代码表》选择填报相应的港口中文名称及代码。装货港/指运港在《港口航线代码表》中无港口中文名称及代码的，可选择填报相应的国家中文名称或代码。

无实际进出境的，本栏目填报"中国境内"（代码142）。

20. 境内目的地/境内货源地

境内目的地填报已知的进口货物在国内的消费、使用地或最终运抵地，其中最终运抵地为最终使用单位所在的地区。最终使用单位难以确定的，填报货物进口时预知的最终收货单位所在地。

境内货源地填报出口货物在国内的产地或原始发货地。出口货物产地难以确定的，填报最早发运该出口货物的单位所在地。

本栏目按海关规定的《国内地区代码表》选择填报相应的国内地区名称及代码。

21. 批准文号

进口报关单中本栏目免予填报。

出口报关单中本栏目填报出口收汇核销单编号。

22. 成交方式

本栏目应根据进出口货物实际成交价格条款，按海关规定的《成交方式代码表》选择填报相应的成交方式代码。

无实际进出境的报关单，进口填报 CIF，出口填报 FOB。

23. 运费

本栏目填报进口货物运抵我国境内输入地点起卸前的运输费用，出口货物运至我国境内输出地点装载后的运输费用。进口货物成交价格包含前述运输费用或者出口货物成交价格不包含前述运输费用的，本栏目免于填报。

运费可按运费单价、总价或运费率三种方式之一填报，注明运费标记（运费标记"1"表示运费率，"2"表示每吨货物的运费单价，"3"表示运费总价），并按海关规定的《货币代码表》选择填报相应的币种代码。

运保费合并计算的，填报在本栏目。

24. 保费

本栏目填报进口货物运抵我国境内输入地点起卸前的保险费用，出口货物运至我国境内输出地点装载后的保险费用。进口货物成交价格包含前述保险费用或者出口货物成交价格不包含前述保险费用的，本栏目免于填报。

保费可按保险费总价或保险费率两种方式之一填报，注明保险费标记（保险费标记"1"表示保险费率，"3"表示保险费总价），并按海关规定的《货币代码表》选择填报相应的币种代码。

运保费合并计算的，本栏目免予填报。

25. 杂费

本栏目填报成交价格以外的、按照《中华人民共和国进出口关税条例》相关规定应计入完税价格或应从完税价格中扣除的费用。可按杂费总价或杂费率两种方式之一填报，注明杂费标记（杂费标记"1"表示杂费率，"3"表示杂费总价），并按海关规定的《货币代码表》选择填报相应的币种代码。

应计入完税价格的杂费填报为正值或正率，应从完税价格中扣除的杂费填报为负值或负率。

26. 件数

本栏目填报有外包装的进出口货物的实际件数。

27. 包装种类

本栏目应根据进出口货物的实际外包装种类，按海关规定的《包装种类代码表》选择填报相应的包装种类代码。

28. 毛重（千克）

本栏目填报进出口货物及其包装材料的重量之和，计量单位为千克，不足一千克的填报为"1"。

29. 净重（千克）

本栏目填报进出口货物的毛重减去外包装材料后的重量，即货物本身的实际重量，计量单位为千克，不足一千克的填报为"1"。

30. 集装箱号

本栏目填报装载进出口货物（包括拼箱货物）集装箱的箱体信息。一个集装箱填一条记录，分别填报集装箱号（在集装箱箱体上标示的全球唯一编号）、集装箱的规格和集装箱的自重。非集装箱货物填报为"0"。

31. 随附单证

本栏目根据海关规定的《监管证件代码表》选择填报除本规范第18条规定的许可证件以外的其他进出口许可证件或监管证件代码及编号。

本栏目分为随附单证代码和随附单证编号两栏，其中代码栏应按海关规定的《监管证件代码表》选择填报相应证件代码；编号栏应填报证件编号。

32. 用途/生产厂家

进口货物本栏目填报用途，应根据进口货物的实际用途按海关规定的《用途代码表》选择填报相应的用途代码。

出口货物本栏目填报其境内生产企业。

33. 标记唛码及备注

本栏目填报要求如下：

(1)标记唛码中除图形以外的文字、数字。

(2)与本报关单有关联关系的，同时在业务管理规范方面又要求填报的备案号，填报在电子数据报关单中"关联备案"栏。

34. 项号

本栏目分两行填报及打印。第一行填报报关单中的商品顺序编号；第二行专用于加工贸易、减免税等已备案、审批的货物，填报和打印该项货物在《加工贸易手册》或《征免税证明》等备案、审批单证中的顺序编号。

35. 商品编号

本栏目应填报由《中华人民共和国进出口税则》确定的进出口货物的税则号列和《中华人民共和国海关统计商品目录》确定的商品编码，以及符合海关监管要求的附加编号组成的 10 位商品编号。

36. 商品名称、规格型号

本栏目分两行填报及打印。第一行填报进出口货物规范的中文商品名称，第二行填报规格型号。

37. 数量及单位

本栏目分三行填报及打印：

(1)第一行应按进出口货物的法定第一计量单位填报数量及单位，法定计量单位以《中华人民共和国海关统计商品目录》中的计量单位为准。

(2)凡列明有法定第二计量单位的，应在第二行按照法定第二计量单位填报数量及单位。无法定第二计量单位的，本栏目第二行为空。

(3)成交计量单位及数量应填报并打印在第三行。

38. 原产国(地区)/最终目的国(地区)

原产国(地区)应依据《中华人民共和国进出口货物原产地条例》、《中华人民共和国海关关于执行〈非优惠原产地规则中实质性改变标准〉的规定》以及海关总署关于各项优惠贸易协定原产地管理规章规定的原产地确定标准填报。

最终目的国(地区)填报已知的出口货物的最终实际消费、使用或进一步加工制造国家(地区)。不经过第三国(地区)转运的直接运输货物，以运抵国(地区)为最终目的国(地区)；经过第三国(地区)转运的货物，以最后运往国(地区)为最终目的国(地区)。同一批出口货物的最终目的国(地区)不同的，应分别填报最终目的国(地区)。出口货物不能确定最终目的国(地区)时，以尽可能预知的最后运往国(地区)为最终目的国(地区)。

本栏目应按海关规定的《国别(地区)代码表》选择填报相应的国家(地区)名称及代码。

39. 单价

本栏目填报同一项号下出口货物实际成交的商品单位价格。无实际成交价格的，本栏目填报单位货值。

40. 总价

本栏目填报同一项号下出口货物实际成交的商品总价格。无实际成交价格的，本栏目填报货值。

41. 币制

本栏目应按海关规定的《货币代码表》选择相应的货币名称及代码填报，如《货币代码表》中无实际成交币种，需将实际成交货币按申报日外汇折算率折算成《货币代码表》列明的货币填报。

42. 征免

本栏目应按照海关核发的《征免税证明》或有关政策规定，对报关单所列每项商品选择海关规定的《征减免税方式代码表》中相应的征减免税方式填报。

43. 税费征收情况

本栏目供海关批注出口货物税费征收及减免情况。

44. 录入员

本栏目用于记录预录入操作人员的姓名。

45. 录入单位

本栏目用于记录预录入单位名称。

46. 填制日期

本栏目填报申报单位填制报关单的日期。本栏目为 8 位数字，顺序为年（4 位）、月（2 位）、日（2 位）。

47. 海关审单批注及放行日期（签章）

本栏目供海关作业时签注。

■ 操作十：出口货物投保

【操作内容】

货物在运输过程中往往会发生风险并导致损失，为了保证货物在发生损失后能得到补偿，需要投保货物运输险。以 CIF 贸易术语成交的合同，出口商在订妥舱位和报关后，应填写出口货物投保单到保险公司办理投保手续。出口货物投保的操作内容是出口商填制出口货物投保单到保险公司办理投保手续，并根据保险公司的承保回执填制保险单（正式保险合同）。

【操作指南】

一、投保时间

在 CIF 术语下，买卖双方的风险划分是以装运港船舷为界限的，货物越过船舷起的一切风险由买方承担。因此，卖方一般要在装运前向保险公司投保。作为保险凭证的保险单据的出单日期也应不迟于装运的日期。UCP600 第 28 条 e 款的规定：The date of the insurance document must be no later than the date of shipment，unless it appears from the insurance document that the cover is effective from a date not later than the date of shipment.（保险单据日期不得晚于发运日期，除非保险单据表明保险责任不迟于发运日生效。）

二、海运出口货物投保单的缮制

这里就海运出口货物投保单的填制说明如下。

(1)保险人：指所投保的保险公司。

(2)被保险人：即投保人，CIF(或 CIP)合同下的投保此栏一般填写合同的卖方。

(3)保单号次：由保险公司提供。

(4)保单日期：由保险公司填写。

(5)标记：指唛头，根据信用证或合同或订舱单准确填写。

(6)包装及数量：填写总包装件数。

(7)保险货物项目：填写货物总称。

(8)保险金额：按信用证规定以发票金额加成一定比例，注意不是保险费的数额。

(9)总保险金额：即大写的保险金额，应与小写金额保持一致。

(10)运输工具：应填写配舱回单中船方指定的船名和航次号。

(11)装运港：根据信用证或合同规定。

(12)目的港：根据信用证或合同规定。

(13)承保险别：应填写信用证上关于保险险别所规定的内容。

(14)保险代理：由保险公司填写。

(15)偿付地点：根据信用证规定，一般在进口国。

(16)保单背书：根据信用证规定的方式，若无具体规定，则空白背书。

(17)应缴保费：由保险公司填写。

三、海运保险单的缮制

现就中国太平洋财产保险股份有限公司(CHINA PACIFIC PROPERTY INSUR-ANCE CO.，LTD)签发的海运保险单(见附录一单证示样 14)的缮制说明如下。

(1)被保险人：指投保人。通常是出口方，填写出口公司名称即可。

(2)标记：应与发票和提单一致。如唛头较复杂，可注"As per invoice No. XX"。

(3)包装与数量：注明总包装件数即可。如是裸装货物，注明本身数量。

(4)保险货物项目：应与商业发票中的货物信息完全相符。

(5)保险金额：按信用证规定由发票金额加成一定百分比后的金额。金额取整数，尾数进位。

(6)总保险金额：填写大写金额，注意应与小写保险金额严格一致。

(7)保费：一般填写具体金额，而注明"As arranged"或"Paid"或"Prepaid"。

(8)费率：与保费一样通常填写"As arranged"。

(9)运载工具：海运方式填写船名和航次。

(10)开航日期：通常填写提单日；如备用提单填装船日；如在装船前填写，此栏可待签提单后再填，也可填写 As per B/L。

(11)启运港和目的港：按提单或其他运输单据填写。

(12)承保险别：严格按信用证规定的填写，除注明险别名称外，还应注明险别适用的文本及日期。

(13)理赔代理：根据保险公司投保单回执中的名称、地址详细填写。

（14）偿付地点及货币：按信用证规定填写；如信用证无规定，通常为目的港，货币为信用证所使用的货币。

（15）出单地点和日期：地点为保险公司所在地；出单日不能晚于提单日、发运日或接受监管日。

（16）签名：一般由保险公司或其代理签字。

（17）背书：只要以受益人为被保险人，受益人均需背书，具体方式按照信用证规定。如信用证未规定，则空白背书。

操作十一：装运及发装运通知

【操作内容】

海关验讫放行（即海关在装货单等单据上盖验讫放行章）后，出口商即可到船公司办理装运手续，直至取得海运提单。货物装运后，应根据信用证的要求及时向进口商发出装运通知。

【操作指南】

一、发装运通知的目的及时间要求

1. 发装运通知的目的

不同贸易术语成交的国际货物买卖合同出口商向进口商发装运通知的目的有所不同。特别应注意 FOB（或 FCA）合同、CFR（或 CPT）合同和 CIF（或 CIP）合同出口商发装运通知给进口商在目的上的细微差别。

2. 发装运通知的时间要求

远洋运输的货物一般限定在货物装船后的 48 小时内发出装运通知；近洋运输的货物一般限定在货物装船后的 24 小时内发出装运通知。如果 L/C 中对发出时间有具体规定，则应严格按 L/C 规定的时间发出。

二、装运通知的内容

装运通知一般包括以下八项内容：合同号码、货物名称、货物金额、货物数量、包装件数、承运船名、运输航次和提单号码。如果 L/C 中对装船通知的内容有具体规定，则应严格按 L/C 的规定发装运通知，以确保单、证一致。

装运通知样例：

Shipping Advice

Dear Sirs，

Re：1×40'FCL of Sports Goods series

We are very pleased to inform you that the goods have been shipped on Sept. 8, 2011 in Shanghai through COSCO. Please make insurance of the goods on your side. The shipping details are as follows:

　　　S/C No. ××

　　　L/C No. ××

　　　Commercial Invoice No. 06J156

　　　Total Value：USD56，4280.00

　　　B/L No. SHWH100475

　　　Container No. HDMU2127974

　　　Seal No. C06627

　　　Name of the Carrying Vessel：LISBO V. 011W

　　　Destination：Vancouver

　　　On board date：Sept. 8，2011

　　　ETD（Shanghai）：Sept. 9，2011

　　　ETA（Vancouver）：Sept. 30，2011

三、海运提单的缮制

　　现就中远集团公司(China Ocean Shipping Company，COSCO)签发的海运提单(见附录一单证示样16)的缮制说明如下。

　　(1)托运人(shipper)：即发货人，一般为信用证的受益人，也可是第三方。

　　(2)收货人(consignee)：即提单抬头人，填制时按信用证具体规定：①记名抬头，直接填写收货人名称；②不记名抬头，按来证规定，留空不填，或填"to bearer"；③指示抬头，完全按照来证提单条款填写，如"order of shipper"。

　　(3)被通知方(notify party)：如信用证有规定，严格按照信用证填，且注明详细地址；如信用证无规定，留空不填，填买方亦可。

　　(4)收货地点(place of receipt)：向船方实际交货的地点。

　　(5)船名(ocean vessel)：按照配舱回单填制。

　　(6)航次(voyage No.)：按照配舱回单填制。

　　(7)装货港(port of loading)：即启运港，应严格按照信用证填写；如信用证只笼统规定，应根据实际情况填写具体港口名称。

　　(8)卸货港(port of discharge)：填写海运承运人中止承运责任的港口，直达运输情况下为目的港；转船运输情况下一般填转运港。

　　(9)交货地(place of delivery)：填写最终目的地。

　　(10)提单号码(B/L No.)：根据配舱回单上反馈的信息填制。

　　(11)唛头及号码(marks & Nos.)：每一个字母、数字、图形及其排列位置等均与信用证规定完全一致，但箱数要明确，不能只写1-Up。

　　(12)包装件数(kinds of pkgs.)：注明包装数量和单位。如集装箱装运，可只注明集装箱数量；若有多种包装，要逐项列明。

　　(13)货物名称(description of goods)：应严格按照信用证或发票货名填写。如发票货名过多或过细，提单可打总称，但不能和发票货名相矛盾。

(14)毛重：填写总毛重，以公斤为单位。

(15)尺码(measurement)：填写总尺码，以平方米为单位。

(16)大写件数(total pkgs.)：由数字、单位和"ONLY"(整)组成。

(17)签单地址和日期(place & date of issuing)：通常是承运人接受货物或装船的地址，但有时也可不一致。

(18)正本提单份数(Nos. of original B/Ls)：根据信用证规定。如无规定则为 TWO 或 THREE。

(19)装船日期(on board date)：一般与签单日期一致。

(20)承运人签字(by)：指收到货物的船公司，一般填写公司名称和具体签名。

(21)出单人签字：可以是承运人或其具名代理或代表；也可以是船长或其具名代理或代表。这栏一般与(20)同。

操作十二：缮制出口议付单据

【操作内容】

缮制出口议付单据的操作内容是根据国外银行开来信用证的具体规定及单据制作要求，缮制全套出口议付单据。议付单据一般包括商业发票、装箱单、海运提单(ocean bill of lading)、保险单(insurance policy)、汇票、商检证(certificate of inspection)、产地证(certificate of origin)和装船通知等。

【操作指南】

一、议付单据的作用

(1)单据是出口方履行国际货物买卖合同的证明。

(2)单据是交易货物的代表。

(3)单据是贸易结算的凭证。

(4)单据可以作为融资的手段。

二、议付单据的种类

1. 按单据的性质分类

(1)资金单据(financial documents)。

(2)商业单据(commercial documents)。

(3)公务证书(public certificates)。

2. 按单据的作用分类

(1)基本单据(basic documents)，包括商业发票、运输单据和保险单据。

(2)附属单据(additional documents),包括海关发票、领事发票、装箱单、重量单、受益人证明等。

三、主要议付单据的出单日期

商业发票的签发最早;装箱单、重量单出单日期相同或略迟于发票日期;保险单出单日期相同或早于运输单据签发日期;产地证、商检证相同或略早于货物装运日期;汇票出单日期最晚,但不能晚于 L/C 的有效期;其他单据的出单日期与货物的装运日期基本相同。

四、议付单据的制作要求

1.单证一致、单单一致

在采用信用证支付方式时,出口商制单时必须明确:

(1)信用证中,各有关当事人处理的是单据,而不是与单据有关的货物、服务或其他行为(依据是 UCP600 Article 5)。

(2)受益人提交的单据必须表面上与信用证条款相符,单据之间表面互不一致,即视为表面与信用证不符(依据是 UCP600 Article 14)。

2.单据内容正确、完整,符合有关法规及商业惯例

例如,汇票的签发应符合票据法的有关规定;保险单的出单日期必须早于提单日期;商业发票及装箱单的日期早于保险单。

3.美观、整洁

4.及时制单

五、信用证对议付单据的常见要求

1.信用证对商业发票条款的要求

(1)Signed commercial invoice in 6 copies.

(2)Beneficiary's manually commercial invoice in five folds indicating L/C No. and contract No. .

(3)Commercial invoice in 8 copies showing price CIF Bangkok, FOB value, freight charges and insurance premium separately.

2.信用证对装箱单/重量单条款的要求

(1)Packing /weight list in quadruplicate detailed showing the gross and net weight as well as exact contents of each individual package.

(2)Packing list in three folds showing the gross, net weight and measurement of package.

3.信用证对提单条款的要求

(1)Full set of 3/3 originals plus 3 non-negotiable copies clean on board ocean B/L consigned to order and blank endorsed Marked "Freight Prepaid" showing agency at destination Notifying the Applicant.

(2)Full set clean on board ocean bills of lading showing freight prepaid consigned to order of the royal bank of Canada indicating the actual date of the goods on board and notify the applicant with full address and phone.

4. 信用证对保险单条款的要求

(1)Insurance policy or certificate for 120% of invoice value covering: institute cargo clauses (A) as per ICC dated 1/1/1982.

(2)Insurance policy in duplicate for CIF value of the shipment plus 10 percent covering All risks, War Risks and S. R. C. C. as per Clauses of the People's Insurance Company of China.

5. 信用证对汇票条款的要求

(1)Drafts to be drawn at 30 days after sight on us for 100% of invoice value.

(2)You are authorized to draw on Royal Bank of Canada, Vancouver at sight for a sum not exceeding CAD12 000.

(3)This credit is available with any bank by negotiation of beneficiary's Drafts at 60 days date drawn on Issuing bank.

6. 信用证对产地证条款的要求

(1)Original certificate of origin in 4 copies issued by China Council for Promotion of international Trade.

(2)GSP Certificate of Origin Form A showing importing country.

7. 信用证对商检证条款的要求

Inspection Certificate of Quality and Weight issued by China Commodity Inspection Bureau.

8. 信用证中受益人申明/声明条款示例

(1)Beneficiary's Certificate certifying that full set of non-negotiable copies of documents to be sent to Applicant immediately after shipment.

(2)Beneficiary's Declaration stating that one complete set of non-negotiable shipping documents sent directly to the opener by express airmail within 2 days after shipment.

六、普惠制产地证的缮制

1968 年，第二届联合国贸易与发展会议通过了建立普遍优惠制(generalized system preference，GSP)的决议，发达国家承诺对从发展中国家或地区进口工业制成品、半制成品以及部分农产品给予普遍的、非歧视的和非互惠的优惠关税待遇。这种按普遍优惠制征收的比最惠国待遇还优惠得多的关税就是普惠税(GSP duty)。为了确保普惠制待遇只给予发展中国家和地区生产和制造的产品，各给惠国制定了详细和严格的原产地规则。普惠制产地证(GSP FORM A)是根据发达国家给予发展中国家的普遍优惠制而签发的一种优惠性原产地证。现采用的是格式 A，证书颜色为绿色，简称为 FORM A 或 GSP FORM A。

现将普惠制产地证（见附录一单证示样 10）的缮制说明如下：

(1)出口人(goods consigned from)：填写信用证的受益人或合同卖方，应注明公司的详细名称和地址。

(2)收货人(goods consigned to)：应填写最终收货人的详细名称，地址、国名等。信用证方式下收货人为信用证的开证申请人、提单通知人或信用证规定的特定收货人。

(3)运输方式和路线(means of transport and route)：应填启运港、到货港和运输方式。如需转口，亦应注明。

(4)供官方使用栏(for official use)：由出证单位或其他官方机构在必要时批注与本证有关事宜。

(5)项目编号(item number)：根据不同类别的商品依次列出顺序号。

(6)唛头和包装编号(marks and numbers of packages)：应与发票或提单一致。

(7)货名、包装件数和种类(number and kind of packages；description of goods)：货名应与商业发票一致；包装件数应在小写数字后用括号加注大写英文数字；货物种类应按合同或信用证规定填写。

(8)产地标准(origin criterion)：此项内容必须按产地证背面规定填写。有以下几种情况：①如果产品系出口国自产，填写"P"。②如果货运美国，填"Y"，后加本国原料成本和加工成本在该货出厂价中所占的百分比，如 Y35%。③货运奥地利、芬兰、日本、挪威、瑞典、瑞士和欧共体的填"W"，后加税则号。④货运保加利亚、捷克、斯洛伐克、匈牙利、波兰和独联体，在出口国增值的产品，填"Y"，后加进口原料和部件的价值在该产品出口离岸价中所占的百分比，如 Y45%。对于在一个受惠国生产而在另一个或一个以上受惠国制作或加工的产品，填 PK。

(9)毛重或其他数量(gross weight or other)：有包装的货物可只填毛重，或填毛重加件数，如裸装货物可只填货物件数；如散装货物可只填净重并加注"N. W. "。

(10)发票号和发票日期(invoice No. and date)：发票日期应按月、日、年顺序填写，月份用英文缩写。

(11)签证机构证明(certification)：此栏下应注明签证地址、日期、证明机构签字和盖章。签证地址应为签证机构所在城市。日期应早于提单日，同于或晚于发票和出口商声明日期。

(12)出口商声明(declaration by the exporter)：此栏下为声明的地址、日期及有权签字人的签字和盖章。地址通常为出口商所在地；日期应晚于或等同于发票日。

七、汇票的缮制

现将信用证结算方式下的汇票（见附录一单证示样 18）的缮制说明如下。

(1)汇票号码(No.)：商业汇票的号码一般填写商业发票的编号。

(2)出票地点和日期(place and date of issue)：汇票的出票日期一般在提单日之后，在议付日之前或议付日当天。

(3)汇票期限(tenor)：严格按信用证规定填写。例如，即期填写 at sight；出票后 30 天填写 30 days after date；见票后 30 天填写 30 days after sight；提单日后 30 天填写 30 days after the date of B/L。

(4)汇票金额(amount)：汇票金额包括小写和大写金额，金额由货币和数额两部分组成。大小写金额必须一致。

(5)收款人(pay to)：收款人由出票人自己指定，信用证业务下收款人一般填写议付行。

(6)出票条款(drawn under)：一般在 drawn under 后填写开证行名称、L/C No. 和信用证的开立日期。

(7)对价条款(value received)：一般在 value received 后填写出口商所交货物的名称和数量。

(8)付款人(to)：亦称受票人。根据信用证规定填写，一般为开证行或其指定银行。应有具体名称和详细地址。

(9)出票人(drawer)：即信用证的受益人，填出口商的行名并加具签字。

主要参考文献

甘鸿.1998.外经贸英语函电.上海：上海人民出版社

国际商会.2006.跟单信用证统一惯例（UCP600）.北京：中国民主法制出版社

国际商会.2011.国际贸易术语解释通则®2010.北京：中国民主法制出版社

黎孝先，王健.2011.国际贸易实务（第5版）.北京：对外经济贸易大学出版社

李时民.2005.出口贸易.北京：北京大学出版社

刘文广，项义军，张晓明.2002.国际贸易实务.北京：高等教育出版社

孟祥年.2002.国际贸易实务操作教程.北京：对外经济贸易大学出版社

彭福永.2009.国际贸易实务教程（第4版）.上海：上海财经大学出版社

田运银.2007.国际贸易实务精讲.北京：中国海关出版社

王斌义.2003.外销员业务操作指引.北京：对外经济贸易大学出版社

吴百福，徐小薇.2011.进出口贸易实务教程（第6版）.上海：上海人民出版社

项义军.2010.国际贸易（第2版）.北京：经济科学出版社

项义军，关兵.2004.国际贸易实务操作.哈尔滨：黑龙江人民出版社

项义军，吕佳.2007.国际结算.北京：清华大学出版社

徐景霖.2011.国际贸易实务（第9版）.大连：东北财经大学出版社

袁永友，柏望生.2004.新编国际贸易实务案例评析.北京：中国商务出版社

张炳达.2005.国际贸易实务.上海：立信会计出版社

张亚芬.2002.国际贸易实务与案例.北京：高等教育出版社

祝卫.2008.出口贸易模拟操作教程（第3版）.上海：上海人民出版社

祝卫，程洁，谈英.2008.国际贸易操作能力实用教程.上海：上海人民出版社

附录一　贸易单证示样

> 单证示样 1：销售确认书

Sales Confirmation

S/C No：

Date：

Signed at：

The Seller：

Address：

The Buyer：

Address：

Item No.	Commodity & Specifications	Unit	Quantity	Unit Price(USD)	Amount(USD)

TOTAL CONTRACT VALUE (IN WORDS)：

PACKING：

PORT OF LOADING & DESTINATION：

TIME OF SHIPMENT：

TERMS OF PAYMENT：

INSURANCE：

Confirmed by：

THE SELLER

THE BUYER

➤ 单证示样 2：出口商品成交核算单

出口商品成交核算单

公司名址
客户名址

商品名称	货号规格	成交数量	计量单位	购货价格	出口价格
合计					
包装件数	包装细数	毛重	净重	长、宽、高	尺码/cm³
合计					
贸易术语	装运港	目的港	国别	交货日期	付款方式
汇率	包箱费率	保险费率	佣金率	出口退税率	定额费用率

	美元	人民币		美元	人民币
总销售收入			佣金额		
总购货成本			总利润额		
总退税金额			总利润率		
总实际成本			换汇成本 货号 1		
出口运费			换汇成本 货号 2		
出口保险费			换汇成本 货号 3		

> 单证示样 3：信用证通知书

中国银行
BANK OF CHINA
ADDRESS：
CABLE：
TELEX：
SWIFT：
FAX：

信用证通知书

Notification of Documentary Credit

DATE：

To：致：	When Corresponding lease Quote Our Ref No.	Ref No.
Issuing Bank 开证行	Transmitted to us through 转递行	
L/C No. 信用证号　　Dated 开证日期	Amount 金额	

Dear sirs，敬启者：　　　　　　　　＊　＊ SUBJECT TO UCP500 ＊　＊

We have pleasure in advising you that we have received from the above bank a(n)

（　）telex issuing　　　　　电传开立　　　　（　）ineffective　　　　　　未生效

（　）pre-advising of　　　　预先通知　　　　（　）mail confirmation　of　　证实书（函）

（　）original　　　　　　　正本　　　　　　（　）duplicate　　　　　　　副本

letter of credit，contents of which are as per-attached sheet(s).

This advice and the attached sheet(s) must accompany the relative　documents when presented for negotiation.

信用证一份，现随附通知。贵公司交单时，请将通知书及信用证一并提示。

（　）Please note that this advice does not constitute our confirmation at the above L./C nor does it convey any engagement or obligation on our part.

本通知书不构成我行对此信用证之保兑及其他任何责任。

（　）Please note that we have added our confirmation to above L/C，negotiation is restricted to ourselves only.

上述信用证已有我行加以保兑，并限向我行交单。

Remarks：备注：

This L/C consists of ____ sheet (s)，including the covering letter and attachment(s)

本信用证连同面函及附件共____页。

If you find any terms and conditions in the L/C which you are unable to comply with and or any error(s)，it is suggested that you contact　applicant　directly for necessary amendment(s) so as to avoid those problems that might happen in your presentation of　documents.

如本信用证中有无法办到的条款或错误，请与开证申请人联系进行必要的修改，以排除交单时可能发生的问题。

Yours faithfully,

For BANK OF CHINA（通知行盖章）

➤ 单证示样 4：信用证

```
WEST LB (EUROPA) A. G.          TO CUSTOMER
                                                                          - SWIFT -
ADV. BANK: BANK OF CHINA, HEILONGJIANG BRANCH
IT700     ISSUE OF A DOCUMENTARY CREDIT
27        SEQUENCE OF TOTAL                          1/2
40A       FORM OF DOCUMENTARY CREDIT                 IRREVOCABLE
20        DOCUMENTARY CREDIT NUMBER                  FLS-XHLC01
31C       DATE OF ISSUE                              26-MARCH-2012
31D       DATE AND PLACE OF EXPIRY                   15-JUNE-2012      AT OUR COUNTER
50        APPLICANT:
          F. L. SMIDTH & CO. A/S
          77, VIGERSLEV ALLE, DK-2600 VALBY
          COPENHAGEN DENMARK FAX: (01) 20 11 90
59        BENEFICIARY:
          XUE HAI TRADING CORP.
          2ND FLOOR, MAIN BUILDING
          1# XUE HAI STREET
          HARBIN, CHINA, 150028
32B       CURRENCY CODE, AMOUNT                      USD841, 000. 00
41 D      AVAILABLE WITH …BY…
          ANY                                        BANK IN CHINA     BY NEGOTIATION
42C       DRAFTS AT                                  30 DAY'S SIGHT
          QUOTING NO. AND DATE OF THIS LC AND NAME OF ISSUING BANK
          (WHICH MUST ALSO BE INDICATED ON ALL SHIPPING DOCUMENTS REQUIRED)
42D       DRAWEE
          ISSUING BANK FOR FULL INVOICE VALUE
43P       PARTIAL SHIPMENTS    PERMITTED
43T       TRANSSHIPMENT        PERMITTED             ONLY IN HONG KONG
44A       LOADING ON BOARD/DISPATCH/TAKING IN CHARGE AT/FROM    DALIAN
44B       FOR TRANSPORTATION TO     COPENHAGEN
44C       LATEST DATE OF SHIPMENT                    31-MAY-2012
45A       DESCRIPTION OF GOODS AND/OR SERVICES
          BAILE BRAND ACCORDION          AS PER SALES CONFIRMATION
          1000 SETS BL 5-131@ USD 404. 00/SET   NO. FLS808
          1000 SETS BL 5-128@ USD 437. 00/SET   DATED  26-MARCH-2012     CIFC₅ COPENHAGEN
46A       DOCUMENTS REQUIRED
```

1. SIGNED COMMERCIAL INVOICE IN 3 COPIES MENTIONING VESSEL'S NAME TOGETHER WITH BENEFI-CIARIES' DECLARATION CONFIRMING THAT ONE SET OF NON-NEGOTIABLE DOCS. HAS BEEN SENT TO THE APPLICANT.

2. SIGNED PACKING LIST IN 3-FOLD SHOWING COLOR ASSORTMENT OF EACH ART NO. , GROSS WEIGHT, NET WEIGHT AND MEASUREMENT OF EACH PACKAGE.

3. FULL SET (2/2) MARINE INSURANCE POLICY OR CERTIFICATE, ENDORSED IN BLANK, FOR 120 PER-CENT OF FULL CIF VALUE, COVERING ALL RISKS AND WAR RISK AS PER CIC OF PICC DATED 1/1/1981 SHOWING CLAIMS, IF ANY, ARE TO BE PAID AT DESTINATION IN THE SAME CURRENCY OF THE DRAFTS.

4. 1/3 ORIGINAL CLEAN SHIPPED ON BOARD MARINE BILL OF LADING SHOULD BE AIRMAILED TO THE APPLICANT WITHIN 24 HOURS AFTER SHIPMENT EFFECTED. 2/3 ORIGINAL CLEAN SHIPPED ON BOARD MARINE BILL OF LADING ISSUED TO ORDER AND ENDORSED IN BLANK, MARKED FREIGHT PREPAID AND NOTIFY THE APPLICANT.

5. BENEFICIARYS CERTIFICATE ACCOMPANIED WITH THE RELATIVE FAX COPY CERTIFYING THAT ALL SHIPPING DETAILS 〔INCLUDING NAME OF VESSEL, VOYAGE NO. , L/C NO. , B/L NO. , QUANTITY SHIPPED, NO. OF PACKAGES, TOTAL AMOUNT, ETD/ETA, AND NAME OF 2ND VESSEL (IF POSSIBLE)〕 HAVE BEEN FACSIMILED TO APPLICANT WITHIN 1 DAY AFTER SHIPMENT EFFECTED.

6. GSP FORM A IN DUPLICATE ISSUED AND SIGNED BY HEILONGJIANG ENTRY-EXIT INSPECTION AND QUARANTINE BUREAU.

WEST LB (EUROPA) A. G.   TO CUSTOMER

-SWIFT-

ADV. BANK: CHINA BANK, HEILONGJIANG BRANCH

IT700	ISSUE OF A DOCUMENTARY CREDIT	
27	SEQUENCE OF TOTAL	2/2
40A	FORM OF DOCUMENTARY CREDIT	IRREVOCABLE
20	DOCUMENTARY CREDIT NUMBER	FLS-XHLC01
31C	DATE OF ISSUE	26-MARCH-2012
31D	DATE AND PLACE OF EXPIRY	15-JUNE-2012
47A	ADDITIONAL CONDITIONS	

  1   TRANSPORT DOCUMENT MUST SHOW THE ACTUAL PORT OF LOADING AND
       ALSO THE NAME AND TELEPHONE NUMBER OF THE DELIVERY AGENT
       AT DESTINATION AS WELL AS THE ACTUAL AMOUNT OF FREIGHT BEING PAID.

  2   PROCESSING OF DOCUMENTS WHICH DO NOT COMPLY WITH THE
       TERMS AND CONDITIONS OF THE LETTER OF CREDIT IS SUBJECT
       TO A SPECIAL DISCREPANCY HANDLING FEE OF U. S. DOLLARS
       50. 00 OR EQUIVALENT PER SET OF DOCUMENTS PLUS RELATED
       CABLE CHARGES WHICH WILL BE DEDUCTED FROM ANY PROCEEDS.

  3   TWO ADDITIONAL COPIES/PHOTOCOPIES EACH OF THE RELATIVE
       INVOICE(S) AND TRANSPORT DOCUMENT(S) ARE REQUESTED TO BE
       PRESENTED TOGETHER WITH THE DOCUMENTS FOR THE ISSUING
       BANK'S REFERENCE ONLY.

  4   BENEFICIARY'S STATEMENT CONFIRMING THEIR ACCEPTANCE OR
       NON-ACCEPTANCE OF THE AMENDMENT(S) MADE UNDER THIS CREDIT
       QUOTING THE RELEVANT AMENDMENT NUMBER. SUCH STATEMENT IS
       NOT REQUIRED OF THIS CREDIT HAS NOT BEEN AMENDED.

  5   SHIPPING MARK: FLS/808/COPENHAGEN/1-2000

71B   CHARGES:
       ALL BANKING CHARGES OUTSIDE OPENING BANK AND REIMBURSING/PAYMENT
       CHARGES ARE FOR A/C OF BENEFICIARY

48   PERIOD FOR PRESENTATION:
       WITHIN 5 DAYS AFTER THE DATE OF ISSUANCE OF THE TRANSPORT DOCUMENT(S) BUT WITHIN THE
       VALIDITY OF THE CREDIT.

49   CONFIRMATION INSTRUCTIONS: WITHOUT

78   INSTRUCTIONS TO THE PAYING/ACCEPTING/NEGOTIATING BANK

  1   EACH DRAWING BE ENDORSED ON THE REVERSE BY PRESENTING/NEG. BANK.

  2   ALL DOCUMENTS MUST BE SENT TO US IN ONE COVER BY COURIER SERVICE.

  3   UPON RECEIPT OF FULL SET OF DOCUMENTS IN ORDER, WE SHALL
       REIMBURSE YOU IN ACCORDANCE WITH YOUR INSTRUCTIONS.

72   SENDER TO RECEIVER INFORMATION
       SUBJECT TO U. C. P. (2007 REVISION)   I. C. C PUBLICATION NO. 600
       THIS IS THE OPERATIVE INSTRUMENT, NO MAIL CONFIRMATION WILL FOLLOW

➤ 单证示样 5：信用证分析单

信用证分析单

银行编号 证号		合约		受益人	
开证银行			进口商		
开证日期		索汇方式	起运口岸		目的地
金额			可否转运		唛头：
汇票付款人			可否分批		
汇票期限	见票＿＿＿天期		装运期限		
注意事项			效期地点		
			提单日 _ 天内议付 _ 天内寄单		

单证名称	提单	副提单	商业发票	海关发票	装箱单	重量单	尺码单	保险单	产地证	EEC产地证	贸促会产地证	出口许可证	装船证书	投保通知	寄投保通收据	寄单证明	寄单邮据	寄样证明	寄样邮据			
银行																						
客户																						

提单	抬头				
	通知		保险		
运费预付					
			保额另加＿＿＿%	赔款地点	

如分析单内容与合约有不符或疑问，请查核信用证正本。

▷ 单证示样 6：出口货物订舱委托书

出口货物订舱委托书

日期

发货人	信用证号码	开证银行
	合同号码	成交金额
	装运口岸	目的港
收货人	转船运输	分批装运
	信用证效期	装船期限
	运费	成交条件
通知人	公司联系人	电话/传真
	公司开户行	银行帐号
	特别要求	

唛头	货号规格	包装件数	毛重	净重	数量	单价	总价

总件数	总毛重	总净重	总尺码	总金额

> 单证示样 7：商业发票

Commercial Invoice

Seller		Invoice No.		Invoice Date	
		L/C No.		Date	
		Issued by			
Buyer		Contract No.		Date	
		From		To	
		Shipped by		Price Term	
Marks	Description of Goods	Quantity		Unit Price	Amount

Issued By

Signature

> 单证示样 8：装箱单

Packing List

Seller	Invoice No.		Invoice Date		
	From		To		
	Total Packages(In Words)				
Buyer	Marks & Nos.				

C/Nos.	Nos. & Kinds of Pkgs.	Item	Quantity	G. W.	N. W.	Measurement

Issued By

Signature

➤ 单证示样 9：出境货物报检单

中华人民共和国出入境检验检疫
出境货物报检单

报检单位（加盖公章）：　　　　　　　　　　　　　　　　　　　＊编　号

报检单位登记号：　　　　　　联系人：钱明江　电话：　　　　　报检日期：

发货人	（中文）					
	（外文）					
收货人	（中文）					
	（外文）					

货物名称（中/外文）	H.S. 编码	产地	数/重量	货物总值	包装种类及数量

运输工具名称号码		贸易方式		货物存放地	
合同号		信用证号		用途	
发货日期		输往国家（地区）		许可证/审批号	
启运地		到达口岸		生产单位注册号	

集装箱规格、数量及号码

合同、信用证订立的检验检疫条款或特殊要求	标 记 及 号 码	随附单据（划"√"或补填）	
		□合同	□包装性能结果单
		□信用证	□许可/审批文件
		□发票	□
		□换证凭单	□
		□装箱单	
		□厂检单	

需要证单名称（划"√"或补填）				＊检验检疫费	
□品质证书 __正__副	□植物检疫证书 正 副			总金额（人民币元）	
□重量证书 __正__副	□熏蒸/消毒证书 正 副				
□数量证书 __正__副	□出境货物换证凭单 正 副				
□兽医卫生证书 __正__副	□			计费人	
□健康证书 __正__副	□				
□卫生证书 __正__副	□			收费人	
□动物卫生证书 __正__副	□				

报检人郑重声明： 1. 本人被授权报检。 2. 上列填写内容正确属实，货物无伪造或冒用他人的厂名、标志、认证标志，并承担货物质量责任。	领 取 证 单	
	日期	
	签名	

注：有"＊"号栏由出入境检验检疫机关填写　　　　国家出入境检验检疫局制

➤ 单证示样 10：普惠制原产地证

ORIGINAL

1. Goods consigned from (Exporter's business name, address, country)	Reference No. **GENERALIZED SYSTEM OF PREFERENCES CERTIFICATE OF ORIGIN** (Combined declaration and certificate) **FORM A** Issued in THE PEOPLE'S REPUBLIC OF CHINA (country) See Notes overleaf
2. Goods consigned to (Consignee's name, address, country)	
3. Means of transport and route (as far as known)	4. For official use

5. Item number	6. Marks and numbers of packages	7. Number and Kind of packages; description of goods	8. Origin criterion (see Notes overleaf)	9. Gross weight or other	10. Number and date of invoices

11. Certification It is hereby certified, on the basis of control carried out, that the declaration by the exporter is correct.	12. Declaration by the exporter The undersigned hereby declares that the above details and statements are correct; that all the goods were produced in _____ (country) and that they comply with the origin requirements specified for those goods in the Generalized System of Preferences for goods exported to _____ (importing country) (signature)
Place and date. signature and stamp of certifying authority	Place and date. signature and stamp of certifying authority

➤ 单证示样 11：出口许可证

中华人民共和国出口许可证

1. 领证单位名称： 编码：□□□□□□□		3. 出口许可证编号：
2. 发货单位名称： 编码：□□□□□□□		4. 许可证有效期： 至　年　月　日止
5. 收款方式：	9. 输往国家（地区）	
6. 贸易方式：	10. 收货人：	
7. 出运口岸：	11. 运输方式：	
8. 商品名称： 编码：□□□□□□□	12. 合同号：	

13. 规格 等级	单位	14. 数量	15. 单价（ ）	16. 总值（ ）	17. 总值折美元
18. 总计					

19. 对港澳地区出口非信用证收款的，须经结汇银行加该结汇专用章，本证方有效。	20. 备注
（银行盖章） 　　年　月　日	发证机关盖章

▶ 单证示样12：出口收汇核销单

出口收汇核销单
出口收汇核销单
存根

（黑）编号

出口单位：
单位代码：
出口币种总价：
收汇方式：
预计收款日期：
报关日期：
备注：
此单报关有效期截止到

出口收汇核销单
正联

（黑）编号

出口单位：		
单位代码：		
类别	币种金额	日期	盖章
银行签审			
海关签注栏：			
外汇局签注栏			
年　月　日（签章）			

出口收汇核销单
出口退税专用

（黑）编号

出口单位：		
单位代码：		
货物名称	数量	币种总价
报关单编号：		
外汇局签注栏		
年　月　日（签章）		

➤ 单证示样 13：出口货物报关单

中华人民共和国海关出口货物报关单

预录入编号： 海关编号：

进口口岸		备案号		进口日期		申报日期	
经营单位		运输方式		运输工具名称		提运单号	
收货单位		贸易方式		征免性质		征税比例	
许可证号		起运国(地区)		装货港		境内目的地	
批准文号		成交方式	运费		保费		杂费
合同协议号		件数		包装种类	毛重(公斤)		净重(公斤)
集装箱号		随附单据				用途	
标记唛码及备注							

项号	商品编号	商品名称、规格型号	数量及单位	原产国(地区)	单价	总价	币制	征免

税费征收情况

录入员 录入单位	兹声明以上申报无讹并承担法律责任	海关审单批注及放行日期(签章)
		审单 审价
报关员 申报单位(签章)		征税 统计
单位地址		
邮编 电话 填制日期		查验 放行

➤ 单证示样 14：保险单

中国太平洋财产保险股份有限公司
CHINA PACIFIC PROPERTY INSURANCE CO. , LTD

保 险 单
INSURANCE POLICY

保险单号次

POLICY NO.

中国太平洋财产保险股份有限公司(以下简称本公司)

THIS POLICY OF INSURANCE WITNESSES THAT CHINA PACIFIC PROPERTY INSURANCE CO. , LTD (HEREINAFTER CALLED "THE COMPANY")

根 据

AT THE REQUEST OF ————————————————————————————

(以下简称被保险人)的要求，由被保险人向本公司交付约定(HEREINAFTER CALLED "THE INSURED") AND IN CONSIDERATION OF THE AGREED PREMIUM PAID TO THE COMPANY 的保险费，按照本保险单承保险别和背面所载条款与下列 BY THE INSURED, UNDERTAKES TO INSURE THE UNDER MENTIONED GOODS IN TRANSPORTATION SUBJECT TO THE 特款承保下述货物运输保险，特立本保险单。

CONDITION OF THIS POLICY AS PER THE CLAUSES PRINTED OVERLEAF AND OTHER SPECIAL CLAUSES ATTACHED HEREOF.

标 记 MARKS & NOS.	包装及数量 QUANTITY	保险货物项目 DESCRIPTION OF GOODS	保险金额 AMOUNT INSURED

总保险金额；

TOTAL AMOUNT INSURED： _____

保 费 　　　　费率 　　　　　　　　装载运输工具

PREMIUM _____ RATE _____ PER CONVEYANCE S. S _____

开航日期 　　　自 　　　　　至

SLG ON OR ABT ____ FROM _____ TO _____

承保险别：

CONDITIONS

所保货物，如遇出险，本公司凭本保险单及其他有关证件给付赔款。

CLAIMS IF ANY PAYABLE ON SURRENDER OF THIS POLICY TOGETHER WITH OTHER RELEVANT DOCUMENTS

所保货物，如发生本保险单项下负责赔偿的损失或事故，应立即通知本公司下述代理人查勘。

IN THE EVENT OF ACCIDENT WHEREBY LOSS OR DAMAGE MAY RESULT IN A CLAIM UNDER THIS POLICY IMMEDIATE NOTICE APPLYING FOR SURVEY MUST BE GIVEN TO THE COMPANY'S A-GENT AS MENTIONED HEREUNDER.

赔款偿付地点

CLAIM PAYABLE AT/IN _____

日期 　　　哈尔滨

DATE _____ HARBIN

地址：中国哈尔滨田地街 128 号 TEL：84613360

Address：128 TIAN DI ROAD, HARBIN, CHINA

中国太平洋财产保险股份有限公司黑龙江分公司

CHINA PACIFIC PROPERTY INSURANCE CO. , LTD

HEILONGJIAN BRANCH

_____

General Manager

> 单证示样 15：海运提单

Bill of Lading

Shipper	B/L No. :
	Original
Consignee	
	C O S C O
Notify Party	
	中国远洋运输(集团)总公司

Place of Receipt	Ocean Vessel
Voyage No.	Port of Loading
Port of Discharge	Place of Delivery

CHINA OCEAN SHIPPING (GROUP) CO.

Marks	Nos. & Kinds of Pkgs.	Description of Goods	G. W. (Kg)	Meas. (M³)

Total Number of Containers or Packages(In Words) :

Freight & Charges	Revenue Tons	Rate	Per	Prepaid	Collect

Prepaid At	Payable At		Place and Date of Issue
Total Prepaid	Number of Original B/L(S)		

Loading On Board The Vessel		
Date	By	

➤ 单证示样 16：检验证书

中华人民共和国黑龙江出入境检验检疫局

Heilongjiang Entry-Exit Inspection and Quarantine Bureau
of The People's Republic of China

正本
ORIGINAL
No.

地址：哈尔滨市中山路 13 号
Address：13. Zhongshan Road Harbin，China

检　验　证　书

Inspection Certificate

日期 Date：

电话 Tel：82631285

Quality

发货人：
Consignor

受货人：
Consignee

品　　名：
Commodity

标记及号码：
Marks & No.

报验数量/重量：
Quantity/Weight
Declare

检验结果：
Results of Inspection：

主任检验员：
Chief Inspector：

> 单证示样 17：汇票

Bill of Exchange

No. _____

For _____   _____
　　　　(Amount in Figure)　　　　　　　　　(Place and Date of Issue)

At _____ Sight of This **First** Bill of Exchange (**Second** Being Unpaid)

Pay to _____ or Order

The Sum of _____

(Amount in Words)

Value Received for _____ of _____
　　　　　　(Quantity)　　　　　　　　　(Name of Commodity)

Drawn Under _____

L/C No. _____ Dated _____

To：　　　　　　　　　　　　　　　For and on behalf of

　　　　　　　　　　　　　　　　　(Signature)

_____   _____

Bill of Exchange

No. _____

For _____   _____
　　　　(Amount in Figure)　　　　　　　　　(Place and Date of Issue)

At _____ Sight of This **Second** Bill of Exchange (**First** Being Unpaid)

Pay to _____ or Order

The Sum of _____

(Amount in Words)

Value Received for _____ of _____
　　　　　　(Quantity)　　　　　　　　　(Name of Commodity)

Drawn Under _____

L/C No. _____ Dated _____

To：　　　　　　　　　　　　　　　For and on behalf of

　　　　　　　　　　　　　　　　　(Signature)

_____   _____

➤ 单证示样18：出口结汇水单

××银行出口结汇水单
Payment Advice

出口单位：

日期：
我行编号：
出口发票编号：
合约号：
出口核销单号：

出口币种和金额：

减去 国外银行费用：
　　　信用证通知费：
　　　信用证修改费：
　　　议付费：
　　　兑换手续费：
　　　邮费：
　　　电报费：
　　　其他费用：

－－－－－－－－－－－－－－－－－－－－－－－－－－－－－－－－－－－－－

净外汇金额：
结汇牌价@：
人民币金额：

摘要：上述款项已于____年__月___日划入贵公司在_____银行____分行____的账户。

备注：其他费用包括

经办：　　　　　　　复核：　　　　　　　　　　　核销章：

附录二 《联合国国际货物销售合同公约》（1980）节选

第二部分 合同的订立

第十四条

(1)向一个或一个以上特定的人提出的订立合同的建议，如果十分确定并且表明发价人在得到接受时承受约束的意旨，即构成发价。一个建议如果写明货物并且明示或暗示地规定数量和价格或规定如何确定数量和价格，即为十分确定。

(2)非向一个或一个以上特定的人提出的建议，仅应视为邀请做出发价，除非提出建议的人明确地表示相反的意向。

第十五条

(1)发价于送达被发价人时生效。

(2)一项发价，即使是不可撤销的，得予撤回，如果撤回通知于发价送达被发价人之前或同时，送达被发价人。

第十六条

(1)在未订立合同之前，发价得予撤销，如果撤销通知于被发价人发出接受通知之前送达被发价人。

(2)但在下列情况下，发价不得撤销：

(a)发价写明接受发价的期限或以其他方式表示发价是不可撤销的；或

(b)被发价人有理由信赖该项发价是不可撤销的，而且被发价人已本着对该项发价的信赖行事。

第十七条

一项发价，即使是不可撤销的，于拒绝通知送达发价人时终止。

第十八条

(1)被发价人声明或做出其他行为表示同意一项发价，即是接受。缄默或不行动本身不等于接受。

(2)接受发价于表示同意的通知送达发价人时生效。如果表示同意的通知在发价人所规定的时间内，如未规定时间，在一段合理的时间内，未曾送达发价人，接受就成为无效，但须适当地考虑到交易的情况，包括发价人所使用的通讯方法的迅速程度。

对口头发价必须立即接受，但情况有别者不在此限。

(3)但是，如果根据该项发价或依照当事人之间确立的习惯作法或惯例，被发价人可以做出某种行为，例如与发运货物或支付价款有关的行为，来表示同意，而无须向发价人发出时通知，则接受于该项行为做出通知，但该项行为必须在上一款所规定的期间内做出。

第十九条

(1)对发价表示接受但载有添加、限制或其他更改的答复，即为拒绝该项发价并构成还价。

(2)但是，对发价表示接受但载有添加或不同条件的答复，如所载的添加或不同条件在实质上并不变更该项发价的条件，除发价人在不过分迟延的期间内以口头或书面通知反对其间的差异外，仍构成接受。如果发价人不做出这种反对，合同的条件就以该项发价的条件以及接受通知内所载的更改为准。

(3)有关货物价格、付款、货物质量和数量、交货地点和时间、一方当事人对另一方当事人的赔偿责任范围或解决争端等等的添加或不同条件，均视为在实质上变更发价的条件。

第二十条

(1)发价人在电报或信件内规定的接受期间，从电报交发时刻或信上载明的发信日期起算，如信上未载明发信日期，则从信封上所载日期起算。发价人以电话、电传或其他快速通讯方法规定的接受期间，从发价送达被发价人时起算。

(2)在计算接受期间时，接受期间内的正式假日或非营业日应计算在内。但是如果接受通知在接受期间的最后一天未能送到发价人地址，因为那天在发价人营业地是正式假日或非营业日，则接受期间应顺延至下一个营业日。

第二十一条

(1)逾期接受仍有接受的效力，如果发价人毫不迟延地用口头或书面将此种意见通知被发价人。

(2)如果载有逾期接受的信件或其他书面文件表明，它是在传递正常、能及时送达发价人的情况下寄发的，则该项逾期接受具有接受的效力，除非发价人毫不迟延地用口头或书面通知被发价人：他认为他的发价已经失效。

第二十二条

接受得予撤回，如果撤回通知于接受原应生效之前或同时，送达发价人。

第二十三条

合同于按照本公约规定对发价的接受生效时订立。

第二十四条

为公约本部分的目的，发价、接受声明或任何其他意旨表示"送达"对方，系指用口头通知对方或通过任何其他方法送交对方本人，或其营业地或通讯地址，如无营业地或通讯地址，则送交对方惯常居住地。

第三部分　货物销售

第一章　总则

第二十五条

一方当事人违反合同的结果，如使另一方当事人蒙受损害，以致实际上剥夺了他根据合同规定有权期待得到的东西，即为根本违反合同，除非违反合同一方并不预知而且一个同等资格、通情达理的人处于相同情况中也没有理由预知会发生这种结果。

第二十六条

宣告合同无效的声明，必须向另一方当事人发出通知，方始有效。

第二十七条

除非公约本部分另有明文规定，当事人按照本部分的规定，以适合情况的方法发出任何通知、要求或其他通知后，这种通知如在传递上发生耽搁或错误，或者未能到达，并不使该当事人丧失依靠该项通知的权利。

第二十八条

如果按照本公约的规定，一方当事人有权要求另一方当事人履行某一义务，法院没有义务做出判决，要求具体履行此一义务，除非法院依照其本身的法律对不属本公约范围的类似销售合同愿意这样做。

第二十九条

(1)合同只需双方当事人协议，就可更改或终止。

(2)规定任何更改或根据协议终止必须以书面做出的书面合同，不得以任何其他方式更改或根据协议终止。但是，一方当事人的行为，如经另一方当事人寄以信赖，就不得坚持此项规定。

第二章　卖方的义务

第三十条

卖方必须按照合同和本公约的规定，交付货物，移交一切与货物有关的单据并转移货物所有权。

第一节 交付货物和移交单据

第三十一条

如果卖方没有义务要在任何其他特定地点交付货物，他的交货义务如下：

(a)如果销售合同涉及货物的运输，卖方应把货物移交给第一承运人，以运交给买方；

(b)在不属于上一款规定的情况下，如果合同指的是特定货物或从特定存货中提取的或尚待制造或生产的未经特定化的货物，而双方当事人在订立合同时已知道这些货物是在某一特定地点，或将在某一特定地点制造或生产，卖方应在该地点把货物交给买方处置；

(c)在其他情况下，卖方应在他于订立合同时的营业地把货物交给买方处置。

第三十二条

(1)如果卖方按照合同或本公约的规定将货物交付给承运人，但货物没有以货物上加标记、或以装运单据或其他方式清楚地注明有关合同，卖方必须向买方发出列明货物的发货通知。

(2)如果卖方有义务安排货物的运输，他必须订立必要的合同，以按照通常运输条件，用适合情况的运输工具，把货物运到指定地点。

(3)如果卖方没有义务对货物的运输办理保险，他必须在买方提出要求时，向买方提供一切现有的必要资料，使他能够办理这种保险。

第三十三条

卖方必须按以下规定的日期交付货物：

(a)如果合同规定有日期，或从合同可以确定日期，应在该日期交货；

(b)如果合同规定有一段时间，或从合同可以确定一段时间，除非情况表明应由买方选定一个日期外，应在该段时间内任何时候交货；或者

(c)在其他情况下，应在订立合同后一段合理时间内交货。

第三十四条

如果卖方有义务移交与货物有关的单据，他必须按照合同所规定的时间、地点和方式移交这些单据。如果卖方在那个时间以前已移交这些单据，他可以在那个时间到达前纠正单据中任何不符合同规定的情形，但是，此一权利的行使不得使买方遭受不合理的不便或承担不合理的开支。但是，买方保留本公约所规定的要求损害赔偿的任何权利。

第二节 货物相符与第三方要求

第三十五条

(1)卖方交付的货物必须与合同所规定的数量、质量和规格相符，并须按照合同所定的方式装箱或包装。

(2)除双方当事人业已另有协议外，货物除非符合以下规定，否则即为与合同不符：

(a)货物适用于同一规格货物通常使用的目的；

(b)货物适用于订立合同时曾明示或默示地通知卖方的任何特定目的，除非情况表明买方并不依赖卖方的技能和判断力，或者这种依赖对他是不合理的；

(c)货物的质量与卖方向买方提供的货物样品或样式相同；

(d)货物按照同类货物通用的方式装箱或包装，如果没有此种通用方式，则按照足以保全和保护货物的方式装箱包装。

(3)如果买方在订立合同时知道或者不可能不知道货物不符合同，卖方就无须按上一款(a)项至(d)项负有此种不符合同的责任。

第三十六条

(1)卖方应按照合同和本公约的规定，对风险移转到买方时所存在的任何不符合同情形，负有责任，即使这种不符合同情形在该时间后方始明显。

(2)卖方对在上一款所述时间后发生的任何不符合同情形，也应负有责任，如果这种不符合同情形是由于卖方违反他的某项义务所致，包括违反关于在一段时间内货物将继续适用于其通常使用的目的或某种特定目的，或将保持某种特定质量或性质的任何保证。

第三十七条

如果卖方在交货日期前交付货物，他可以在那个日期到达前，交付任何缺漏部分或补足所交付货物的不足数量，或交付用以替换所交付不符合同规定的货物，或对所交付货物中任何不符合同规定的情形做出补救，但是，此一权利的行使不得使买方遭受不合理的不便或承担不合理的开支。但是，买方保留本公约所规定的要求损害赔偿的任何权利。

第三十八条

(1)买方必须在按情况实际可行的最短时间内检验货物或由他人检验货物。

(2)如果合同涉及货物的运输，检验可推迟到货物到达目的地后进行。

(3)如果货物在运输途中改运或买方须再发运货物，没有合理机会加以检验，而卖方在订立合同时已知道或理应知道这种改运或再发运的可能性，检验可推迟到货物到达新目的地后进行。

第三十九条

(1)买方对货物不符合同，必须在发现或理应发现不符情形后一段合理时间内通知卖方，说明不符合同情形的性质，否则就丧失声称货物不符合同的权利。

(2)无论如何，如果买方不在实际收到货物之日起两年内将货物不符合同情形通知卖方，他就丧失声称货物不符合同的权利，除非这一时限与合同规定的保证期限不符。

第四十条

如果货物不符合同规定指的是卖方已知道或不可能不知道而又没有告知买方的一些事实，则卖方无权援引第三十八条和第三十九条的规定。

第四十一条

卖方所交付的货物，必须是第三方不能提出任何权利或要求的货物，除非买方同意在这种权利或要求的条件下，收取货物。但是，如果这种权利或要求是以工业产权或其他知识产权为基础的，卖方的义务应依照第四十二条的规定。

第四十二条

(1)卖方所交付的货物，必须是第三方不能根据工业产权或其他知识产权主张任何权利或要求的货物，但以卖方在订立合同时已知道或不可能不知道的权利或要求为限，而且这种权利或要求根据以下国家的法律规定是以工业产权或其他知识产权为基础的：

(a)如果双方当事人在订立合同时预期货物将在某一国境内转售或做其他使用，则根据货物将在其境内转售或做其他使用的国家的法律；或者

(b)在任何其他情况下，根据买方营业地所在国家的法律。

(2)卖方在上一款中的义务不适用于以下情况：

(a)买方在订立合同时已知道或不可能不知道此项权利或要求；或者

(b)此项权利或要求的发生，是由于卖方要遵照买方所提供的技术图样、图案、款式或其他规格。

第四十三条

(1)买方如果不在已知道或理应知道第三方的权利或要求后一段合理时间内，将此一权利或要求的性质通知卖方，就丧失援引第四十一条或第四十二条规定的权利。

(2)卖方如果知道第三方的权利或要求以及此一权利或要求的性质，就无权援引上一款的规定。

第四十四条

尽管有第三十九条第(1)款和第四十三条第(1)款的规定，买方如果对他未发出所需的通知具备合理的理由，仍可按照第五十条规定减低价格，或要求利润损失以外的损害赔偿。

第三节 卖方违反合同的补救办法

第四十五条

(1)如果卖方不履行他在合同和本公约中的任何义务，买方可以：

(a)行使第四十六条至第五十二条所规定的权利；

(b)按照第七十四条至第七十七条的规定，要求损害赔偿。

(2)买方可能享有的要求损害赔偿的任何权利，不因他行使采取其他补救办法的权利而丧失。

(3)如果买方对违反合同采取某种补救办法，法院或仲裁庭不得给予卖方宽限期。

第四十六条

(1)买方可以要求卖方履行义务，除非买方已采取与此要求相抵触的某种补救办法。

(2)如果货物不符合同，买方只有在此种不符合同情形构成根本违反合同时，才可以要求交付替代货物，而且关于替代货物的要求，必须与依照第三十九条发出的通知同时提出，或者在该项通知发出后一段合理时间内提出。

(3)如果货物不符合同，买方可以要求卖方通过修理对不符合同之处做出补救，除非他考虑了所有情况之后，认为这样做是不合理的。修理的要求必须与依照第三十九条发出的通知同时提出，或者在该项通知发出后一段合理时间内提出。

第四十七条

(1)买方可以规定一段合理时限的额外时间，让卖方履行其义务。

(2)除非买方收到卖方的通知，声称他将不在所规定的时间内履行义务，买方在这段时间内不得对违反合同采取任何补救办法。但是，买方并不因此丧失他对迟延履行义务可能有的要求损害赔偿的任何权利。

第四十八条

(1)在第四十九条的条件下，卖方即使在交货日期之后，仍可自付费用，对任何不履行义务做出补救，但这种补救不得造成不合理的迟延，也不得使买方遭受不合理的不便，或无法确定卖方是否将偿付买方预付的费用。但是，买方保留本公约所规定的要求损害赔偿的任何权利。

(2)如果卖方要求买方表明他是否接受卖方履行义务，而买方不在一段合理时间内对此一要求做出答复，则卖方可以按其要求中所指明的时间履行义务。买方不得在该段时间内采取与卖方履行义务相抵触的任何补救办法。

(3)卖方表明他将在某一特定时间内履行义务的通知，应视为包括根据上一款规定要买方表明决定的要求在内。

(4)卖方按照本条第(2)和第(3)款做出的要求或通知，必须在买方收到后，始生效力。

第四十九条

(1)买方在以下情况下可以宣告合同无效：

(a)卖方不履行其在合同或本公约中的任何义务，等于根本违反合同；或

(b)如果发生不交货的情况，卖方不在买方按照第四十七条第(1)款规定的额外时间内交付货物，或卖方声明他将不在所规定的时间内交付货物。

(2)但是，如果卖方已交付货物，买方就丧失宣告合同无效的权利，除非：

(a)对于迟延交货，他在知道交货后一段合理时间内这样做；

(b)对于迟延交货以外的任何违反合同事情：①他在已知道或理应知道这种违反合同后一段合理时间内这样做；或②他在买方按照第四十七条第(1)款规定的任何额外时间满期后，或在卖方声明他将不在这一额外时间履行义务后一段合理时间内这样做；或③他在卖方按照第四十八条第(2)款指明的任何额外时间满期后，或在买方声明他将不接受卖方履行义务后一段合理时间内这样做。

第五十条

如果货物不符合同，不论价款是否已付，买方都可以减低价格，减价按实际交付的货物在交货时的价值与符合合同的货物在当时的价值两者之间的比例计算。但是，如果卖方按照第三十七条或第四十八条的规定对任何不履行义务做出补救，或者买方拒绝接受卖方按照该两条规定履行义务，则买方不得减低价格。

第五十一条

(1)如果卖方只交付一部分货物，或者交付的货物中只有一部分符合合同规定，第四十六条至第五十条的规定适用于缺漏部分及不符合同规定部分的货物。

(2)买方只有在完全不交付货物或不按照合同规定交付货物等于根本违反合同时，才可以宣告整个合同无效。

第五十二条

(1)如果卖方在规定的日期前交付货物，买方可以收取货物，也可以拒绝收取货物。

(2)如果卖方交付的货物数量大于合同规定的数量，买方可以收取也可以拒绝收取多交部分的货物。如果买方收取多交部分货物的全部或一部分，他必须按合同价格付款。

第三章　买方的义务

第五十三条

买方必须按照合同和本公约规定支付货物价款和收取货物。

第一节 支付价款

第五十四条

买方支付价款的义务包括根据合同或任何有关法律和规章规定的步骤和手续，以便支付价款。

第五十五条

如果合同已有效地订立，但没有明示或暗示地规定价格或规定如何确定价格，在没有任何相反表示的情况下，双方当事人应视为已默示地引用订立合同时此种货物在有关贸易的类似情况下销售的通常价格。

第五十六条

如果价格是按货物的重量规定的，如有疑问，应按净重确定。

第五十七条

(1)如果买方没有义务在任何其他特定地点支付价款，他必须在以下地点向卖方支付价款：

(a)卖方的营业地；或者

(b)如凭移交货物或单据支付价款，则为移交货物或单据的地点。

(2)卖方必须承担因其营业地在订立合同后发生变动而增加的支付方面的有关费用。

第五十八条

(1)如果买方没有义务在任何其他特定时间内支付价款，他必须于卖方按照合同和本公约规定将货物或控制货物处置权的单据交给买方处置时支付价款。卖方可以支付价款作为移交货物或单据的条件。

(2)如果合同涉及货物的运输，卖方可以在支付价款后方可把货物或控制货物处置权的单据移交给买方作为发运货物的条件。

(3)买方在未有机会检验货物前，无义务支付价款，除非这种机会与双方当事人议定的交货或支付程序相抵触。

第五十九条

买方必须按合同和本公约规定的日期或从合同和本公约可以确定的日期支付价款，而无需卖方提出任何要求或办理任何手续。

第二节　收取货物

第六十条

买方收取货物的义务如下：

(a)采取一切理应采取的行动，以期卖方能交付货物；和

(b)接收货物。

第三节　买方违反合同的补救办法

第六十一条

(1)如果买方不履行他在合同和本公约中的任何义务，卖方可以：

(a)行使第六十二条至第六十五条所规定的权利；

(b)按照第七十四条至第七十七条的规定，要求损害赔偿。

(2)卖方可能享有的要求损害赔偿的任何权利，不因他行使采取其他补救办法的权利而丧失。

(3)如果卖方对违反合同采取某种补救办法，法院或仲裁庭不得给予买方宽限期。

第六十二条

卖方可以要求买方支付价款、收取货物或履行他的其他义务，除非卖方已采取与此一要求相抵触的某种补救办法。

第六十三条

(1)卖方可以规定一段合理时限的额外时间，让买方履行义务。

(2)除非卖方收到买方的通知，声称他将不在所规定的时间内履行义务，卖方不得在这段时间内对违反合同采取任何补救办法。但是，卖方并不因此丧失他对迟延履行义务可能享有的要求损害赔偿的任何权利。

第六十四条

(1)卖方在以下情况下可以宣告合同无效：

(a)买方不履行其在合同或本公约中的任何义务，等于根本违反合同；或

(b)买方不在卖方按照第六十三条第(1)款规定的额外时间内履行支付价款的义务或收取货物，或买方声明他将不在所规定的时间内这样做。

(2)但是，如果买方已支付价款，卖方就丧失宣告合同无效的权利，除非：

(a)对于买方迟延履行义务，他在知道买方履行义务前这样做；或者

(b)对于买方迟延履行义务以外的任何违反合同事情：

①他在已知道或理应知道这种违反合同后一段合理时间内这样做；或

②他在卖方按照第六十三条第(1)款规定的任何额外时间满期后或在买方声明他将不在这一额外时间内履行义务后一段合理时间内这样做。

第六十五条

(1)如果买方应根据合同规定订明货物的形状、大小或其他特征，而他在议定的日期或在收到卖方的要求后一段合理时间内没有订明这些规格，则卖方在不损害其可能享有的任何其他权利的情况下，可以依照他所知的买方的要求，自己订明规格。

(2)如果卖方自己订明规格，他必须把订明规格的细节通知买方，而且必须规定一段合理时间，让买方可以在该段时间内订出不同的规格，如果买方在收到这种通知后没有在该段时间内这样做，卖方所订的规格就具有约束力。

第四章 风险移转

第六十六条

货物在风险移转到买方承担后遗失或损坏，买方支付价款的义务并不因此解除，除非这种遗失或损坏是由于卖方的行为或不行为所造成。

第六十七条

(1)如果销售合同涉及货物的运输，但卖方没有义务在某一特定地点交付货物，自货物按照销售合同交付给第一承运人以转交给买方时起，风险就移转到买方承担。如果卖方有义务在某一特定地点把货物交付给承运人，在货物于该地点交付给承运人以前，风险不移转到买方承担。卖方受权保留控制货物处置权的单据，并不影响风险的移转。

(2)但是，在货物以货物上加标记，或以装运单据，或向买方发出通知或其他方式清楚地注明有关合同以前，风险不移转到买方承担。

第六十八条

对于在运输途中销售的货物，从订立合同时起，风险就移转到买方承担。但是，如果情况表明有此需要，从货物交付给签发载有运输合同单据的承运人时起，风险就由买方承担。尽管如此，如果卖方在订立合同时已知道或理应知道货物已经遗失或损坏，而他又不将这一事实告知买方，则这种遗失或损坏应由卖方负责。

第六十九条

(1)在不属于第六十七条和第六十八条规定的情况下，从买方接收货物时起，或如果买方不在适当时间内这样做，则从货物交给他处置但他不收取货物从而违反合同时起，风险移转到买方承担。

(2)但是，如果买方有义务在卖方营业地以外的某一地点接收货物，当交货时间已到而买方知道货物已在该地点交给他处置时，风险方始移转。

(3)如果合同指的是当时未加识别的货物，则这些货物在未清楚注明有关合同以前，不得视为已交给买方处置。

第七十条

如果卖方已根本违反合同，第六十七条、第六十八条和第六十九条的规定，不损害买方因此种违反合同而可以采取的各种补救办法。

第五章 卖方和买方义务的一般规定

第一节 预期违反合同和分批交货合同

第七十一条

(1)如果订立合同后，另一方当事人由于下列原因显然将不履行其大部分得要义务，一方当事人可以中止履行义务：

(a)他履行义务的能力或他的信用有严重缺陷；或

(b)他在准备履行合同或履行合同中的行为。

(2)如果卖方在上一款所述的理由明显化以前已将货物发运，他可以阻止将货物交付给买方，即使买方持有其有权获得货物的单据。本款规定只与买方和卖方间对货物的权利有关。

(3)中止履行义务的一方当事人不论是在货物发运前还是发运后，都必须立即通知另一方当事人，如经另一方当事人对履行义务提供充分保证，则他必须继续履行义务。

第七十二条

(1)如果在履行合同日期之前，明显看出一方当事人将根本违反合同，另一方当事人可以宣告合同无效。

(2)如果时间许可，打算宣告合同无效的一方当事人必须向另一方当事人发出合理的通知，使他可以对履行义务提供充分保证。

(3)如果另一方当事人已声明将不履行其义务，则上一款的规定不适用。

第七十三条

(1)对于分批交付货物的合同，如果一方当事人不履行对任何一批货物的义务，便对该批货物构成根本违反合同，则另一方当事人可以宣告合同对该批货物无效。

(2)如果一方当事人不履行对任何一批货物的义务，使另一方当事人有充分理由断定对今后各批货物将会发生根本违反合同，该另一方当事人可以在一段合理时间内宣告合同今后无效。

（3）买方宣告合同对任何一批货物的交付为无效时，可以同时宣告合同对已交付的或今后交付的各批货物均为无效，如果各批货物是互相依存的，不能单独用于双方当事人在订立合同时所设想的目的。

第二节　损害赔偿

第七十四条

一方当事人违反合同应负的损害赔偿额，应与另一方当事人因他违反合同而遭受的包括利润在内的损失额相等。这种损害赔偿不得超过违反合同一方在订立合同时，依照他当时已知道或理应知道的事实和情况，对违反合同预料到或理应预料到的可能损失。

第七十五条

如果合同被宣告无效，而在宣告无效后一段合理时间内，买方已以合理方式购买替代货物，或者卖方已以合理方式把货物转卖，则要求损害赔偿的一方可以取得合同价格和替代货物交易价格之间的差额以及按照第七十四条规定可以取得的任何其他损害赔偿。

第七十六条

（1）如果合同被宣告无效，而货物又有时价，要求损害赔偿的一方，如果没有根据第七十五条规定进行购买或转卖，则可以取得合同规定的价格和宣告合同无效时的时价之间的差额以及按照第七十四条规定可以取得的任何其他损害赔偿。但是，如果要求损害赔偿的一方在接收货物之后宣告合同无效，则应适用接收货物时的时价，而不适用宣告合同无效时的时价。

（2）为上一款的目的，时价指原应交付货物地点的现行价格，如果该地点，没有时价，则指另一合理替代地点的价格。但应适当地考虑货物运费的差额。

第七十七条

声称另一方违反合同的一方，必须按情况采取合理措施，减轻由于该另一方违反合同而引起的损失，包括利润方面的损失。如果他不采取这种措施，违反合同一方可以要求从损害赔偿中扣除原可以减轻的损失数额。

第三节　利息

第七十八条

如果一方当事人没有支付价款或任何其他拖欠金额，另一方当事人有权对这些款额收取利息，但不妨碍要求按照第七十四条规定可以取得的损害赔偿。

第四节　免责

第七十九条

（1）当事人对不履行义务，不负责任，如果他能证明此种不履行义务，是由于某种非他所能控制的障碍，而且对于这种障碍，没有理由预期他在订立合同时能考虑到或能避免或克服它或它的后果。

（2）如果当事人不履行义务是由于他所雇佣履行合同的全部或一部分规定的第三方

不履行义务所致，该当事人只有在以下情况下才能免除责任：

(a)他按照上一款的规定应免除责任；和

(b)假如该款的规定也适用于他所雇佣的人，这个人也同样会免除责任。

(3)本条所规定的免责对障碍存在的期间有效。

(4)不履行义务的一方必须将障碍及其对他履行义务能力的影响通知另一方。如果该项通知在不履行义务的一方已知道或理应知道此一障碍后一段合理时间内仍未为另一方收到，则他对由于另一方未收到通知而造成的损害应负赔偿责任。

(5)本条规定不妨碍任何一方行使本公约规定的要求损害赔偿以外的任何权利。

第八十条

一方当事人因其行为或不行为而使得另一方当事人不履行义务时，不得声称该另一方当事人不履行义务。

第五节 宣告合同无效的效果

第八十一条

(1)宣告合同无效解除了双方在合同中的义务，但应负责的任何损害赔偿仍应负责。宣告合同无效不影响合同中关于解决争端的任何规定，也不影响合同中关于双方在宣告合同无效后权利和义务的任何其他规定。

(2)已全部或局部履行合同的一方，可以要求另一方归还他按照合同供应的货物或支付的价款。如果双方都须归还，他们必须同时这样做。

第八十二条

(1)买方如果不可能按实际收到货物的原状归还货物，他就丧失宣告合同无效或要求卖方交付替代货物的权利。

(2)上一款的规定不适用于以下情况：

(a)如果不可能归还货物或不可能按实际收到货物的原状归还货物，并非由于买方的行为或不行为所造成；或者

(b)如果货物或其中一部分的毁灭或变坏，是由于按照第三十八条规定进行检验所致；或者

(c)如果货物或其中一部分，在买方发现或理应发现与合同不符以前，已为买方在正常营业过程中售出，或在正常使用过程中消费或改变。

第八十三条

买方虽然依第八十二条规定丧失宣告合同无效或要求卖方交付替代货物的权利，但是根据合同和本公约规定，他仍保有采取一切其他补救办法的权利。

第八十四条

(1)如果卖方有义务归还价款，他必须同时从支付价款之日起支付价款利息。

(2)在以下情况下，买方必须向卖方说明他从货物或其中一部分得到的一切利益：

(a)如果他必须归还货物或其中一部分；或者

(b)如果他不可能归还全部或一部分货物，或不可能按实际收到货物的原状归还全部或一部分货物，但他已宣告合同无效或已要求卖方交付替代货物。

第六节　保全货物

第八十五条

如果买方推迟收取货物，或在支付价款和交付货物应同时履行时，买方没有支付价款，而卖方仍拥有这些货物或仍能控制这些货物的处置权，卖方必须按情况采取合理措施，以保全货物。他有权保有这些货物，直至买方把他所付的合理费用偿还给他为止。

第八十六条

(1)如果买方已收到货物，但打算行使合同或本公约规定的任何权利，把货物退回，他必须按情况采取合理措施，以保全货物。他有权保有这些货物，直至卖方把他所付的合理费用偿还给他为止。

(2)如果发运给买方的货物已到达目的地，并交给买方处置，而买方行使退货权利，则买方必须代表卖方收取货物，除非他这样做需要支付价款而且会使他遭受不合理的不便或需承担不合理的费用。如果卖方或受权代表他掌管货物的人也在目的地，则此一规定不适用。如果买方根据本款规定收取货物，他的权利和义务与上一款所规定的相同。

第八十七条

有义务采取措施以保全货物的一方当事人，可以把货物寄放在第三方的仓库，由另一方当事人担负费用，但该项费用必须合理。

第八十八条

(1)如果另一方当事人在收取货物或收回货物或支付价款或保全货物费用方面有不合理的迟延，按照第八十五条或第八十六条规定有义务保全货物的一方当事人，可以采取任何适当办法，把货物出售，但必须事前向另一方当事人发出合理的意向通知。

(2)如果货物易于迅速变坏，或者货物的保全牵涉到不合理的费用，则按照第八十五条或第八十六条规定有义务保全货物的一方当事人，必须采取合理措施，把货物出售。在可能的范围内，他必须把出售货物的打算通知另一方当事人。

(3)出售货物的一方当事人，有权从销售所得收入中扣回为保全货物和销售货物而付的合理费用。他必须向另一方当事人说明所余款项。

附录三 《国际贸易术语解释通则®2010》

国际商会第 750 号出版物（Incoterms®2010）

一、适用于任何运输方式或多种运输方式的术语
FCA
Free Carrier 货交承运人

FCA（插入指定交货地点）国际贸易术语解释通则®2010 或 Incoterms®2010

使用说明

该术语可适用于任何运输方式，也可适用于多种运输方式。

"货交承运人"是指卖方在卖方所在地或其他指定地点将货物交给买方指定的承运人或其他人。由于风险在交货地点转移至买方，特别建议双方尽可能清楚地写明指定交货地内的交付点。

如果双方希望在卖方所在地交货，则应当将卖方所在地址明确为指定交货地。如果双方希望在其他地点交货，则必须确定不同的特定交货地点。

如适用时，FCA 要求卖方办理货物出口清关手续。但卖方无义务办理进口清关，支付任何进口税或办理任何进口海关手续。

A 卖方义务

A1 卖方一般义务

卖方必须提供符合买卖合同约定的货物和商业发票，以及合同可能要求的其他与合同相符的证据。

A1-A10 中所指的任何单证在双方约定或符合惯例的情况下，可以是同等作用的电子记录或程序。

A2 许可证、授权、安检通关和其他手续

如适用时，卖方必须自负风险和费用，取得所有的出口许可或其他官方授权，办理货物出口所需的一切海关手续。

A3 运输合同与保险合同

a）运输合同

卖方对买方无订立运输合同的义务。但若买方要求，或依商业实践，且买方未适

时做出相反指示，卖方可以按照通常条件签订运输合同，由买方负担风险和费用。在以上两种情形下，卖方都可以拒绝签订运输合同，如予拒绝，卖方应立即通知买方。

b）保险合同

卖方对买方无订立保险合同的义务。但应买方要求并由其承担风险和费用（如有的话），卖方必须向买方提供后者取得保险所需信息。

A4 交货

卖方必须在约定日期或期限内，在指定地点或指定地点的约定点（如有约定），将货物交付给买方指定的承运人或其他人。

以下情况，交货完成：

a）若指定地点是卖方所在地，则当货物被装上买方提供的运输工具时；

b）在任何其他情况下，则当货物虽仍处于卖方的运输工具上，但已准备好卸载，并已交由承运人或买方指定的其他人处置时。

如果买方未按照 B7d）明确指定交货地点内特定的交付点，且有数个交付点可供使用时，卖方则有权选择最适合其目的的交货点。

除非买方另行通知，卖方可采取符合货物数量和/或性质需要的方式将货物交付运输。

A5 风险转移

除按照 B5 的灭失或损坏情况外，卖方承担按照 A4 完成交货前货物灭失或损坏的一切风险。

A6 费用划分

卖方必须支付

a）按照 A4 完成交货前与货物相关的一切费用，但按照 B6 应由买方支付的费用除外；及

b）如适用时，货物出口所需海关手续费用，出口应交纳的一切关税、税款和其他费用。

A7 通知买方

由买方承担风险和费用，卖方必须就其已经按照 A4 交货或买方指定的承运人或其他人未在约定时间内收取货物的情况给予买方充分的通知。

A8 交货凭证

卖方必须自付费用向买方提供已按照 A4 交货的通常证据。

应买方要求并由其承担风险和费用，卖方必须协助买方取得运输凭证。

A9 查对—包装—标记

卖方必须支付为了按照 A4 进行交货，所需要进行的查对费用（如查对货物质量、丈量、过磅、点数的费用），以及出口国有关机构强制进行的装运前检验所产生的费用。

除非在特定贸易中，某类货物的销售通常不需包装，卖方必须自付费用包装货物。除非买方在签订合同前已通知卖方特殊包装要求，卖方可以适合该货物运输的方式对货物进行包装。包装应作适当标记。

A10 协助提供信息及相关费用

如适用时，应买方要求并由其承担风险和费用，卖方必须及时向买方提供或协助其取得相关货物进口和/或将货物运输到最终目的地所需要的任何文件和信息，包括安全相关信息。

卖方必须偿付买方按照 B10 提供或协助取得文件和信息时所发生的所有花销和费用。

B 买方义务

B1 买方一般义务

买方必须按照买卖合同约定支付价款。

B1-B10 中所指的任何单证在双方约定或符合惯例的情况下，可以是同等作用的电子记录或程序。

B2 许可证、授权、安检通关和其他手续

如适用时，应由买方自负风险和费用，取得所有进口许可或其他官方授权，办理货物进口和从他国过境运输所需的一切海关手续。

B3 运输合同与保险合同

a) 运输合同

除了卖方按照 A3a)签订运输合同情形外，买方必须自付费用签订自指定的交货地点起运货物的运输合同。

b) 保险合同

买方对卖方无订立保险合同的义务。

B4 收取货物

当货物按照 A4 交付时，买方必须收取。

B5 风险转移

买方承担自按照 A4 交货时起货物灭失或损坏的一切风险。

如果

a) 买方未按照 B7 规定通知 A4 项下的指定承运人或其他人，或发出通知；或

b) 按照 A4 指定的承运人或其他人未在约定的时间接管货物；

则买方承担货物灭失或损坏的一切风险：

(i) 自约定日期起，若无约定日期的，则

(ii) 自卖方在约定期限内按照 A7 通知的日期起；或若没有通知日期的，则

(iii) 自任何约定交货期限届满之日起。

但以该项货物已清楚地确定为合同项下之货物者为限。

B6 费用划分

买方必须支付

a) 自按照 A4 交货时起与货物相关的一切费用，如适用时，A6b)中出口所需的海关手续费用，及出口应交纳的一切关税、税款和其他费用除外；

b) 由于以下原因之一发生的任何额外费用：

（i）买方未能指定 A4 项下承运人或其他人，或

（ii）买方指定的 A4 项下承运人或其他人未接管货物，或

（iii）买方未能按照 B7 给予卖方相应的通知，

但以该项货物已清楚地确定为合同项下之货物者为限；及

c）如适用时，货物进口应交纳的一切关税、税款和其他费用，及办理进口海关手续的费用和从他国过境运输的费用。

B7　通知卖方

买方必须通知卖方以下内容：

a）按照 A4 所指定的承运人或其他人的姓名，以便卖方有足够时间按照该条款交货；

b）如适用时，在约定的交付期限内所选择的由指定的承运人或其他人收取货物的时间；

c）指定人使用的运输方式；及

d）指定地点内的交货点。

B8　交货证据

买方必须接受按照 A8 提供的交货凭证。

B9　货物检验

买方必须支付任何强制性装船前检验费用，但出口国有关机构强制进行的检验除外。

B10　协助提供信息及相关费用

买方必须及时告知卖方任何安全信息要求，以便卖方遵守 A10 的规定。

买方必须偿付卖方按照 A10 向买方提供或协助其取得文件和信息时发生的所有花销和费用。

如适用时，应卖方要求并由其承担风险和费用，买方必须及时向卖方提供或协助其取得货物运输和出口及从他国过境运输所需要的任何文件和信息，包括安全相关信息。

CPT

Carriage Paid To 运费付至

CPT（插入指定目的地）国际贸易术语解释通则®2010 或 Incoterms®2010

使用说明

该术语可适用于任何运输方式，也可适用于多种运输方式。

"运费付至"是指卖方将货物在双方约定地点（如果双方已经约定了地点）交给卖方指定的承运人或其他人。卖方必须签订运输合同并支付将货物运至指定目的地所需费用。

在使用 CPT、CIP、CFR 或 CIF 术语时，当卖方将货物交付给承运人时，而不是当货物到达目的地时，即完成交货。

由于风险转移和费用转移的地点不同，该术语有两个关键点。特别建议双方尽可

能确切地在合同中明确交货地点(风险在这里转移至买方),以及指定的目的地(卖方必须签订运输合同运到该目的地)。如果运输到约定目的地涉及多个承运人,且双方不能就交货点达成一致时,可以推定:当卖方在某个完全由其选择、且买方不能控制的点将货物交付给第一个承运人时,风险转移至买方。如双方希望风险晚些转移的话(例如在某海港或机场转移),则需要在其买卖合同中订明。

由于卖方需承担将货物运至目的地具体地点的费用,特别建议双方尽可能确切地在指定目的地内明确该点。建议卖方取得完全符合该选择的运输合同。如果卖方按照运输合同在指定的目的地卸货发生了费用,除非双方另有约定,卖方无权向买方要求偿付。

如适用时,CPT 要求卖方办理货物的出口清关手续。但是卖方无义务办理进口清关,支付任何进口税或办理进口相关的任何海关手续。

A 卖方义务

A1 卖方一般义务

卖方必须提供符合买卖合同约定的货物和商业发票,以及合同可能要求的其他与合同相符的证据。

A1-A10 中所指的任何单证在双方约定或符合惯例的情况下,可以是同等作用的电子记录或程序。

A2 许可证、授权、安检通关和其他手续

如适用时,卖方必须自负风险和费用,取得所有的出口许可或其他官方授权,办理货物出口和交货前从他国过境运输所需的一切海关手续。

A3 运输合同与保险合同

a) 运输合同

卖方必须签订或取得运输合同,将货物自交货地内的约定交货点(如有的话)运送至指定目的地或该目的地的交付点(如有约定)。必须按照通常条件订立合同,由卖方支付费用,经由通常航线和习惯方式运送货物。如果双方没有约定特别的点或该点不能由惯例确定,卖方则可选择最适合其目的的交货点和指定目的地内的交货点。

b) 保险合同

卖方对买方无订立保险合同的义务。但应买方要求并由其承担风险和费用(如有的话),卖方必须向买方提供后者取得保险所需的信息。

A4 交货

卖方必须在约定日期或期限内,以将货物交给按照 A3 签订的合同承运人方式交货。

A5 风险转移

除按照 B5 的灭失或损坏情况外,卖方承担按照 A4 完成交货前货物灭失或损坏的一切风险。

A6 费用划分

卖方必须支付

a）按照 A4 完成交货前与货物相关的一切费用，但按照 B6 应由买方支付的费用除外；

b）按照 A3a)所发生的运费和其他一切费用，包括根据运输合同规定由卖方支付的装货费和在目的地的卸货费用；及

c）如适用时，货物出口所需海关手续费用，出口应交纳的一切关税、税款和其他费用，以及按照运输合同规定，由卖方支付的货物从他国过境运输的费用。

A7　通知买方

卖方必须向买方发出已按照 A4 交货的通知。

卖方必须向买方发出任何所需通知，以便买方采取收取货物通常所需要的措施。

A8　交货凭证

依惯例或应买方要求，卖方必须承担费用，向买方提供其按照 A3 订立的运输合同通常的运输凭证。

此项运输凭证必须载明合同中的货物，且其签发日期应在约定运输期限内。如已约定或依惯例，此项凭证也必须能使买方在指定目的地向承运人索取货物，并能使买方在货物运输途中以向下家买方转让或通知承运人方式出售货物。

当此类运输凭证以可转让形式签发、且有数份正本时，则必须将整套正本凭证提交给买方。

A9　查对—包装—标记

卖方必须支付为了按照 A4 进行交货，所需要进行的查对费用(如查对质量、丈量、过磅、点数的费用)，以及出口国有关机构强制进行的装运前检验所发生的费用。

除非在特定贸易中，某类货物的销售通常不需包装，卖方必须自付费用包装货物。除非买方在签订合同前已通知卖方特殊包装要求，卖方可以适合该货物运输的方式对货物进行包装。包装应作适当标记。

A10　协助提供信息及相关费用

如适用时，应买方要求并由其承担风险和费用，卖方必须及时向买方提供或协助其取得相关货物进口和/或将货物运输到最终目的地所需要的任何文件和信息，包括安全相关信息。

卖方必须偿付买方按照 B10 提供或协助取得文件和信息时发生的所有花销和费用。

B 买方义务

B1　买方一般义务

买方必须按照买卖合同约定支付价款。

B1-B10 中所指的任何单证在双方约定或符合惯例的情况下，可以是同等作用的电子记录或程序。

B2　许可证、授权、安检通关和其他手续

如适用时，应由买方自负风险和费用，取得所有的进口许可或其他官方授权，办理货物进口和从他国过境运输所需的一切海关手续。

B3 运输合同与保险合同

a) 运输合同

买方对卖方无订立运输合同的义务。

b) 保险合同

买方对卖方无订立保险合同的义务。但应卖方要求，买方必须向卖方提供其取得保险所需信息。

B4 收取货物

当货物按照 A4 交付时，买方必须收取，并在指定目的地自承运人收取货物。

B5 风险转移

买方承担按照 A4 交货时起货物灭失或损坏的一切风险。

如买方未按照 B7 给予卖方通知，则买方必须从约定的交货日期或交货期限届满之日起，承担货物灭失或损坏的一切风险，但以该货物已清楚地确定为合同项下之货物者为限。

B6 费用划分

在不与 A3a)冲突的情况下，买方必须支付

a) 自按照 A4 交货时起，与货物相关的一切费用，如适用时，按照 A6c)为出口所需的海关手续费用，及出口应交纳的一切关税、税款和其他费用除外；

b) 货物在运输途中直至到达约定目的地为止的一切费用，按照运输合同该费用应由卖方支付的除外；

c) 卸货费，除非根据运输合同该项费用应由卖方支付；

d) 如买方未按照 B7 发出通知，则自约定发货之日或约定发货期限届满之日起，所发生的一切额外费用，但以该货物已清楚地确定为合同项下之货物者为限；及

c) 如适用时，货物进口应交纳的一切关税、税款和其他费用，及办理进口海关手续的费用和从他国过境运输费用，除非该费用已包括在运输合同中。

B7 通知卖方

当有权决定发货时间和/或指定目的地或目的地内收取货物的点时，买方必须向卖方发出充分的通知。

B8 交货证据

如果凭证与合同相符的话，买方则必须接受按照 A8 提供的运输凭证。

B9 货物检验

买方必须支付任何强制性装船前检验费用，但出口国有关机构强制进行的检验除外。

B10 协助提供信息及相关费用

买方必须及时告知卖方任何安全信息要求，以便卖方遵守 A10 的规定。

买方必须偿付卖方按照 A10 向买方提供或协助其取得文件和信息时发生的所有花销和费用。

如适用时，应卖方要求并由其承担风险和费用，买方必须及时向卖方提供或协助其取得货物运输和出口及从他国过境运输所需要的任何文件和信息，包括安全相关信息。

CIP
Carriage And Insurance Paid To 运费和保险费付至
CIP(插入指定目的地)国际贸易术语解释通则®2010 或 Incoterms®2010

使用说明

该术语可适用于任何运输方式，也可适用于多种运输方式。

"运费和保险费付至"是指卖方将货物在双方约定地点（如双方已经约定了地点）交给其指定的承运人或其他人。卖方必须签订运输合同并支付将货物运至指定目的地的所需费用。

卖方还必须为买方在运输途中货物的灭失或损坏风险签订保险合同。买方应注意到，CIP 只要求卖方投保最低险别。如果买方需要更多保险保护的话，则需与卖方明确就此达成协议，或者自行做出额外的保险安排。

在使用 CPT、CIP、CFR 或 CIF 术语时，当卖方将货物交付给承运人时，而不是当货物到达目的地时，即完成交货。

由于风险转移和费用转移的地点不同，该术语有两个关键点。特别建议双方尽可能确切地在合同中明确交货地点（风险在这里转移至买方），以及指定目的地（卖方必须签订运输合同运到该目的地）。如果运输到约定目的地涉及多个承运人，且双方不能就特定的交货点达成一致时，可以推定：当卖方在某个完全由其选择、且买方不能控制的点将货物交付给第一个承运人时，风险转移至买方。如双方希望风险晚些转移的话（例如在某海港或机场转移），则需要在其买卖合同中订明。

由于卖方需承担将货物运至目的地具体地点的费用，特别建议双方尽可能确切地在指定目的地内明确该点。建议卖方取得完全符合该选择的运输合同。如果卖方按照运输合同在指定的目的地卸货发生了费用，除非双方另有约定，卖方无权向买方要求偿付。

如适用时，CIP 要求卖方办理货物的出口清关手续。但是卖方无义务办理进口清关，支付任何进口税或办理进口相关的任何海关手续。

A 卖方义务

A1 卖方一般义务

卖方必须提供符合买卖合同约定的货物和商业发票，以及合同可能要求的其他与合同相符的证据。

A1-A10 中所指的任何单证在双方约定或符合惯例的情况下，可以是同等作用的电子记录或程序。

A2 许可证、授权、安检通关和其他手续

如适用时，卖方必须自负风险和费用，取得所有的出口许可或其他官方授权，办理货物出口和交货前从他国过境运输所需的一切海关手续。

A3 运输合同与保险合同

a）运输合同

卖方必须签订或取得运输合同，将货物自交货地内的约定交货点（如有的话）运送至指定目的地或该目的地的交付点(如有约定)。必须按照通常条件订立合同,由卖方支付费用,经由通常航线和习惯方式运送货物。如果双方没有约定特别的点或该点不能由惯例确定,卖方则可选择最适合其目的的交货点和指定目的地内的交货点。

b) 保险合同

卖方必须自付费用取得货物保险。该保险需至少符合《协会货物保险条款》(Institute Cargo Clauses,LMA/IUA)"条款(C)"(Clauses C)或类似条款的最低险别。保险合同应与信誉良好的承保人或保险公司订立。应使买方或其他对货物有可保利益者有权直接向保险人索赔。

当买方要求且能够提供卖方所需的信息时,卖方应办理任何附加险别,由买方承担费用,如果能够办理,诸如办理《协会货物保险条款》(Institute Cargo Clauses,LMA/IUA)"条款(A)或(B)"(Clauses A or B)或类似条款的险别,也可同时或单独办理《协会战争险条款》(Institute War Clauses)和/或《协会罢工险条款》(Institute Strikes Clauses,LMA/IUA)或其他类似条款的险别。

保险最低金额是合同规定价格另加10%(即110%),并采用合同货币。

保险期间为货物自 A4 和 A5 规定的交货点起,至少到指定目的地止。

卖方应向买方提供保单或其他保险证据。

此外,应买方要求并由买方承担风险和费用(如有的话),卖方必须向买方提供后者取得附加险所需信息。

A4 交货

卖方必须在约定日期或期限内,以将货物交给按照 A3 签订的合同承运人方式交货。

A5 风险转移

除按照 B5 的灭失或损坏情况外,卖方承担按照 A4 完成交货前货物灭失或损坏的一切风险。

A6 费用划分

卖方必须支付

a) 按照 A4 完成交货前与货物相关的一切费用,但按照 B6 应由买方支付的费用除外;

b) 按照 A3a)所发生的运费和其他一切费用,包括根据运输合同规定由卖方支付的装货费和在目的地的卸货费用;

c) 根据 A3b)发生的保险费用;及

d) 如适用时,货物出口所需海关手续费用,出口应交纳的一切关税、税款和其他费用,以及按照运输合同规定,由卖方支付的货物从他国过境运输的费用。

A7 通知买方

卖方必须向买方发出已按照 A4 交货的通知。

卖方必须向买方发出所需通知,以便买方采取收取货物通常所需要的措施。

A8 交货凭证

依惯例或应买方要求,卖方必须承担费用,向买方提供其按照 A3 订立的运输合同通常的运输凭证。

此项运输凭证必须载明合同中的货物，且其签发日期应在约定运输期限内。如已约定或依惯例，此项凭证也必须能使买方在指定目的地向承运人索取货物，并能使买方在货物运输途中以向下家买方转让或通知承运人方式出售货物。

当此类运输凭证以可转让形式签发、且有数份正本时，则必须将整套正本凭证提交给买方。

A9 查对—包装—标记

卖方必须支付为了按照 A4 进行交货，所需要进行的查对费用(如查对质量、丈量、过磅、点数的费用)，以及出口国有关机构强制进行的装运前检验所发生的费用。

除非在特定贸易中，某类货物的销售通常不需包装，卖方必须自付费用包装货物。除非买方在签订合同前已通知卖方特殊包装要求，卖方可以适合该货物运输的方式对货物进行包装。包装应作适当标记。

A10 协助提供信息及相关费用

如适用时，应买方要求并由其承担风险和费用，卖方必须及时向买方提供或协助其取得相关货物进口和/或将货物运输到最终目的地所需要的任何文件和信息，包括安全相关信息。

卖方必须偿付买方按照 B10 提供或协助取得文件和信息时发生的所有花销和费用。

B 买方义务

B1 买方一般义务

买方必须按照买卖合同约定支付价款。

B1-B10 中所指的任何单证在双方约定或符合惯例的情况下，可以是同等作用的电子记录或程序。

B2 许可证、授权、安检通关和其他手续

如适用时，应由买方自负风险和费用，取得所有的进口许可或其他官方授权，办理货物进口和从他国过境运输所需的一切海关手续。

B3 运输合同与保险合同

a) 运输合同

买方对卖方无订立运输合同的义务。

b) 保险合同

买方对卖方无订立保险合同的义务。但应卖方要求，买方必须向卖方提供后者应买方按照 A3b)要求其购买附加险所需信息。

B4 收取货物

当货物按照 A4 交付时，买方必须收取，并在指定目的地自承运人收取货物。

B5 风险转移

买方承担按照 A4 交货时起货物灭失或损坏的一切风险。

如买方未按照 B7 通知卖方，则自约定的交货日期或交货期限届满之日起，买方承担货物灭失或损坏的一切风险，但以该货物已清楚地确定为合同项下之货物者为限。

B6 费用划分

在不与 A3a)冲突的情况下，买方必须支付

a) 自按照 A4 交货时起，与货物相关的一切费用，如适用时，按照 A6d)为出口所需的海关手续费用，及出口应交纳的一切关税、税款和其他费用除外；

b) 货物在运输途中直至到达约定目的地为止的一切费用，按照运输合同该费用应由卖方支付的除外；

c) 卸货费，除非根据运输合同该项费用应由卖方支付；

d) 如买方未按照 B7 发出通知，则自约定发货之日或约定发货期限届满之日起，所发生的一切额外费用，但以该货物已清楚地确定为合同项下之货物者为限；

e) 如适用时，货物进口应交纳的一切关税、税款和其他费用，及办理进口海关手续的费用和从他国过境运输费用，除非该费用已包括在运输合同中；及

f) 应买方要求，按照 A3 和 B3 取得附加险别所发生的费用。

B7 通知卖方

当有权决定发货时间和/或指定目的地或目的地内收取货物的点时，买方必须向卖方发出充分的通知。

B8 交货证据

如果凭证与合同相符的话，买方必须接受按照 A8 提供的运输凭证。

B9 货物检验

买方必须支付任何强制性装船前检验费用，但出口国有关机构强制进行的检验除外。

B10 协助提供信息及相关费用

买方必须及时告知卖方任何安全信息要求，以便卖方遵守 A10 的规定。

买方必须偿付卖方按照 A10 向买方提供或协助其取得文件和信息时发生的所有花销和费用。

如适用时，应卖方要求并由其承担风险和费用，买方必须及时向卖方提供或协助其取得货物运输和出口及从他国过境运输所需要的任何文件和信息，包括安全相关信息。

二、适用于海运和内河运输的术语

FOB
Free On Board 船上交货

FOB(插入指定装运港)国际贸易术语解释通则®2010 或 Incoterms®2010

使用说明

该术语仅用于海运或内河水运。

"船上交货"是指卖方以在指定装运港将货物装上买方指定的船舶或通过取得已交付至船上货物的方式交货。货物灭失或损坏的风险在货物交到船上时转移，同时买方承担自那时起的一切费用。

卖方应将货物在船上交付或者取得已在船上交付的货物。此处使用的"取得"一词

适用于商品贸易中常见的交易链中的多层销售(链式销售)。

FOB 可能不适合于货物在上船前已经交给承运人的情况，例如用集装箱运输的货物通常是在集装箱码头交货。在此类情况下，应当使用 FCA 术语。

如适用时，FOB 要求卖方办理出口清关。但卖方无义务办理进口清关、支付任何进口税或办理任何进口海关手续。

A 卖方义务

A1 卖方一般义务

卖方必须提供符合买卖合同约定的货物和商业发票，以及合同可能要求的其他与合同相符的证据。

A1-A10 中所指的任何单证在双方约定或符合惯例的情况下，可以是同等作用的电子记录或程序。

A2 许可证、授权、安检通关和其他手续

如适用时，卖方必须自负风险和费用，取得所有的出口许可或其他官方授权，办理货物出口所需的一切海关手续。

A3 运输合同与保险合同

a) 运输合同

卖方对买方无订立运输合同的义务。但若买方要求，或是依商业实践，且买方未适时做出相反指示，卖方可以按照通常条件签订运输合同，由买方负担风险和费用。在以上两种情形下，卖方都可拒绝签订运输合同，如予拒绝，卖方应立即通知买方。

b) 保险合同

卖方对买方无订立保险合同的义务。但应买方要求并由其承担风险和费用(如有的话)，卖方必须向买方提供后者取得保险所需的信息。

A4 交货

卖方必须在指定的装运港内的装船点(如有的话)，以将货物置于买方指定的船舶之上方式，或以取得已在船上交付的货物的方式交货。在其中任何情形下，卖方都必须在约定日期或期限内，按照该港的习惯方式交货。

如果买方没有指定特定的装货点，卖方则可在指定装运港选择最适合其目的的装货点。

A5 风险转移

除按照 B5 的灭失或损坏情况外，卖方承担按照 A4 完成交货前货物灭失或损坏的一切风险。

A6 费用划分

卖方必须支付

a) 按照 A4 交货前与货物相关的一切费用，但按照 B6 应由买方支付的费用除外；及

b) 如适用时，货物出口所需海关手续费用，以及出口应交纳的一切关税、税款和其他费用。

A7 通知买方

由买方承担风险和费用，卖方必须就其已经按照 A4 交货或船舶未在约定时间内收取货物给予买方充分的通知。

A8 交货凭证

卖方必须自付费用向买方提供已按照 A4 交货的通常证据。

除非上述证据是运输凭证，否则，应买方要求并由其承担风险和费用，卖方必须协助买方取得运输凭证。

A9 查对—包装—标记

卖方必须支付为了按照 A4 进行交货，所需要进行的查对费用（如查对质量、丈量、过磅、点数的费用），以及出口国有关机构强制进行的装运前检验所产生的费用。

除非在特定贸易中，某类货物的销售通常不需包装，卖方必须自付费用包装货物。除非买方在签订合同前已通知卖方特殊包装要求，卖方可以适合该货物运输的方式对货物进行包装。包装应作适当标记。

A10 协助提供信息及相关费用

如适用时，应买方要求并由其承担风险和费用，卖方必须及时向买方提供或协助其取得相关货物进口和/或将货物运输到最终目的地所需要的任何文件和信息，包括安全相关信息。

卖方必须偿付买方按照 B10 提供或协助取得文件和信息时所发生的所有花销和费用。

B 买方义务

B1 买方一般义务

买方必须按照买卖合同约定支付价款。

B1-B10 中所指的任何单证在双方约定或符合惯例的情况下，可以是同等作用的电子记录或程序。

B2 许可证、授权、安检通关和其他手续

如适用时，应由买方自负风险和费用，取得所有进口许可或其他官方授权，办理货物进口和从他国过境运输所需的一切海关手续。

B3 运输合同与保险合同

a) 运输合同

除了卖方按照 A3a)签订运输合同情形外，买方必须自付费用签订自指定的装运港起运货物的运输合同。

b) 保险合同

买方对卖方无订立保险合同的义务。

B4 收取货物

当货物按照 A4 交付时，买方必须收取。

B5　风险转移

买方承担按照 A4 交货时起货物灭失或损坏的一切风险。

如果

a) 买方未按照 B7 通知指定的船舶名称；或

b) 买方指定的船舶未准时到达导致卖方未能按 A4 履行义务，或该船舶不能够装载该货物，或早于 B7 通知的时间停止装货；

买方则按下列情况承担货物灭失或损坏的一切风险：

(i) 自约定之日起，或如没有约定日期的，

(ii) 自卖方在约定期限内按照 A7 通知的日期起，或如没有通知日期的，

(iii) 自任何约定交货期限届满之日起。

但以该货物已清楚地确定为合同项下之货物者为限。

B6　费用划分

买方必须支付

a) 自按照 A4 交货之时起与货物相关的一切费用，如适用时，A6b)中为出口所需的海关手续费用，及出口应交纳的一切关税、税款和其他费用除外；

b) 由于以下原因之一发生的任何额外费用：

(i) 买方未能按照 B7 给予卖方相应的通知，或

(ii) 买方指定的船舶未准时到达，不能装载货物或早于 B7 通知的时间停止装货，

但以该货物已清楚地确定为合同项下之货物者为限；及

c) 如适用时，货物进口应交纳的一切关税、税款和其他费用，及办理进口海关手续的费用和从他国过境运输费用。

B7　通知卖方

买方必须就船舶名称、装船点和其在约定期间内选择的交货时间（如需要时），向卖方发出充分的通知。

B8　交货证据

买方必须接受按照 A8 提供的交货凭证。

B9　货物检验

买方必须支付任何强制性装船前检验费用，但出口国有关机构强制进行的检验除外。

B10　协助提供信息及相关费用

买方必须及时告知卖方任何安全信息要求，以便卖方遵守 A10 的规定。

买方必须偿付卖方按照 A10 向买方提供或协助其取得文件和信息时发生的所有花销和费用。

如适用时，应卖方要求并由其承担风险和费用，买方必须及时向卖方提供或协助其取得货物运输和出口及从他国过境运输所需要的任何文件和信息，包括安全相关信息。

CFR
Cost And Freight 成本加运费

CFR(插入指定目的港)国际贸易术语解释通则®2010 或 Incoterms®2010

使用说明

该术语仅用于海运或内河水运。

"成本加运费"是指卖方在船上交货或以取得已经这样交付的货物方式交货。货物灭失或损坏的风险在货物交到船上时转移。卖方必须签订合同，并支付必要的成本和运费，将货物运至指定的目的港。

当使用 CPT，CIP，CFR 或者 CIF 时，卖方按照所选择术语规定的方式将货物交付给承运人时，即完成其交货义务，而不是货物到达目的地之时。

由于风险转移和费用转移的地点不同，该术语有两个关键点。虽然合同通常都会指定目的港，但不一定都会指定装运港，而这里是风险转移至买方的地方。如果装运港对买方具有特殊意义，特别建议双方在合同中尽可能准确地指定装运港。

由于卖方要承担将货物运至目的地具体地点的费用，特别建议双方应尽可能确切地在指定目的港内明确该点。建议卖方取得完全符合该选择的运输合同。如果卖方按照运输合同在目的港交付点发生了卸货费用，则除非双方事先另有约定，卖方无权向买方要求补偿该项费用。

卖方需要将货物在船上交货，或以取得已经这样交付运往目的港的货物的方式交货。此外，卖方还需签订一份运输合同，或者取得一份这样的合同。此处使用的"取得"一词适用于商品贸易中常见的交易链中的多层销售(链式销售)。

CFR 可能不适合于货物在上船前已经交给承运人的情况，例如用集装箱运输的货物通常是在集装箱码头交货。在此类情况下，应当使用 CPT 术语。

如适用时，CFR 要求卖方办理出口清关。但卖方无义务办理进口清关、支付任何进口税或办理任何进口海关手续。

A 卖方义务

A1 卖方一般义务

卖方必须提供符合买卖合同约定的货物和商业发票，以及合同可能要求的其他与合同相符的证据。

A1-A10 中所指的任何单证在双方约定或符合惯例的情况下，可以是同等作用的电子记录或程序。

A2 许可证、授权、安检通关和其他手续

如适用时，卖方必须自负风险和费用，取得所有的出口许可或其他官方授权，办理货物出口所需的一切海关手续。

A3 运输合同与保险合同

a) 运输合同

卖方必须签订或取得运输合同，将货物自交货地内的约定交货点(如有的话)运送至指定目的港或该目的港的交付点（如有约定）。必须按照通常条件订立合同，由卖方支付费用，经由通常航线，由通常用来运输该类商品的船舶运输。

b）保险合同

卖方对买方无订立保险合同的义务。但应买方要求并由其承担风险和费用（如有的话），卖方必须向买方提供后者取得保险所需信息。

A4 交货

卖方必须以将货物装上船，或者以取得已装船货物的方式交货。在其中任何情况下，卖方都必须在约定日期或期限内，按照该港的习惯方式交货。

A5 风险转移

除按照 B5 的灭失或损坏情况外，卖方承担按照 A4 完成交货前货物灭失或损坏的一切风险。

A6 费用划分

卖方必须支付

a）按照 A4 完成交货前与货物相关的一切费用，但按照 B6 应由买方支付的费用除外；

b）按照 A3a)所发生的将货物装上船的运费和其他一切费用，包括将货物装上船和根据运输合同规定由卖方支付的在约定卸载港的卸货费；及

c）如适用时，货物出口所需海关手续费用，出口应交纳的一切关税、税款和其他费用，以及按照运输合同规定，由卖方支付的货物从他国过境运输的费用。

A7 通知买方

卖方必须向买方发出所需通知，以便买方采取收取货物通常所需要的措施。

A8 交货凭证

卖方必须自付费用，不得延迟地向买方提供到约定目的港的通常的运输凭证。

此运输凭证必须载明合同中的货物，且其签发日期应在约定运输期限内，并使买方能在指定目的港向承运人索取货物。同时，除非另有约定，该项凭证应能使买方在货物运输途中以向下家买方转让或通知承运人的方式出售货物。

当此类运输凭证以可转让形式签发并有数份正本时，则必须将整套正本凭证提交给买方。

A9 查对—包装—标记

卖方必须支付为了按照 A4 进行交货，所需要进行的查对费用（如查对质量、丈量、过磅、点数的费用），以及出口国有关机构强制进行的装运前检验所产生的费用。

除非在特定贸易中，某类货物的销售通常不需包装，卖方必须自付费用包装货物。除非买方在签订合同前已通知卖方特殊包装要求，卖方可以适合该货物运输的方式对货物进行包装。包装应作适当标记。

A10 协助提供信息及相关费用

如适用时，应买方要求并由其承担风险和费用，卖方必须及时向买方提供或协助其取得相关货物进口和/或将货物运输到最终目的地所需要的任何文件和信息，包括安全相关信息。

卖方必须偿付买方按照 B10 提供或协助取得文件和信息时所发生的所有花销和费用。

B 买方义务

B1 买方一般义务

买方必须按照买卖合同约定支付价款。

B1-B10 中所指的任何单证在双方约定或符合惯例的情况下，可以是同等作用的电子记录或程序。

B2 许可证、授权、安检通关和其他手续

如适用时，应由买方自负风险和费用，取得所有进口许可或其他官方授权，办理货物进口和从他国过境运输所需的一切海关手续。

B3 运输合同与保险合同

a) 运输合同

买方对卖方无订立运输合同的义务。

b) 保险合同

买方对卖方无订立保险合同的义务。但应卖方要求，买方必须向卖方提供取得保险所需信息。

B4 收取货物

当货物按照 A4 交付时，买方必须收取，并在指定的目的港自承运人收取货物。

B5 风险转移

买方承担按照 A4 交货时起货物灭失或损坏的一切风险。

如买方未按照 B7 通知卖方，则买方从约定的交货日期或交货期限届满之日起，承担货物灭失或损坏的一切风险，但以该货物已清楚地确定为合同项下之货物者为限。

B6 费用划分

在不与 A3a)冲突的情况下，买方必须支付

a) 自按照 A4 交货时起与货物相关的一切费用，如适用时，按照 A6c)为出口所需的海关手续费用，及出口应交纳的一切关税、税款和其他费用除外；

b) 货物在运输途中直至到达约定目的港为止的一切费用，按照运输合同该费用应由卖方支付的除外；

c) 包括驳运费和码头费在内的卸货费，除非根据运输合同该费用应由卖方支付者外；

d) 如买方未按照 B7 发出通知，则自约定运输之日或约定运输期限届满之日起，所发生的一切额外费用，但以该货物已清楚地确定为合同项下之货物者为限；及

e) 如适用时，货物进口应交纳的一切关税、税款和其他费用，及办理进口海关手续的费用和从他国过境运输费用，除非该费用已包括在运输合同中。

B7 通知卖方

当有权决定货物运输时间和/或指定目的港内收取货物点时，买方必须向卖方发出充分的通知。

B8 交货证据

如果凭证与合同相符的话，买方必须接受按照 A8 提交的运输凭证。

B9 货物检验

买方必须支付任何强制性装船前检验费用，但出口国有关机构强制进行的检验除外。

B10 协助提供信息及相关费用

买方必须及时告知卖方任何安全信息要求，以便卖方遵守 A10 的规定。

买方必须偿付卖方按照 A10 向买方提供或协助其取得文件和信息时发生的所有花销和费用。

如适用时，应卖方要求并由其承担风险和费用，买方必须及时向卖方提供或协助其取得货物运输和出口及从他国过境运输所需要的任何文件和信息，包括安全相关信息。

CIF

Cost Insurance And Freight 成本、保险费加运费

CIF（插入指定目的港）国际贸易术语解释通则®2010 或 Incoterms®2010

使用说明

该术语仅用于海运或内河水运。

"成本、保险费加运费"是指卖方在船上交货或以取得已经这样交付的货物方式交货。货物灭失或损坏的风险在货物交到船上时转移。卖方必须签订合同，并支付必要的成本和运费，将货物运至指定的目的港。

卖方还要为买方在运输途中货物的灭失或损坏风险办理保险。买方应注意到，在 CIF 下卖方仅需投保最低险别。如买方需要更多保险保护的话，则需与卖方明确达成协议，或者自行做出额外的保险安排。

当使用 CPT，CIP，CFR 或者 CIF 时，卖方按照所选择术语规定的方式将货物交付给承运人时，即完成其交货义务，而不是货物到达目的地之时。

由于风险转移和费用转移的地点不同，该术语有两个关键点。虽然合同通常都会指定目的港，但不一定都会指定装运港，而这里是风险转移至买方的地方。如果装运港对买方具有特殊意义，特别建议双方在合同中尽可能准确地指定装运港。

由于卖方要承担将货物运至目的地具体地点的费用，特别建议双方应尽可能确切地在指定目的港内明确该点。建议卖方取得完全符合该选择的运输合同。如果卖方按照运输合同在目的港发生了卸货费用，则除非双方事先另有约定，卖方无权向买方要求补偿该项费用。

卖方需要将货物在船上交货，或以取得已经这样交付运往目的港的货物的方式交货。此外，卖方还需签订一份运输合同，或者取得一份这样的合同。此处使用的"取得"一词适用于商品贸易中常见的交易链中的多层销售（链式销售）。

CIF 可能不适合于货物在上船前已经交给承运人的情况，例如用集装箱运输的货物通常是在集装箱码头交货。在此类情况下，应当使用 CIP 术语。

如适用时，CIF 要求卖方办理出口清关。但卖方无义务办理进口清关、支付任何进口税或办理任何进口海关手续。

A 卖方义务

A1 卖方一般义务

卖方必须提供符合买卖合同约定的货物和商业发票，以及合同可能要求的其他与合同相符的证据。

A1-A10 中所指的任何单证在双方约定或符合惯例的情况下，可以是同等作用的电子记录或程序。

A2 许可证、授权、安检通关和其他手续

如适用时，卖方必须自负风险和费用，取得所有的出口许可或其他官方授权，办理货物出口所需的一切海关手续。

A3 运输合同与保险合同

a) 运输合同

卖方必须签订或取得运输合同，将货物自交货地内的约定交货点（如有的话）运送至指定目的港或该目的港的交付点（如有约定）。必须按照通常条件订立合同，由卖方支付费用，经由通常航线，由通常用来运输该类商品的船舶运输。

b) 保险合同

卖方必须自付费用取得货物保险。该保险需至少符合《协会货物保险条款》(Institute Cargo Clauses，LMA/IUA)"条款(C)"(Clauses C)或类似条款的最低险别。保险合同应与信誉良好的承保人或保险公司订立。应使买方或其他对货物有可保利益者有权直接向保险人索赔。

当买方要求、且能够提供卖方所需的信息时，卖方应办理任何附加险别，由买方承担费用，如果能够办理，诸如办理《协会货物保险条款》(Institute Cargo Clauses，LMA/IUA)"条款(A)或(B)"(Clauses A or B)或类似条款的险别，也可同时或单独办理《协会战争险条款》(Institute War Clauses)和/或《协会罢工险条款》(Institute Strikes Clauses，LMA/IUA)或其他类似条款的险别。

保险最低金额是合同规定价格另加 10%（即 110%），并采用合同货币。

保险期间应从货物自 A4 和 A5 规定的交货点起，至少到指定目的地止。

卖方应向买方提供保单或其他保险证据。

此外，应买方要求并由买方承担风险和费用（如有的话），卖方必须向买方提供后者取得附加险所需信息。

A4 交货

卖方必须以将货物装上船，或者以取得已装船货物的方式交货。在其中任何情况下，卖方都必须在约定日期或期限内，按照该港的习惯方式交货。

A5 风险转移

除按照 B5 的灭失或损坏情况外，卖方承担按照 A4 完成交货前货物灭失或损坏的一切风险。

A6 费用划分

卖方必须支付

a) 按照 A4 完成交货前与货物相关的一切费用，但按照 B6 应由买方支付的费用除外；

b) 按照 A3a)所发生的运费和其他一切费用，包括将货物装上船和根据运输合同规定由卖方支付的在约定卸载港的卸货费；

c) 按照 A3b)规定所发生的保险费用；及

d) 如适用时，货物出口所需海关手续费用，出口应交纳的一切关税、税款和其他费用，以及按照运输合同规定，由卖方支付的货物从他国过境运输的费用。

A7 通知买方

卖方必须向买方发出所需通知，以便买方采取收取货物通常所需要的措施。

A8 交货凭证

卖方必须自付费用，不得延迟地向买方提供到约定目的港的通常的运输凭证。

此运输凭证必须载明合同中的货物，且其签发日期应在约定运输期限内，并使买方能在指定目的港向承运人索取货物。同时，除非另有约定，该项凭证应能使买方在货物运输途中以向下家买方转让或通知承运人的方式出售货物。

当此类运输凭证以可转让形式签发并有数份正本时，则必须将整套正本凭证提交给买方。

A9 查对—包装—标记

卖方必须支付为了按照 A4 进行交货，所需要进行的查对费用（如查对质量、丈量、过磅、点数的费用），以及出口国有关机构强制进行的装运前检验所发生的费用。

除非在特定贸易中，某类货物的销售通常不需包装，卖方必须自付费用包装货物。除非买方在签订合同前已通知卖方特殊包装要求，卖方可以适合该货物运输的方式对货物进行包装。包装应作适当标记。

A10 协助提供信息及相关费用

如适用时，应买方要求并由其承担风险和费用，卖方必须及时向买方提供或协助其取得相关货物进口和/或将货物运输到最终目的地所需要的任何文件和信息，包括安全相关信息。

卖方必须偿付买方按照 B10 提供或协助取得文件和信息时所发生的所有花销和费用。

B 买方义务

B1 买方—一般义务

买方必须按照买卖合同约定支付价款。

B1-B10 中所指的任何单证在双方约定或符合惯例的情况下，可以是同等作用的电子记录或程序。

B2 许可证、授权、安检通关和其他手续

如适用时，应由买方自负风险和费用，取得所有进口许可或其他官方授权，办理货物进口和从他国过境运输所需的一切海关手续。

B3 运输合同与保险合同

a）运输合同

买方对卖方无订立运输合同的义务。

b）保险合同

买方对卖方无订立保险合同的义务。买方必须向卖方提供后者应买方按照 A3b)要求其购买附加险所需信息。

B4 收取货物

当货物按照 A4 交付时，买方必须收取，并在指定的目的港自承运人收取货物。

B5 风险转移

买方承担按照 A4 交货时起货物灭失或损坏的一切风险。

如买方未按照 B7 通知卖方，则买方从约定交货日期或交货期限届满之日起，承担货物灭失或损坏的一切风险，但以该货物已清楚地确定为合同项下之货物者为限。

B6 费用划分

在不与 A3a)冲突的情况下，买方必须支付

a）自按照 A4 交货时起，与货物相关的一切费用，如适用时，按照 A6c)为出口所需的海关手续费用，及出口应交纳的一切关税、税款和其他费用除外；

b）货物在运输途中直至到达约定目的港为止的一切费用，按照运输合同该费用应由卖方支付的除外；

c）包括驳运费和码头费在内的卸货费，除非根据运输合同该费用应由卖方支付者外；

d）如买方未按照 B7 发出通知，则自约定运输之日或约定运输期限届满之日起，所发生的一切额外费用，但以该货物已清楚地确定为合同项下之货物者为限；及

e）如适用时，货物进口应交纳的一切关税、税款和其他费用，及办理进口海关手续的费用和从他国过境运输费用，除非该费用已包括在运输合同中；及

f）按照 A3b)和 B3b)，应买方要求办理附加险所产生的费用。

B7 通知卖方

当有权决定货物运输时间和/或指定目的港内收取货物点时，买方必须向卖方发出充分的通知。

B8 交货证据

如果凭证与合同相符的话，买方必须接受按照 A8 提交的运输凭证。

B9 货物检验

买方必须支付任何强制性装船前检验费用，但出口国有关机构强制进行的检验除外。

B10 协助提供信息及相关费用

买方必须及时告知卖方任何安全信息要求，以便卖方遵守 A10 的规定。

买方必须偿付卖方按照 A10 向买方提供或协助其取得文件和信息时发生的所有花销和费用。

如适用时，应卖方要求并由其承担风险和费用，买方必须及时向卖方提供或协助其取得货物运输和出口及从他国过境运输所需要的任何文件和信息，包括安全相关信息。

附录四 《跟单信用证统一惯例》
（2007 修订本）

国际商会第 600 号出版物（UCP600）

第一条　统一惯例的适用范围

跟单信用证统一惯例，2007 年修订本，国际商会第 600 号出版物，适用于所有在正文中标明按本惯例办理的跟单信用证（包括本惯例适用范围内的备用信用证）。除非信用证中另有规定，本惯例对一切有关当事人均具有约束力。

第二条　定义

就本惯例而言：

通知行意指应开证行要求通知信用证的银行。

申请人意指发出开立信用证申请的一方。

银行日意指银行在其营业地正常营业，按照本惯例行事的行为得以在银行履行的日子。

受益人意指信用证中受益的一方。

相符提示意指与信用证中的条款及条件、本惯例中所适用的规定及国际标准银行实务相一致的提示。

保兑意指保兑行在开证行之外对于相符提示做出兑付或议付的确定承诺。

保兑行意指应开证行的授权或请求对信用证加具保兑的银行。

信用证意指一项约定，无论其如何命名或描述，该约定不可撤销并因此构成开证行对于相符提示予以兑付的确定承诺。

兑付意指：

a. 对于即期付款信用证即期付款。

b. 对于延期付款信用证发出延期付款承诺并到期付款。

c. 对于承兑信用证承兑由受益人出具的汇票并到期付款。

开证行意指应申请人要求或代表其自身开立信用证的银行。

议付意指被指定银行在其应获得偿付的银行日或在此之前，通过向受益人预付或者同意向受益人预付款项的方式购买相符提示项下的汇票（汇票付款人为被指定银行以外的银行）及/或单据。

被指定银行意指有权使用信用证的银行，对于可供任何银行使用的信用证而言，任何银行均为被指定银行。

提示意指信用证项下单据被提交至开证行或被指定银行，抑或按此方式提交的单据。

提示人意指做出提示的受益人、银行或其他一方。

第三条 释义

就本惯例而言：

在适用的条款中，词汇的单复数同义。

信用证是不可撤销的，即使信用证中对此未作指示也是如此。

单据可以通过手签、签样印制、穿孔签字、盖章、符号表示的方式签署，也可以通过其他任何机械或电子证实的方法签署。

当信用证含有要求使单据合法、签证、证实或对单据有类似要求的条件时，这些条件可由在单据上签字、标注、盖章或标签来满足，只要单据表面已满足上述条件即可。

一家银行在不同国家设立的分支机构均视为另一家银行。

诸如"第一流"、"闻名"、"合格"、"独立"、"正式"、"有资格"、"当地"等用语用于描述单据出单人的身份时，单据的出单人可以是除受益人以外的任何人。

除非确需在单据中使用，银行对诸如"迅速"、"立即"、"尽快"之类词语将不予置理。

"于或约于"或类似措辞将被理解为一项约定，按此约定，某项事件将在所述日期前后各五天内发生，起讫日均包括在内。

词语"×月×日止"(to)、"至×月×日"(until)、"直至×月×日"(till)、"从×月×日"(from)及"在×月×日至×月×日之间"(between)用于确定装运期限时，包括所述日期。词语"×月×日之前"(before)及"×月×日之后"(after)不包括所述日期。

The words "from" and "after" when used to determine a maturity date exclude the date mentioned.

词语"从×月×日"(from)以及"×月×日之后"(after)用于确定到期日时不包括所述日期。

术语"上半月"和"下半月"应分别理解为自每月"1日至15日"和"16日至月末最后一天"，包括起讫日期。

术语"月初"、"月中"和"月末"应分别理解为每月1日至10日、11日至20日和21日至月末最后一天，包括起讫日期。

第四条 信用证与合同

a. 就性质而言，信用证与可能作为其依据的销售合同或其他合同，是相互独立的交易。即使信用证中提及该合同，银行亦与该合同完全无关，且不受其约束。因此，一家银行作出兑付、议付或履行信用证项下其他义务的承诺，并不受申请人与开证行之间或与受益人之间在已有关系下产生的索偿或抗辩的制约。

受益人在任何情况下，不得利用银行之间或申请人与开证行之间的契约关系。

b. 开证行应劝阻申请人将基础合同、形式发票或其他类似文件的副本作为信用证整体组成部分的做法。

第五条　单据与货物/服务/行为

银行处理的是单据，而不是单据所涉及的货物、服务或其他行为。

第六条　有效性、有效期限及提示地点

a. 信用证必须规定可以有效使用信用证的银行，或者信用证是否对任何银行均为有效。对于被指定银行有效的信用证同样也对开证行有效。

b. 信用证必须规定它是否适用于即期付款、延期付款、承兑抑或议付。

c. 不得开立包含有以申请人为汇票付款人条款的信用证。

d. i 信用证必须规定提示单据的有效期限。规定的用于兑付或者议付的有效期限将被认为是提示单据的有效期限。

ii. 可以有效使用信用证的银行所在的地点是提示单据的地点。对任何银行均为有效的信用证项下单据提示的地点是任何银行所在的地点。不同于开证行地点的提示单据的地点是开证行地点之外提交单据的地点。

e. 除非如 29(a) 中规定，由受益人或代表受益人提示的单据必须在到期日当日或在此之前提交。

第七条　开证行的承诺

a. 倘若规定的单据被提交至被指定银行或开证行并构成相符提示，开证行必须按下述信用证所适用的情形予以兑付：

i. 由开证行即期付款、延期付款或者承兑；

ii. 由被指定银行即期付款而该被指定银行未予付款；

iii. 由被指定银行延期付款而该被指定银行未承担其延期付款承诺，或者虽已承担延期付款承诺但到期未予付款；

iv. 由被指定银行承兑而该被指定银行未予承兑以其为付款人的汇票，或者虽已承兑以其为付款人的汇票但到期未予付款；

v. 由被指定银行议付而该被指定银行未予议付。

b. 自信用证开立之时起，开证行即不可撤销地受到兑付责任的约束。

c. 开证行保证向对于相符提示已经予以兑付或者议付并将单据寄往开证行的被指定银行进行偿付。无论被指定银行是否于到期日前已经对相符提示予以预付或者购买，对于承兑或延期付款信用证项下相符提示的金额的偿付于到期日进行。开证行偿付被指定银行的承诺独立于开证行对于受益人的承诺。

第八条 保兑行的承诺

a. 倘若规定的单据被提交至保兑行或者任何其他被指定银行并构成相符提示，保兑行必须：

i. 兑付，假如信用证适用于：

a)由保兑行即期付款、延期付款或者承兑；

b)由另一家被指定银行即期付款而该被指定银行未予付款；

c)由另一家被指定银行延期付款而该被指定银行未承担其延期付款承诺，或者虽已承担延期付款承诺但到期未予付款；

d)由另一家被指定银行承兑而该被指定银行未予承兑以其为付款人的汇票，或者虽已承兑以其为付款人的汇票但到期未予付款；

e)由另一家被指定银行议付而该被指定银行未予议付。

ii. 若信用证由保兑行议付，无追索权地议付。

b. 自为信用证加具保兑之时起，保兑行即不可撤销地受到兑付或者议付责任的约束。

c. 保兑行保证向对于相符提示已经予以兑付或者议付并将单据寄往开证行的另一家被指定银行进行偿付。无论另一家被指定银行是否到期日前已经对相符提示予以预付或者购买，对于承兑或延期付款信用证项下相符提示的金额的偿付于到期日进行。保兑行偿付另一家被指定银行的承诺独立于保兑行对于受益人的承诺。

d. 如开证行授权或要求另一家银行对信用证加具保兑，而该银行不预备照办时，它必须不延误地告知开证行并仍可通知此份未经加具保兑的信用证。

第九条 信用证及修改的通知

a. 信用证及其修改可以通过通知行通知受益人。除非已对信用证加具保兑，通知行通知信用证不构成兑付或议付的承诺。

b. 通过通知信用证或修改，通知行即表明其认为信用证或修改的表面真实性得到满足，且通知准确地反映了所收到的信用证或修改的条款及条件。

c. 通知行可以利用另一家银行的服务（"第二通知行"）向受益人通知信用证及其修改。通过通知信用证或修改，第二通知行即表明其认为所收到的通知的表面真实性得到满足，且通知准确地反映了所收到的信用证或修改的条款及条件。

d. 如一家银行利用另一家通知或第二通知行的服务将信用证通知给受益人，它也必须利用同一家银行的服务通知修改书。

e. 假如一家银行被要求通知信用证或修改但决定不予通知，它必须不延误通知向其发送信用证、修改或通知的银行。

f. 假如一家被要求通知信用证或修改，但不能确定信用证、修改或通知的表面真实性，就必须不延误地告知向其发出该指示的银行。假如通知行或第二通知行仍决定通知信用证或修改，则必须告知受益人或第二通知行其未能核实信用证、修改或通知的表面真实性。

第十条 修改

a. 除本惯例第 38 条另有规定外，凡未经开证行、保兑行（如有）以及受益人同意，信用证既不能修改也不能撤销。

b. 自发出信用证修改书之时起，开证行就不可撤销地受其发出修改的约束。保兑行可将其保兑承诺扩展至修改内容，且自其通知该修改之时起，即不可撤销地受到该修改的约束。然而，保兑行可选择仅将修改通知受益人而不对其加具保兑，但必须不延误地将此情况通知开证行和受益人。

c. 在受益人向通知修改的银行表示接受该修改内容之前，原信用证（或包含先前已被接受修改的信用证）的条款和条件对受益人仍然有效。受益人应发出接受或拒绝接受修改的通知。如受益人未提供上述通知，当其提交至被指定银行或开证行的单据与信用证以及尚未表示接受的修改的要求一致时，则该事实即视为受益人已作出接受修改的通知，并从此时起，该信用证已被修改。

d. 通知修改的银行应当通知向其发出修改书的银行任何有关接受或拒绝接受修改的通知。

e. 不答应部分接受修改，部分接受修改将被视为拒绝接受修改的通知。

f. 修改书中作出的除非受益人在某一时间内拒绝接受修改，否则修改将开始生效的条款将被不予置理。

第十一条 电讯传递与预先通知的信用证和修改

a. 经证实的信用证或修改的电讯文件将被视为有效的信用证或修改，任何随后的邮寄证实书将被不予置理。

若该电讯文件声明"详情后告"（或类似词语）或声明随后寄出的邮寄证实书将是有效的信用证或修改，则该电讯文件将被视为无效的信用证或修改。开证行必须随即不延误地开出有效的信用证或修改，且条款不能与电讯文件相矛盾。

b. 只有准备开立有效信用证或修改的开证行，才可以发出开立信用证或修改预先通知书。发出预先通知的开证行应不可撤销地承诺将不延误地开出有效的信用证或修改，且条款不能与预先通知书相矛盾。

第十二条 指定

a. 除非一家被指定银行是保兑行，对被指定银行进行兑付或议付的授权并不构成其必须兑付或议付的义务，被指定银行明确同意并照此通知受益人的情形除外。

b. 通过指定一家银行承兑汇票或承担延期付款承诺，开证行即授权该被指定银行预付或购买经其承兑的汇票或由其承担延期付款的承诺。

c. 非保兑行身份的被指定银行接受、审核并寄送单据的行为既不使得该被指定银行具有兑付或议付的义务，也不构成兑付或议付。

第十三条 银行间偿付约定

a. 如果信用证规定被指定银行（"索偿行"）须通过向另一方银行（"偿付行"）索偿获

得偿付，则信用证中必须声明是否按照信用证开立日正在生效的国际商会《银行间偿付规则》办理。

b. 如果信用证中未声明是否按照国际商会《银行间偿付规则》办理，则适用于下列条款：

i. 开证行必须向偿付行提供偿付授权书，该授权书须与信用证中声明的有效性一致。偿付授权书不应规定有效日期。

ii. 不应要求索偿行向偿付行提供证实单据与信用证条款及条件相符的证明。

iii. 如果偿付行未能按照信用证的条款及条件在首次索偿时即行偿付，则开证行应对索偿行的利息损失以及产生的费用负责。

iv. 偿付行的费用应由开证行承担。然而，如果费用系由受益人承担，则开证行有责任在信用证和偿付授权书中予以注明。如偿付行的费用系由受益人承担，则该费用应在偿付时从支付索偿行的金额中扣除。如果未发生偿付，开证行仍有义务承担偿付行的费用。

c. 如果偿付行未能于首次索偿时即行偿付，则开证行不能解除其自身的偿付责任。

第十四条 审核单据的标准

a. 按照指定行事的被指定银行、保兑行(如有)以及开证行必须对提示的单据进行审核，并仅以单据为基础，以决定单据在表面上看来是否构成相符提示。

b. 按照指定行事的被指定银行、保兑行(如有)以及开证行，自其收到提示单据的翌日起算，应各自拥有最多不超过五个银行工作日的时间以决定提示是否相符。该期限不因单据提示日适逢信用证有效期或最迟提示期或在其之后而被缩减或受到其他影响。

c. 提示若包含一份或多份按照本惯例第 19 条、20 条、21 条、22 条、23 条、24 条或 25 条出具的正本运输单据，则必须由受益人或其代表按照相关条款在不迟于装运日后的二十一个公历日内提交，但无论如何不得迟于信用证的到期日。

d. 单据中内容的描述不必与信用证、信用证对该项单据的描述以及国际标准银行实务完全一致，但不得与该项单据中的内容、其他规定的单据或信用证相冲突。

e. 除商业发票外，其他单据中的货物、服务或行为描述若须规定，可使用统称，但不得与信用证规定的描述相矛盾。

f. 如果信用证要求提示运输单据、保险单据和商业发票以外的单据，但未规定该单据由何人出具或单据的内容。如信用证对此未做规定，只要所提交单据的内容看来满足其功能需要且其他方面与十四条(d)款相符，银行将对提示的单据予以接受。

g. 提示信用证中未要求提交的单据，银行将不予置理。如果收到此类单据，可以退还提示人。

h. 如果信用证中包含某项条件而未规定需提交与之相符的单据，银行将认为未列明此条件，并对此不予置理。

i. 单据的出单日期可以早于信用证开立日期，但不得迟于信用证规定的提示日期。

j. 当受益人和申请人的地址显示在任何规定的单据上时，不必与信用证或其他规定单据中显示的地址相同，但必须与信用证中述及的各自地址处于同一国家内。用于联系的资料(电传、电话、电子邮箱及类似方式)如作为受益人和申请人地址的组成部分将被不予置理。然而，当申请人的地址及联系信息作为按照 19 条、20 条、21 条、22 条、23 条、24 条或 25 条出具的运输单据中收货人或通知方详址的组成部分时，则必须按照信用证规定予以显示。

　　k. 显示在任何单据中的货物的托运人或发货人不必是信用证的受益人。

　　假如运输单据能够满足本惯例第 19 条、20 条、21 条、22 条、23 条或 24 条的要求，则运输单据可以由承运人、船东、船长或租船人以外的任何一方出具。

　　第十五条　相符提示

　　a. 当开证行确定提示相符时，就必须予以兑付。

　　b. 当保兑行确定提示相符时，就必须予以兑付或议付并将单据寄往开证行。

　　c. 当被指定银行确定提示相符并予以兑付或议付时，必须将单据寄往保兑行或开证行。

　　第十六条　不符单据及不符点的放弃与通知

　　a. 当按照指定行事的被指定银行、保兑行(如有)或开证行确定提示不符时，可以拒绝兑付或议付。

　　b. 当开证行确定提示不符时，可以依据其独立的判断联系申请人放弃有关不符点。然而，这并不因此延长 14 条(b)款中述及的期限。

　　c. 当按照指定行事的被指定银行、保兑行(如有)或开证行决定拒绝兑付或议付时，必须一次性通知提示人。

　　通知必须声明：

　　i. 银行拒绝兑付或议付；及

　　ii. 银行凭以拒绝兑付或议付的各个不符点；及

　　iii. a)银行持有单据等候提示人进一步指示；或

　　b)开证行持有单据直至收到申请人通知弃权并同意接受该弃权，或在同意接受弃权前从提示人处收到进一步指示；或

　　c)银行退回单据；或

　　d)银行按照先前从提示人处收到的指示行事。

　　d. 第十六条(c)款中要求的通知必须以电讯方式发出，或者，如果不可能以电讯方式通知时，则以其他快捷方式通知，但不得迟于提示单据日期翌日起第五个银行工作日终了。

　　e. 按照指定行事的被指定银行、保兑行(如有)或开证行可以在提供第十六条(c)款(iii)、(a)款或(b)款要求提供的通知后，于任何时间将单据退还提示人。

　　f. 如果开证行或保兑行未能按照本条款的规定行事，将无权宣称单据未能构成相符提示。

　　g. 当开证行拒绝兑付或保兑行拒绝兑付或议付，并已经按照本条款发出通知时，

该银行将有权就已经履行的偿付索取退款及其利息。

第十七条　正本单据和副本单据

a. 信用证中规定的各种单据必须至少提供一份正本。

b. 除非单据本身表明其不是正本，银行将视任何单据表面上具有单据出具人正本签字、标志、图章或标签的单据为正本单据。

c. 除非单据另有显示，银行将接受单据作为正本单据如果该单据：

i. 表面看来由单据出具人手工书写、打字、穿孔签字或盖章；或

ii. 表面看来使用单据出具人的正本信笺；或

iii. 声明单据为正本，除非该项声明表面看来与所提示的单据不符。

d. 如果信用证要求提交副本单据，则提交正本单据或副本单据均可。

e. 如果信用证使用诸如"一式两份"、"两张"、"两份"等术语要求提交多份单据，则可以提交至少一份正本，其余份数以副本来满足。但单据本身另有相反指示者除外。

第十八条　商业发票

a. 商业发票：

i. 必须在表面上看来系由受益人出具（第三十八条另有规定者除外）；

ii. 必须做成以申请人的名称为抬头（第三十八条（g）款另有规定者除外）；

iii. 必须将发票币别作成与信用证相同币种。

iv. 无须签字。

b. 按照指定行事的被指定银行、保兑行（如有）或开证行可以接受金额超过信用证所允许金额的商业发票，倘若有关银行已兑付或已议付的金额没有超过信用证所允许的金额，则该银行的决定对各有关方均具有约束力。

c. 商业发票中货物、服务或行为的描述必须与信用证中显示的内容相符。

第十九条　至少包括两种不同运输方式的运输单据

a. 至少包括两种不同运输方式的运输单据（即多式运输单据或联合运输单据），不论其称谓如何，必须在表明上看来：

i. 显示承运人名称并由下列人员签署：

承运人或承运人的具名代理或代表，或

船长或船长的具名代理或代表。

承运人、船长或代理的任何签字必须分别表明承运人、船长或代理的身份。

代理的签字必须显示其是否作为承运人或船长的代理或代表签署提单。

ii. 通过下述方式表明货物已在信用证规定的地点发运、接受监管或装载

预先印就的措词，或

注明货物已发运、接受监管或装载日期的图章或批注。

运输单据的出具日期将被视为发运、接受监管或装载以及装运日期。然而，如果运输单据以盖章或批注方式标明发运、接受监管或装载日期，则此日期将被视为装运

日期。

iii. 显示信用证中规定的发运、接受监管或装载地点以及最终目的地的地点，即使：

a) 运输单据另外显示了不同的发运、接受监管或装载地点或最终目的地的地点，或

b) 运输单据包含"预期"或类似限定有关船只、装货港或卸货港的指示。

iv. 系仅有的一份正本运输单据，或者，如果出具了多份正本运输单据，应是运输单据中显示的全套正本份数。

v. 包含承运条件须参阅包含承运条件条款及条件的某一出处（简式或背面空白的运输单据）者，银行对此类承运条件的条款及条件内容不予审核。

vi. 未注明运输单据受租船合约约束。

b. 就本条款而言，转运意指货物在信用证中规定的发运、接受监管或装载地点到最终目的地的运输过程中，从一个运输工具卸下并重新装载到另一个运输工具上（无论是否为不同运输方式）的运输。

c. i. 只要同一运输单据包括运输全程，则运输单据可以注明货物将被转运或可被转运。

ii. 即使信用证禁止转运，银行也将接受注明转运将发生或可能发生的运输单据。

第二十条　提单

a. 无论其称谓如何，提单必须表面上看来：

i. 显示承运人名称并由下列人员签署：

承运人或承运人的具名代理或代表，或

船长或船长的具名代理或代表。

承运人、船长或代理的任何签字必须分别表明其承运人、船长或代理的身份。

代理的签字必须显示其是否作为承运人或船长的代理或代表签署提单。

ii. 通过下述方式表明货物已在信用证规定的装运港装载上具名船只：

预先印就的措词，或

注明货物已装船日期的装船批注。

提单的出具日期将被视为装运日期，除非提单包含注明装运日期的装船批注，在此情况下，装船批注中显示的日期将被视为装运日期。

如果提单包含"预期船"字样或类似有关限定船只的词语时，装上具名船只必须由注明装运日期以及实际装运船只名称的装船批注来证实。

iii. 注明装运从信用证中规定的装货港至卸货港。

如果提单未注明以信用证中规定的装货港作为装货港，或包含"预期"或类似有关限定装货港的标注者，则需要提供注明信用证中规定的装货港、装运日期以及船名的装船批注。即使提单上已注明印就的"已装船"或"已装具名船只"措词，本规定仍然适用。

iv. 系仅有的一份正本提单，或者，如果出具了多份正本，应是提单中显示的全套

正本份数。

v. 包含承运条件须参阅包含承运条件条款及条件的某一出处(简式或背面空白的提单)者,银行对此类承运条件的条款及条件内容不予审核。

vi. 未注明运输单据受租船合约约束。

b. 就本条款而言,转运意指在信用证规定的装货港到卸货港之间的海运过程中,将货物由一艘船卸下再装上另一艘船的运输。

c.i. 只要同一提单包括运输全程,则提单可以注明货物将被转运或可被转运。

ii. 银行可以接受注明将要发生或可能发生转运的提单。即使信用证禁止转运,只要提单上证实有关货物已由集装箱、拖车或子母船运输,银行仍可接受注明将要发生或可能发生转运的提单。

d. 对于提单中包含的声明承运人保留转运权利的条款,银行将不予置理。

第二十一条 非转让海运单

a. 无论其称谓如何,非转让海运单必须表面上看来:

i. 显示承运人名称并由下列人员签署:

承运人或承运人的具名代理或代表,或

船长或船长的具名代理或代表。

承运人、船长或代理的任何签字必须分别表明其承运人、船长或代理的身份。

代理的签字必须显示其是否作为承运人或船长的代理或代表签署提单。

ii. 通过下述方式表明货物已在信用证规定的装运港装载上具名船只:

预先印就的措词,或

注明货物已装船日期的装船批注。

非转让海运单的出具日期将被视为装运日期,除非非转让海运单包含注明装运日期的装船批注,在此情况下,装船批注中显示的日期将被视为装运日期。

如果非转让海运单包含"预期船"字样或类似有关限定船只的词语时,装上具名船只必须由注明装运日期以及实际装运船只名称的装船批注来证实。

iii. 注明装运从信用证中规定的装货港至卸货港。

如果非转让海运单未注明以信用证中规定的装货港作为装货港,或包含"预期"或类似有关限定装货港的标注者,则需要提供注明信用证中规定的装货港、装运日期以及船名的装船批注。即使非转让海运单上已注明印就的"已装船"或"已装具名船只"措词,本规定仍然适用。

iv. 系仅有的一份正本非转让海运单,或者,如果出具了多份正本,应是非转让海运单中显示的全套正本份数。

v. 包含承运条件须参阅包含承运条件条款及条件的某一出处(简式或背面空白的提单)者,银行对此类承运条件的条款及条件内容不予审核。

vi. 未注明运输单据受租船合约约束。

b. 就本条款而言,转运意指在信用证规定的装货港到卸货港之间的海运过程中,将货物由一艘船卸下再装上另一艘船的运输。

c. i. 只要同一非转让海运单包括运输全程，则非转让海运单可以注明货物将被转运或可被转运。

ii. 银行可以接受注明将要发生或可能发生转运的非转让海运单。即使信用证禁止转运，只要非转让海运单上证实有关货物已由集装箱、拖车或子母船运输，银行仍可接受注明将要发生或可能发生转运的非转让海运单。

d. 对于非转让海运单中包含的声明承运人保留转运权利的条款，银行将不予置理。

第二十二条　租船合约提单

a. 无论其称谓如何，倘若提单包含有提单受租船合约约束的指示（即租船合约提单），则必须在表面上看来：

i. 由下列当事方签署：

船长或船长的具名代理或代表，或

船东或船东的具名代理或代表，或

租船主或租船主的具名代理或代表。

船长、船东、租船主或代理的任何签字必须分别表明其船长、船东、租船主或代理的身份。

代理的签字必须显示其是否作为船长、船东或租船主的代理或代表签署提单。

代理人代理或代表船东或租船主签署提单时必须注明船东或租船主的名称。

ii. 通过下述方式表明货物已在信用证规定的装运港装载上具名船只：

预先印就的措词，或

注明货物已装船日期的装船批注。

租船合约提单的出具日期将被视为装运日期，除非租船合约提单包含注明装运日期的装船批注，在此情况下，装船批注中显示的日期将被视为装运日期。

iii. 注明货物由信用证中规定的装货港运输至卸货港。卸货港可以按信用证中的规定显示为一组港口或某个地理区域。

iv. 系仅有的一份正本租船合约提单，或者，如果出具了多份正本，应是租船合约提单中显示的全套正本份数。

b. 即使信用证中的条款要求提交租船合约，银行也将对该租船合约不予审核。

第二十三条　空运单据

a. 无论其称谓如何，空运单据必须在表面上看来：

i. 注明承运人名称并由下列当事方签署：

承运人，或

承运人的具名代理或代表。

承运人或代理的任何签字必须分别表明其承运人或代理的身份。

代理的签字必须显示其是否作为承运人的代理或代表签署空运单据。

ii. 注明货物已收妥待运。

iii. 注明出具日期。这一日期将被视为装运日期，除非空运单据包含注有实际装运日期的专项批注，在此种情况下，批注中显示的日期将被视为装运日期。

空运单据显示的其他任何与航班号和起飞日期有关的信息不能被视为装运日期。

iv. 表明信用证规定的起飞机场和目的地机场

v. 为开给发货人或拖运人的正本，即使信用证规定提交全套正本。

vi. 载有承运条款和条件，或提示条款和条件参见别处。银行将不审核承运条款和条件的内容

b. 就本条而言，转运是指在信用证规定的起飞机场到目的地机场的运输过程中，将货物从一飞机卸下再装上另一飞机的行为。

c.i. 空运单据可以注明货物将要或可能转运，只要全程运输由同一空运单据涵盖。

ii. 即使信用证禁止转运，注明将要或可能发生转运的空运单据仍可接受。

第二十四 条公路、铁路或内陆水运单据

a. 公路、铁路或内陆水运单据，无论名称如何，必须看似：

i. 表明承运人名称，并且

由承运人或其具名代理人签署，或者

由承运人或其具名代理人以签字、印戳或批注表明货物收讫。

承运人或其具名代理人的售货签字、印戳或批注必须标明其承运人或代理人的身份。

代理人的收获签字、印戳或批注必须标明代理人系代表承运人签字或行事。

如果铁路运输单据没有指明承运人，可以接受铁路运输公司的任何签字或印戳作为承运人签署单据的证据。

ii. 表明货物在信用证规定地点的发运日期，或者收讫代运或代发送的日期。运输单据的出具日期将被视为发运日期，除非运输单据上盖有带日期的收货印戳，或注明了收货日期或发运日期。

iii. 表明信用证规定的发运地及目的地。

b.i. 公路运输单据必须看似为开给发货人或托运人的正本，或没有认可标记表明单据开给何人。

ii. 注明"第二联"的铁路运输单据将被作为正本接受。

iii. 无论是否注明正本字样，铁路或内陆水运单据都被作为正本接受。

c. 如运输单据上未注明出具的正本数量，提交的分数即视为全套正本。

d. 就本条而言，转运是指在信用证规定的发运、发送或运送的地点到目的地之间的运输过程中，在同一运输方式中从一运输工具卸下再装上另一运输工具的行为。

e.i. 只要全程运输由同一运输单据涵盖，公路、铁路或内陆水运单据可以注明货物将要或可能被转运。

ii. 即使信用证禁止转运，注明将要或可能发生转运的公路、铁路或内陆水运单据仍可接受。

第二十五条　快递收据、邮政收据或投邮证明

a. 证明货物收讫待运的快递收据，无论名称如何，必须看似：

i. 表明快递机构的名称，并在信用证规定的货物发运地点由该具名快递机构盖章或签字；并且

ii. 表明取件或收件的日期或类似词语。该日期将被视为发运日期。

b. 如果要求显示快递费用付讫或预付，快递机构出具的表明快递费由收货人以外的一方支付的运输单据可以满足该项要求。

c. 证明货物收讫待运的邮政收据或投邮证明，无论名称如何，必须看似在信用证规定的货物发运地点盖章或签署并注明日期。该日期将被视为发运日期。

第二十六条　"货装舱面"、"托运人装载和计数"、"内容据托运人报称"及运费之外的费用

a. 运输单据不得表明货物装于或者将装于舱面。声明货物可能被装于舱面的运输单据条款可以接受。

b. 载有诸如"托运人装载和计数"或"内容据托运人报称"条款的运输单据可以接受。

c. 运输单据上可以以印戳或其他方式提及运费之外的费用。

第二十七条　清洁运输单据

银行只接受清洁运输单据。清洁运输单据指未载有明确宣称货物或包装有缺陷的条款或批注的运输单据。"清洁"一词并不需要在运输单据上出现，即使信用证要求运输单据为"清洁已装船"的。

第二十八条　保险单据及保险范围

a. 保险单据，例如保险单或预约保险项下的保险证明书或者声明书，必须看似由保险公司或承保人或其代理人或代表出具并签署。

代理人或代表的签字必须标明其系代表保险公司或承保人签字。

b. 如果保险单据表明其以多份正本出具，所有正本均须提交。

c. 暂保单将不被接受。

d. 可以接受保险单代替预约保险项下的保险证明书或声明书。

e. 保险单据日期不得晚于发运日期，除非保险单据表明保险责任不迟于发运日生效。

f. i. 保险单据必须表明投保金额并以与信用证相同的货币表示。

ii. 信用证对于投保金额为货物价值、发票金额或类似金额的某一比例的要求，将被视为对最低保额的要求。

如果信用证对投保金额未作规定，投保金额须至少为货物的 CIF 或 CIP 价格的 110%。

如果从单据中不能确定 CIF 或者 CIP 价格，投保金额必须基于要求承付或议付的金额，或者基于发票上显示的货物总值来计算，两者之中取金额较高者。

iii. 保险单据须标明承包的风险区间至少涵盖从信用证规定的货物监管地或发运地开始到卸货地或最终目的地为止。

g. 信用证应规定所需投保的险别及附加险(如有的话)。如果信用证使用诸如"通常风险"或"惯常风险"等含义不确切的用语,则无论是否有漏保之风险,保险单据将被照样接受。

h. 当信用证规定投保"一切险"时,如保险单据载有任何"一切险"批注或条款,无论是否有"一切险"标题,均将被接受,即使其声明任何风险除外。

i. 保险单据可以援引任何除外责任条款。

j. 保险单据可以注明受免赔率或免赔额(减除额)约束。

第二十九条 截止日或最迟交单日的顺延

a. 如果信用证的截止日或最迟交单日适逢接受交单的银行非因第三十六条所述原因而歇业,则截止日或最迟交单日,视何者适用,将顺延至其重新开业的第一个银行工作日。

b. 如果在顺延后的第一个银行工作日交单,指定银行必须在其致开证行或保兑行的面涵中声明交单是在根据第二十九条a款顺延的期限内提交的。

c. 最迟发运日不因第二十九条a款规定的原因而顺延。

第三十条 信用证金额、数量与单价的增减幅度

a. "约"或"大约"用语信用证金额或信用证规定的数量或单价时,应解释为允许有关金额或数量或单价有不超过10%的增减幅度。

b. 在信用证未以包装单位件数或货物自身件数的方式规定货物数量时,货物数量允许有5%的增减幅度,只要总支取金额不超过信用证金额。

c. 如果信用证规定了货物数量,而该数量已全部发运,及如果信用证规定了单价,而该单价又未降低,或当第三十条b款不适用时,则即使不允许部分装运,也允许支取的金额有5%的减幅。若信用证规定有特定的增减幅度或使用第三十条a款提到的用语限定数量,则该减幅不适用。

第三十一条 分批支款或分批装运

a. 允许分批支款或分批装运

b. 表明使用同一运输工具并经由同次航程运输的数套运输单据在同一次提交时,只要显示相同目的地,将不视为部分发运,即使运输单据上标明的发运日期不通或装卸港、接管地或发送地点不同。如果交单由数套运输单据构成,其中最晚的一个发运日将被视为发运日。

含有一套或数套运输单据的交单,如果表明在同一种运输方式下经由数件运输工具运输,即使运输工具在同一天出发运往同一目的地,仍将被视为部分发运。

c. 含有一份以上快递收据、邮政收据或投邮证明的交单,如果单据看似由同一块地或邮政机构在同一地点和日期加盖印戳或签字并且表明同一目的地,将不视为部分发运。

第三十二条　分期支款或分期装运

如信用证规定在指定的时间段内分期支款或分期发运，任何一期未按信用证规定期限支取或发运时，信用证对该期及以后各期均告失效。

第三十三条　交单时间

银行在其营业时间外无接受交单的义务。

第三十四条　关于单据有效性的免责

银行对任何单据的形式、充分性、准确性、内容真实性、虚假性或法律效力，或对单据中规定或添加的一般或特殊条件，概不负责；银行对任何单据所代表的货物、服务或其他履约行为的描述、数量、重量、品质、状况、包装、交付、价值或其存在与否，或对发货人、承运人、货运代理人、收货人、货物的保险人或其他任何人的诚信与否，作为或不作为、清偿能力、履约或资信状况，也概不负责。

第三十五条　关于信息传递和翻译的免责

当报文、信件或单据按照信用证的要求传输或发送时，或当信用证未作指示，银行自行选择传送服务时，银行对报文传输或信件或单据的递送过程中发生的延误、中途遗失、残缺或其他错误产生的后果，概不负责。

如果指定银行确定交单相符并将单据发往开证行或保兑行。无论指定的银行是否已经承付或议付，开证行或保兑行必须承付或议付，或偿付指定银行，即使单据在指定银行送往开证行或保兑行的途中，或保兑行送往开证行的途中丢失。

银行对技术术语的翻译或解释上的错误，不负责任，并可不加翻译地传送信用证条款。

第三十六条　不可抗力

银行对由于天灾、暴动、骚乱、叛乱、战争、恐怖主义行为或任何罢工、停工或其无法控制的任何其他原因导致的营业中断的后果，概不负责。

银行恢复营业时，对于在营业中断期间已逾期的信用证，不再进行承付或议付。

第三十七条　关于被指示方行为的免责

a. 为了执行申请人的指示，银行利用其他银行的服务，其费用和风险由申请人承担。

b. 即使银行自行选择了其他银行，如果发出指示未被执行，开证行或通知行对此亦不负责。

c. 指示另一银行提供服务的银行有责任负担被执释放因执行指示而发生的任何佣金、手续费、成本或开支（"费用"）。

如果信用证规定费用由受益人负担，而该费用未能收取或从信用证款项中扣除，开证行依然承担支付此费用的责任。

信用证或其修改不应规定向受益人的通知以通知行或第二通知行收到其费用为条件。

d. 外国法律和惯例加诸于银行的一切义务和责任，申请人应受其约束，并就此对银行负补偿之责。

第三十八条　可转让信用证

a. 银行无办理转让信用证的义务，除非该银行明确同意其转让范围和转让方式。

b. 就本条款而言：

转让信用证意指明确表明其"可以转让"的信用证。根据受益人（"第一受益人"）的请求，转让信用证可以被全部或部分地转让给其他受益人（"第二受益人"）。

转让银行意指办理信用证转让的被指定银行，或者，在适用于任何银行的信用证中，转让银行是由开证行特别授权并办理转让信用证的银行。开证行也可担任转让银行。

转让信用证意指经转让银行办理转让后可供第二受益人使用的信用证。

c. 除非转让时另有约定，所有因办理转让而产生的费用（诸如佣金、手续费、成本或开支）必须由第一受益人支付。

d. 倘若信用证允许分批支款或分批装运，信用证可以被部分地转让给一个以上的第二受益人。

第二受益人不得要求将信用证转让给任何次序位居其后的其他受益人。第一受益人不属于此类其他受益人之列。

e. 任何有关转让的申请必须指明是否以及在何种条件下可以将修改通知第二受益人。转让信用证必须明确指明这些条件。

f. 如果信用证被转让给一个以上的第二受益人，其中一个或多个第二受益人拒绝接受某个信用证修改并不影响其他第二受益人接受修改。对于接受修改的第二受益人而言，信用证已做相应的修改；对于拒绝接受修改的第二受益人而言，该转让信用证仍未被修改。

g. 转让信用证必须准确转载原证的条款及条件，包括保兑（如有），但下列项目除外：

—信用证金额，

—信用证规定的任何单价，

—到期日，

—单据提示期限

—最迟装运日期或规定的装运期间。

以上任何一项或全部均可减少或缩短。

必须投保的保险金额的投保比例可以增加，以满足原信用证或本惯例规定的投保金额。

可以用第一受益人的名称替换原信用证中申请人的名称。

如果原信用证特别要求开证申请人名称应在除发票以外的任何单据中出现时，则转让信用证必须反映出该项要求。

h. 第一受益人有权以自己的发票和汇票(如有),替换第二受益人的发票和汇票(如有),其金额不得超过原信用证的金额。在如此办理单据替换时,第一受益人可在原信用证项下支取自己发票与第二受益人发票之间产生的差额(如有)。

i. 如果第一受益人应当提交其自己的发票和汇票(如有),但却未能在收到第一次要求时照办;或第一受益人提交的发票导致了第二受益人提示的单据中本不存在的不符点,而其未能在收到第一次要求时予以修正,则转让银行有权将其从第二受益人处收到的单据向开证行提示,并不再对第一受益人负责。

j. 第一受益人可以在其提出转让申请时,表明可在信用证被转让的地点,在原信用证的到期日之前(包括到期日)向第二受益人予以兑付或议付。本条款并不损害第一受益人在第三十八条(h)款下的权利。

k. 由第二受益人或代表第二受益人提交的单据必须向转让银行提示。

第三十九条　款项让渡

信用证未表明可转让,并不影响受益人根据所适用的法律规定,将其在该信用证项下有权获得的款项让渡与他人的权利。本条款所涉及的仅是款项的让渡,而不是信用证项下执行权力的让渡。